公路装配式混凝土桥梁设计指南

冯鹏程　余顺新　夏　飞　著

人民交通出版社股份有限公司

北　京

图书在版编目(CIP)数据

公路装配式混凝土桥梁设计指南 / 冯鹏程,余顺新,夏飞著. — 北京：人民交通出版社股份有限公司,2022.9
　ISBN 978-7-114-18170-2

Ⅰ.①公… Ⅱ.①冯… ②余… ③夏… Ⅲ.①公路桥—装配式梁桥—钢筋混凝土桥—桥梁设计—设计规范—中国—指南 Ⅳ.①U448.142.5-65

中国版本图书馆 CIP 数据核字(2022)第 156743 号

书　　名：公路装配式混凝土桥梁设计指南
著　作　者：冯鹏程　余顺新　夏　飞
责任编辑：侯蓓蓓
责任校对：孙国靖　宋佳时
责任印制：刘高彤
出版发行：人民交通出版社股份有限公司
地　　址：(100011)北京市朝阳区安定门外外馆斜街 3 号
网　　址：http://www.ccpcl.com.cn
销售电话：(010)85285838,85285995
总　经　销：北京中交盛世书刊有限公司
经　　销：各地新华书店
印　　刷：北京市密东印刷有限公司
开　　本：720×960　1/16
印　　张：17
字　　数：236 千
版　　次：2022 年 9 月　第 1 版
印　　次：2022 年 9 月　第 1 次印刷
书　　号：ISBN 978-7-114-18170-2
定　　价：70.00 元

(如有印刷、装订质量问题的图书,由本社负责调换)

交通运输部关于发布《公路装配式混凝土桥梁设计规范》的公告

交通运输部公告 2022 年第 19 号

现发布《公路装配式混凝土桥梁设计规范》(JTG/T 3365-05—2022)，作为公路工程行业推荐性标准，自 2022 年 8 月 1 日起施行。

《公路装配式混凝土桥梁设计规范》(JTG/T 3365-05—2022)的管理权和解释权归交通运输部，日常解释和管理工作由主编单位中交第二公路勘察设计研究院有限公司负责。

请各有关单位注意在实践中总结经验，及时将发现的问题和修改建议函告中交第二公路勘察设计研究院有限公司（地址：湖北省武汉市经济技术开发区创业路 18 号，邮政编码：430056），以便修订时研用。

特此公告。

交通运输部
2022 年 2 月 25 日

《公路装配式混凝土桥梁设计指南》

编写委员会

主　编： 冯鹏程　余顺新　夏　飞
副主编： 张晟斌　周　良　李国平
　　　　　耿　波　徐宏光
成　员： 朱　玉　李雪峰　杨大海
　　　　　叶文华　俞文生　王志刚
　　　　　蔡　磊　魏思斯

前 言 QIANYAN

交通运输部2022年第19号公告发布了《公路装配式混凝土桥梁设计规范》(JTG/T 3365-05—2022)(以下简称"《规范》"),作为公路工程行业推荐性标准,自2022年8月1日起施行。

《规范》通过总结国内外公路装配式混凝土桥梁设计方面的科研成果和工程实践经验,开展了构件连接部强度计算、预制桥墩连接形式、装配式桥梁抗震等专题研究,进行了受弯构件抗剪承载力上限值、U形钢筋交错布置湿接缝、桥墩承插式连接等试验验证,在材料、构造、计算、抗震等方面提出了适合当前国内建设条件的规定和指标。

在国家大力推动绿色公路、品质工程建设,推动实现"双碳"目标的政策背景下,《规范》对推动混凝土桥梁的标准化设计、工厂化制造、装配化施工、信息化管理,提升桥梁的工业化建造水平,保障桥梁结构的安全性和耐久性,具有十分重要的意义。

《规范》由中交第二公路勘察设计研究院有限公司主编,参编单位包括上海市城市建设设计研究总院(集团)有限公司、安徽省交通规划设计研究总院股份有限公司、同济大学、招商局重庆交通科研设计院有限公司、江西省交通投资集团有限责任公司。为帮助工程技术人员准确理解和正确使用《规范》,主编单位组织《规范》主要编写人员和相关科研人员,编写了《公路装配式混凝土桥梁设计指南》。

本书概述了装配式桥梁的发展历程,介绍了《规范》的编制背景,阐述了主要条文的技术来源和基本原理,并编写了相关算例。本书的章节编排与《规范》基本对应,编写人员分工如下:

第1章:冯鹏程、余顺新、夏　飞、张晟斌

第2章:冯鹏程、夏　飞、余顺新、张晟斌

第3章:冯鹏程、朱　玉、余顺新、夏　飞

第4章:冯鹏程、余顺新、夏　飞、叶文华

第5章:李国平、徐宏光、余顺新、杨大海、蔡　磊

第6章:周　良、李国平、张晟斌、李雪峰、王志刚

第7章:耿　波、冯鹏程、魏思斯、俞文生

各相关单位和技术人员在使用《规范》和本书时,若发现问题或有意见建议,请反馈至电子邮箱 ccshcc_gyy@163.com。

编　者

2022年6月

目 录 MULU

第1章 公路装配式混凝土桥梁概述 ·········· 1
1.1 技术特点与优势 ·········· 1
1.2 结构体系的发展 ·········· 1
1.3 建造技术的发展 ·········· 10
1.4 常见病害 ·········· 17
1.5 发展趋势 ·········· 18
本章参考文献 ·········· 22

第2章 《规范》的编制概况 ·········· 24
2.1 编制依据 ·········· 24
2.2 编制过程 ·········· 24
2.3 基本内容 ·········· 25
2.4 定位及特色 ·········· 27

第3章 装配式混凝土桥梁设计的基本内容 ·········· 28
3.1 设计基本内容 ·········· 28
3.2 设计基本原则 ·········· 30
3.3 结构方案设计 ·········· 31
3.4 施工工法选择 ·········· 50
3.5 吊点设计 ·········· 54
本章参考文献 ·········· 57

第4章 材料 ·········· 58
4.1 结构主材 ·········· 58
4.2 连接材料 ·········· 58
本章参考文献 ·········· 67

第5章 上部结构设计与计算 ·········· 69
5.1 基本原理 ·········· 69
5.2 计算内容 ·········· 113

5.3　计算示例 …………………………………………………… 114
　　本章参考文献 …………………………………………………… 139
第6章　下部结构设计与计算 …………………………………… 145
　　6.1　基本原理 …………………………………………………… 145
　　6.2　计算内容 …………………………………………………… 169
　　6.3　连接要求 …………………………………………………… 170
　　6.4　计算示例 …………………………………………………… 175
　　本章参考文献 …………………………………………………… 215
第7章　抗震设计与计算 ………………………………………… 217
　　7.1　基本原理 …………………………………………………… 217
　　7.2　计算内容 …………………………………………………… 240
　　7.3　计算示例 …………………………………………………… 243
　　本章参考文献 …………………………………………………… 255

第1章　公路装配式混凝土桥梁概述

1.1　技术特点与优势

装配式桥梁结构是一种历久弥新的桥梁形式,从"横木为梁"的独木桥到"凿石而砌"的赵州桥,从"种砺固基"的洛阳桥到"预制湿接"的双曲拱桥,从节段预制拼装到整孔预制吊装,随着建筑材料的发展和运输吊装能力的提高,装配式混凝土桥梁因其构件质量易于控制、构件规模选择灵活、现场施工高效便捷,不断推陈出新,焕发出新的活力。装配式混凝土桥梁是指将桥梁上部及下部结构全部或部分划分为若干构件或模块,在工厂或预制场集中预制,现场通过可靠的连接构造快速拼装形成整体。其具有如下优点:

(1) 拼装作业施工速度快,对周围交通影响小。
(2) 大幅减少现场作业,施工现场安全性高、环境污染小。
(3) 预制构件工厂化制造,施工质量易于控制。
(4) 集约化生产节能减排,符合新发展理念。

随着我国"交通强国"战略的实施,交通基础设施的高质量发展迫在眉睫,为实现优质、高效的交通基础设施建设,采用工业化、集约化、产业化的装配式混凝土桥梁结构是必然的选择。

1.2　结构体系的发展

1.2.1　多主梁桥梁上部结构体系

多主梁桥梁是指将上部结构沿桥轴线平行方向划分为标准化构件,在预制场或工厂预制,现场通过连接构造形成整体的桥梁体系,如图1.2-1所示。混凝土桥梁的预制装配技术是随预应力混凝土的出现而逐步发展的。1940年,英国采用先张预应力工法预制了一批跨径6.8~

16.67m 的箱形梁和工字梁,作为战时临时桥梁修建的储备。之后随着预应力锚固技术的发展,后张法预制混凝土桥梁开始修建,在比利时后张法预制主梁截面从简单的板到工字梁、倒 T 梁,主梁并排放置,顶面通过现浇混凝土层及铺设横向钢筋形成组合桥面。在欧洲的战后重建过程中,先张法及后张法的预制混凝土梁得到了广泛的应用,跨径也逐渐增大到 50m。

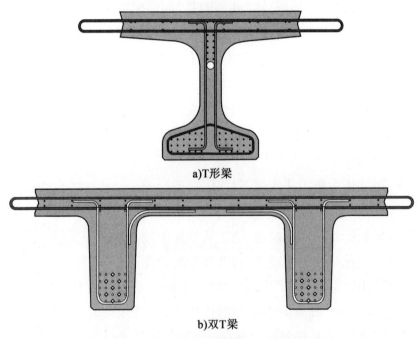

a)T形梁

b)双T梁

图 1.2-1　多主梁桥梁上部结构

早期对于中小跨径预制桥梁的应用没有形成标准化,截面形式及预应力材料各不相同。20 世纪 60 年代英国预应力混凝土发展委员会联合桥梁制造商逐步提出了倒 T 梁、箱形梁、工字梁等预制混凝土梁标准化建造方案,主梁之间采用横向预应力和钢筋混凝土横隔板形成联系,先张法预应力采用钢丝束,后张法预应力采用钢绞线。1969 年英国运输部联合水泥混凝土委员会颁布了跨径 15~29m 倒 T 梁的成套标准,70 年代以后又提出了U形梁等截面形式,并且对预制梁的构造和接缝不断进行优化,逐渐形成了现在的结构形式。

美国的预制桥梁应用比欧洲稍晚。20世纪50年代个别州已经开始使用标准的预制混凝土梁,基本上采用的是先张法预应力工艺。美国国家公路协会和预应力混凝土协会一起推行了四种标准化的预制预应力混凝土工字梁,其跨径为9.1~13.7m,12.2~18.3m,16.8~24.4m和21.3~30.5m,其后,又颁布了一系列的标准化箱形梁。20世纪90年代,为了解决桥梁的维修更换对现有交通、安全和环境的影响,美国联邦公路局开展了桥梁快速施工技术(Accelerated Bridge Construction)的研究和推广,形成了混凝土小箱梁、倒T梁、双T梁、T形梁、I形梁和组合梁等多种装配式上部结构,发布了多部研究报告及技术指南,形成了较为成熟的桥梁快速设计施工体系。

我国装配式混凝土桥梁建造技术的研究应用始于20世纪50年代。当时中小跨径桥梁设计基本套用苏联的公路桥涵标准图,汽车荷载标准也较低,一般以汽—10为主,桥梁结构类型大都以钢筋混凝土空心板和钢筋混凝土T梁为主。80年代后《公路工程技术标准》(JTJ 1—81)颁布,对跨径、净空、荷载作出了符合我国国情的规定,增加了高速公路与一级公路的要求,到1999年陆续颁布了15本部颁标准图,其材料以预应力混凝土和钢筋混凝土为主,结构形式以装配式工字形组合梁、板式梁桥为主。随着标准体系的不断完善及新材料等"四新"技术的不断发展,2008年交通运输部组织编制了《公路桥涵通用图》,主要涵盖装配式先张法和后张法预应力混凝土空心板、装配式预应力混凝土T梁、装配式预应力混凝土箱形梁等结构。这三类装配式结构在中小跨径桥梁中的应用占主导地位。

1.2.2 节段式桥梁上部结构体系

节段式桥梁上部结构是指将梁体沿纵桥向划分为若干个节段,在预制场或工厂预制后运至桥位,通过施加预应力使各个节段拼装连接成整体的主梁结构,如图 1.2-2 所示。1946 年,法国工程师 Eugene Freyssinet 在巴黎以东的马恩河上建造了第一座真正采用节段施工的桥梁(Luzancy 桥),这是一座单跨拱桥,跨径 55m。1952 年,E. Freyssinet 在一座单跨桥梁中第一次采用了长线法预制,采用后张预应力将节段组合在一起。1962 年,Jean Muller 改进了节段剪力键构造、长线法预制及胶接缝拼装工艺,在法国塞纳河上建造了第一座节段悬拼连续梁桥(舒瓦齐勒罗瓦大桥)。此后,节段预制拼装桥梁建造技术不断完善,并从欧洲逐步推广到了世界各地。

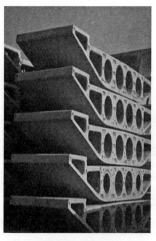

a)节段式空心板

b)节段式箱梁

c)节段式实心板

图 1.2-2　节段式桥梁上部结构

节段预制拼装技术应用初期，剪力键通常采用单键，施工过程中由于所受剪应力较大，容易损坏。针对此问题，法国研究人员开发了复合剪力键形式，在1974年建成的巴西Rio-Niteroi桥上首次采用了复合剪力键（Multiple Keys）形式，并取得了良好的效果。到70年代末，体外束防腐问题逐步得到解决，使得体外预应力技术开始被大量应用，随之出现了节段预制拼装施工的体外预应力桥梁。1978年美国Long Key桥，是美国第一座采用节段预制逐跨拼装施工的体外预应力混凝土桥梁，平均施工速度达到了每星期2.5跨。随后建造的Seven Mile桥、Channel Five桥、Sunshine引桥也采用了与Long Key桥相似的施工方法，节段预制拼装混凝土桥梁逐渐在全世界广泛应用。

我国对节段预制拼装预应力混凝土桥梁的研究始于20世纪60年代。1966年在成昆铁路上建造了两座预应力混凝土悬臂梁桥：旧庄河1号桥和孙水河5号桥，均采用节段预制逐跨拼装施工。我国规模最大、最具代表性的节段预制拼装混凝土公路桥梁为1970年竣工的井冈山吉安大桥[图1.2-3a)]，桥梁长达1km，为T形悬臂梁+挂梁体系，悬臂段为单箱双室节段预制混凝土箱梁，每个悬臂分9段，节段长2.5m。此后随着材料、工艺和技术的不断进步，我国节段预制拼装桥梁得到了快速的发展，涌现出很多经典的桥梁案例，如在公路和市政领域：1991年建成的福州洪塘大桥，滩孔为31孔40m预应力混凝土连续梁，采用节段预制逐跨无黏结拼装，这是中国桥梁史上首次采用该项新技术；2001年建成的上海浏河大桥，主桥为3孔42m简支箱梁，首次采用节段预制拼装施工；2003年建成的上海沪闵二期高架桥梁，是国内首次采用短线法预制生产宽节段的工程，主线节段质量为120t，引进1 800t架桥机进行节段拼装施工；2008年建成的厦门集美大桥，属国内首座大规模采用短线匹配法预制悬拼施工的跨海大桥，实现了预制箱梁合格率100%和拼装误差小于10mm的指标；2008年建成的苏通大桥，引桥跨径75m单箱单室箱梁节段采用短线匹配法预制、悬臂拼装施工；2018年建成的芜湖长江二桥，引桥采用节段预制拼装大悬臂带肋箱梁上部结构,标准跨径30m,全体外预应力体系;2019年建成的湖北嘉鱼长江大桥[图1.2-3b)],南岸滩桥采用节段预制拼装箱梁,跨径50m,节段宽度16.5m。此外,广州城市轨道交通四号线、郑州四环线、厦门快速公交(BRT)等都较大规模地采用了节段预制拼装技术。在铁路领域,有灵武杨家滩黄河特大桥(专用移动支架造桥机、短线法预制逐跨拼装)、石长湘江特大桥(悬臂拼装连续梁)、兰武河口黄河特大桥(移动支架造桥机、逐跨拼装小半径连续弯梁)、郑西磨沟河大桥(高铁、单箱单室双线简支梁)、温福白马河特大桥(高铁、双幅单箱单室纵横向湿接缝预应力)等。随着工程环境的要求越来越高,施工制约条件越来越严苛,节段预制拼装技术具有越来越广阔的应用空间。

a)井冈山吉安大桥　　　　　　b)嘉鱼长江大桥引桥节段梁

图1.2-3　节段式桥梁上部结构

1.2.3　组合式桥梁上部结构体系

组合式桥梁通常指将钢梁与混凝土桥面板通过抗剪连接件连接形成整体并共同受力的桥梁结构。20世纪30年代随着抗剪连接件的产生,T形截面的钢混组合梁开始在工程中应用,由于在力学性能、施工性能和经济性上所具有的优势,应用范围不断扩大,结构形式不断创新。特别是20世纪50年代之后,钢混组合梁得到了迅速的发展,从20～40m跨径的中小跨径梁桥到跨径近千米的斜拉桥,都有组合梁的应用。在欧美国家和日本,为降低施工费用,在城市道路和高速公路中大量采用了钢混凝土组合梁桥。除常用的钢板组合梁桥和钢箱组合梁桥之外,相继出现波形钢腹板组合梁桥、钢桁组合梁桥等一系列新的结构形式。

为了加快现场施工速度,组合梁的混凝土桥面板由现浇逐渐发展为预制的形式,装配化程度进一步提高。预制混凝土桥面板一般分为全高度预制桥面板和半高度预制桥面板,在美国的桥梁快速建造工程中广泛应用。

1991年美国康涅狄格州沃特伯里市8号公路I84的6孔跨线桥首次采用全厚度混凝土预制桥面板,该项目仅用42天完成。2011年对该桥进行检查,服役20年后,桥梁仍处于较好的状态。2001年,美国威斯康星州际公路Deer Creek桥[图1.2-4a)]采用纤维增强聚合物材料(FRP)预制桥面板进行改建,3天完成了桥面系的安装,10周完成桥梁封闭施工。2006年3月,美国新罕布什尔州交通部门为降低施工对交通的影响,在重建跨越温尼斯湖的Mosquito大桥项目中首次采用全高度混凝土预制桥面板。这个项目历时6个月,取得良好效果后新罕布什尔州交通部门又在其他多个新建桥梁项目上运用了该结构。James River大桥102片上构置换仅用137个夜间完成,对交通高峰无任何影响。该技术大大加快了桥梁建造速度,减小了对交通的干扰。2011年美国Keg Creek桥的旧桥改造项目[图1.2-4b)]、I-80国道C-437桥梁加固项目以及艾奥瓦州的Mars Hill桥新桥施工项目,均采用预制钢混组合梁进行快速施工,相比于传统的施工方法,大幅缩短施工周期,有效降低了对交通的干扰。

国内钢-混组合结构最初主要应用于市政桥梁中。1993年北京国贸立交桥首次采用该结构建造了一座3跨连续梁,之后仅北京又有30多座立交桥主跨采用了钢-混组合结构。随着该技术逐渐发展,公路建设中当建造条件受限时也开始采用钢-混组合结构。2003年修订的《钢结构设计规范》(GB 50017)中,针对钢混组合梁章节进行了补充完善,其技术水平已与国外规范基本一致。之后相关设计单位及科研院所都积极推动组合梁在中小跨径桥梁中的应用,结构形式主要包括钢板组合梁、箱形组合梁、波形钢腹板组合梁、钢桁组合梁等。2016年的安徽济祁高速公路和2019年的湖北江北东高速公路桥梁设计中,均大规模应用装配式钢板组合梁结构,采用全高度预制桥面板,利用工厂化制作和预制装配技术,保证构件质量,提高桥梁建设速度,减小施工对交通的干扰和环境的影响。

a) Deer Creek桥预制桥面板　　　　b) Keg Creek桥装配式组合梁

图1.2-4　组合式桥梁上部结构

我国2013年和2015年相继颁布了国家标准《钢-混凝土组合桥梁设计规范》(GB 50917—2013)和行业标准《公路钢混组合桥梁设计与施工规范》(JTG/T D64-01—2015)。近几年,在国家和交通运输部门的政策引导下,钢结构和钢混组合结构在公路常规跨径桥梁中得到了提倡和推广,钢混组合梁桥迎来了良好的发展机遇。

1.2.4　装配式桥梁下部结构体系

桥梁上部结构预制拼装技术不断成熟后,逐渐向桥梁下部结构发展应用,如图1.2-5所示。1955年美国新奥尔良Pontchartrain桥采用装配式墩柱与承台进行预制拼装,18个月便建造完成。1966年建成的Chesapcake海湾大桥采用后张法预应力连接预制盖梁与圆形墩身形成整体。1978年在美国北卡罗来纳州国家公园内开始建造的Linn Cove高架桥,出于对环境的特殊要求,其桥墩和箱梁均采用预制拼装的施工方法。该桥桥墩预制节段采用有黏结后张预应力筋连接,节段之间采用环氧接缝构造,增强了耐久性,该技术顺利解决了环境制约与工程进度等问题,成为预制拼装技术应用的一个典型工程范例。1992年,美国佛罗里达州新建的爱迪生大桥使用了预制H形墩截面和预制U形墩帽,两者之间采用钢筋灌浆的方式进行连接。1993年,日本的角岛大桥为了防止污染水质,采用预制构件拼装架设的施工方法,其上部结构为节段拼装预应力混凝土主梁,下部结构为预制预应力混凝土(PC)井筒式拼装桥墩,采用短线法预制,后张预应力连接。2001年得克萨斯大学(奥斯汀)的Billington提出了适用于低地震烈度区中小跨径桥梁的装配式下部结构体系,目的是提高墩柱结构的外观及加快桥梁的建造速度,减少对正常交通的干扰,进一步提高桥梁结构耐久性。该体系应用于183号联邦高速公路得克萨斯州奥斯汀段、249号得克萨斯州高速公路桥梁,以及建于埃尔帕索的跨越州际10号高速公路立交工程等。

a)装配式墩柱　　　　　　　　b)装配式盖梁

图1.2-5　装配式桥梁下部结构

国内桥梁下部结构的装配式技术研究相对较为滞后,开始的应用主要集中于施工现场搭设模板困难、混凝土运输难度大、有效施工时间短的跨海跨江大型桥梁,如东海大桥、杭州湾大桥、上海长江大桥等,多采用现浇湿接缝连接预制墩身。此外,在城市桥梁、2007年厦门BRT一号线岛内段高架桥的建设中,有6个桥墩也采用了类似工艺。2010年我国台湾地区建设的台中市生活圈4号线北段及大里联络道工程桥梁和城市快速路中,桥墩采用预制拼装后张有黏结预应力、环氧接缝连接施工技术建造。2014年通车的上海S6新建公路工程首次将灌浆套筒和灌浆波纹管连接的预制拼装技术应用到城市桥梁下部结构中。2019年湖北江北东高速公路桥墩采用了轻型预制空心混凝土桥墩,采用承插式连接降低了拼装精度要求,提高了施工效率。伴随不同连接构造在预制拼装桥墩中的研究、应用和相关标准规范的编制,装配式桥墩在公路桥梁、城市高架桥和轨道高架桥等领域得到了快速的发展。

1.3 建造技术的发展

1.3.1 梁板预制装配技术

中小跨径的梁板式桥梁在公路桥梁中占比超过了80%,建造方式多为集中分片预制,现场分跨拼装,如图1.3-1所示。集中预制一般在临时预制场进行,场地需要硬化并安装机械设备。主梁预制完成后运输至桥位处,通过起重车或架桥机安装到位,现场浇筑湿接缝及桥面现浇层形成整体。

a)架桥机主梁架设

b)预制工厂

图1.3-1 梁板预制装配

预制梁板通常采用汽车起重机、门式起重机或架桥机架设。对于桥高较小、梁体较轻的桥梁可采用汽车起重机架设；对于桥位处地形平坦、地基承载力较好、交通干扰较小的桥梁可采用门式起重机架设；对于跨越江河、沟谷或桥下交通繁忙的桥梁可采用架桥机架设。架桥机一般分为拼装式架桥机和制式架桥机两种，经过多年的发展，可适应50m以内跨径，并能实现小半径及斜交桥梁的架设。在铁路桥梁上，针对整孔预制箱梁，架桥机架设质量超过了1 000t，长度超过了100m。

随着桥梁建设理念和技术的不断进步，桥梁梁板的制造逐渐由现场预制向工厂化制造发展。浙江杭绍甬高速公路、湖北江北东高速公路、广西桂柳高速公路改扩建等项目建设了一批集约化、智慧化、专业化的预制梁制造工厂。工厂化制造具有专业技术强、施工精度高、施工速度快、产品质量优良、总体投资可控等特点，是实现桥梁建设工业化的一项重要举措。梁板工厂化生产后，施工企业不需再配备专业的预制场，且在技术、质量和进度上都有了保障，不必受气候、场地影响，可最大限度地利用土地资源，体现绿色低碳的建设理念。

1.3.2 节段预制拼装技术

节段预制拼装技术（图1.3-2）本质上和悬臂分段浇筑、节段预制顶推方法一样，是分段施工法与预应力技术结合演进的一种建桥方法，目前已广泛运用在公路、铁路、市政、城市轨道交通等多个领域。节段预制拼装技术适用于简支梁桥、连续梁（刚构）桥、拱桥和斜拉桥，梁体断面通常为箱形，国外也有槽形。节段之间的接缝有湿接缝、胶接缝和干接缝等形式，湿接缝一般采用混凝土、干硬性水泥砂浆或超高性能混凝土（UHPC），胶接缝一般采用环氧树脂等胶结材料，干接缝则直接依靠节段剪力键和预应力实现联结。

节段预制拼装桥梁的预制方法可分为长线法和短线法两种。最早出现的预制方法为长线法，即在足够长的预制台座上，按设计线形依次预制，再将节段逐块脱离存梁备运。即将组成半悬臂或全跨的节段均固定在浇筑台和在台上活动的模板内预制,新浇节段的一端常以已预制节段的端面作为端模,以形成密接匹配的剪力键构造,新浇节段的另一端采用具有剪力键构造的端模封堵,端模应与节段顶面中心线垂直。长线法具有预制线形比较容易控制、节段累积偏差小、台座结构简单等优点,其缺点是占地面积大、台座地基要求高、底模使用率低、钢筋绑扎时间长等。短线法较好地解决了上述问题,匹配预制底模长度只是一个节段箱梁的长度,每个节段的浇筑都是在一个模板上进行的,节段一端用一个固定的钢模板为端模,另一端利用已经预制完成的前一节段作为端模,逐段预制。短线法具有占地面积小、设备可反复使用、预制灵活且可平行作业等优点,但对几何线形控制要求较高。

a)逐跨拼装　　　　　　　　b)悬臂拼装

图1.3-2　节段预制拼装技术

　　节段预制拼装桥梁的架设方法可分为逐跨拼装法和悬臂拼装法。逐跨拼装是将预制好的节段利用专用设备整跨起吊进行拼装,施加预应力,然后架桥机移至下一跨,逐跨重复以上方法施工。逐跨拼装适用于跨径30～60m的简支梁、先简支后连续的连续梁,其优点是施工效率高,缺点是跨径范围有限。悬臂拼装通常以一个桥墩为中心,两侧对称顺序拼装,每一个节段通过张拉预应力与已拼装节段连成整体,并作为下一节段的拼装基础,悬臂不断增加,直至结构在跨中合龙,或直接拼至下一墩台上。悬臂拼装适用于较大跨径的连续梁或斜拉桥,具体采用的方案取决于梁段总重量和架桥机的吊装能力。

1.3.3 桥梁快速施工技术

桥梁快速施工技术(图1.3-3)在综合考虑安全、质量和经济的前提下,运用新的材料、工艺、产品和装备,对规划、设计、制造和施工方法进行系统创新,以最大限度地缩短桥梁新建、翻修和拆除重建的现场施工工期。桥梁快速施工技术充分体现了标准化设计、工厂化制造、装配化施工的现代桥梁工业化建造理念,可显著提升桥梁建设质量、耐久性和施工现场的安全性,减少土地占用,降低对交通和环境的影响,具有显著的社会生态效益和广阔的应用前景。

a)上海北翟高架桥快速拆除　　　　b)开阳高速公路天桥群快速更换

图1.3-3　桥梁快速施工技术

进入21世纪以来,欧美各国相继开展了桥梁快速施工技术的研究和应用,以德国Scheuerle、荷兰Mammoet、比利时Sairens公司为代表的大型机械制造商依托其强大的研发和生产能力,在大型平板运输车的基础之上研发自行式模块化运输机(Self-propelled modular transporter, SPMT)装备。美国桥梁界采用SPMT工法,2007年初至2011年底完成100多座桥梁的快速施工。美国犹他州将ABC技术列为推荐工法,并制定了以SPMT为核心装备的技术规程和施工手册,逐渐形成了桥梁快速施工技术体系。美国各州公路及运输协会(American Association of State Highway and Transportation Officials,以下简称"AASHTO")于2018年发布了《桥梁快速施工指导规范》(*LRFD Guide Specifications for Accelerated Bridge Construction*)。

在国内,2011年北京市政路桥养护集团首次将SPMT工法成功用于北京昌平区西关环岛桥梁改造工程,利用自主研制的国内首台千吨级运梁车,实现新旧桥梁的驮运,共封闭交通10次,累计用时112h。其后又与结构顶升设备集成形成桥梁驮运架一体机,2015年实现了北京三元立交(跨京顺路)桥梁的整体置换,交通封闭时间累计43h,在国内引起较大反响。2017—2021年,中交第二公路勘察设计研究院有限公司、武汉二航路桥特种工程公司等在国家重点研发计划"城市典型交通基础设施运维安全关键技术研究"项目和湖北省技术创新专项"千吨级桥梁快速更换技术及智能装备"资助下,系统研究了既有城市桥梁上部结构快速更换的方法、结构体系、施工成套技术及智能装备,并在国内数十座城市桥梁、高速公路天桥改扩建项目中示范应用,取得了良好的社会反响。

2018年在上海S26入城段北翼高架桥快速拆除移运工程中,利用最新研制的132轴高同步性SPMT并车装备,实现了3 050t超重超大弯坡梁体结构1h快速移除,并车同步精度达到14mm,定位精度达到10mm。2019年完成武汉南四环扩建工程跨高速公路两座天桥(共6跨)快速拆除,实现了大净高立交桥梁的快速下放驮运移除,双车对称重载升降同步精度30mm,提升下放同步精度10mm,定位精度达到5mm,每跨移除中断交通时间小于3h。2020年在沈海高速公路开阳段改扩建工程中,分6个批次实现了13座跨线桥快速拆除、12座跨线桥快速新建,累积占道施工时间仅20h,移运梁体总质量15 000余吨,节省近一个半月工期,第一次实现了桥梁群的集中快速更换。

1.3.4 预制构件连接技术

中小跨径横向分片的装配式混凝土梁如预制T梁、小箱梁的横向连接常采用翼缘板、中横梁和端横梁预留钢筋,现浇湿接缝构造,承受弯矩和剪力。空心板横向连接常采用与板体现浇连接的铰接湿接缝,仅承受剪力,一般简称铰缝。

节段预制拼装梁的接缝可分为湿接缝、干接缝与胶接缝。湿接缝指预制梁段拼装时,两相邻梁段预留一定的空间,通过绑扎钢筋和现浇混凝土的形式把预制节段连成整体的接缝。干接缝指预制梁段间不涂任何黏结材料而直接相拼的接缝。胶接缝指预制梁段接缝面涂以环氧树脂胶后拼接的接缝。

装配式桥墩的连接方式较为多样,主要考虑三个方面的要求:①尽可能地减少现场施工的作业量;②接缝在潜在塑性铰区域之外的静力性能和接缝在潜在塑性铰区域之内的静力性能和抗震性能;③运营条件下的使用功能和耐久性等。《公路装配式混凝土桥梁设计规范》(JTG/T 3365-05—2020)(以下简称"《规范》")下部构造的连接方式包含:①钢筋灌浆套筒连接;②钢筋灌浆波纹钢管连接;③构件承插式连接;④钢筋插槽式连接;⑤湿接缝式连接;⑥预应力钢筋连接。

钢筋灌浆套筒连接通过灌浆连接套筒和水泥基灌浆料将连接构件和目标构件中的主筋进行后连接,连接后两构件接缝处与承载能力极限状态计算的基本假定基本一致,静力性能与现浇结构基本相同。钢筋灌浆波纹钢管连接通过波纹钢管和水泥基灌浆料将连接构件的主筋后锚固在目标构件中,连接后两构件接缝处与承载能力极限状态计算的基本假定基本一致,静力性能与现浇结构基本相同。构件承插式连接作用机理复杂,通过剪力键构造的接触面传递压力和摩擦力,需要分别关注连接构件、连接界面和目标构件三者的力学性能,连接界面和目标构件满足能力保护原则,此时连接构件的静力和抗震性能与现浇结构基本相同。钢筋插槽式连接,预制构件预留空腔内钢筋布置与现浇结构相同,通过后浇混凝土实现构件之间的连接。湿接缝式连接,通过连接结构的主筋并绑扎结构的构造钢筋,再后浇混凝土实现构件之间的连接,新老混凝土界面和钢筋连接方式是影响结构力学性能和耐久性的关键。预应力钢筋连接与上部结构节段预制拼装梁的接缝基本一致,预应力筋通过接缝,其强度、刚度等力学特性可靠,不足是墩身造价相对现浇混凝土桥墩要高许多,且施工工艺复杂,现场施工时间较长。

1.3.5 装配式桥梁抗震技术

装配式桥梁上部结构的抗震研究主要针对节段预制拼装主梁,目前国外一些学者已对节段预制拼装主梁的抗震性能从试验和数值分析角度开展了研究,研究对象主要针对采用干接缝类型的主梁。尽管我国在实际桥梁工程已采用了体内有黏结或体外无黏结预应力节段预制拼装技术,但目前对上部结构的节段拼装预应力混凝土主梁的抗震性能研究还很少。在地震作用下主梁节段间接缝的开裂和闭合行为、开裂程度如何等一系列结构抗震性能问题都需要研究和解决。并且,近年来历次地震中竖向地震动作用的影响显著增加,对连续梁桥节段拼装主梁的抗震性能提出了更高的要求。随着我国在高地震区采用节段拼装技术施工的预应力混凝土桥梁结构不断增多,探究节段预制拼装主梁的抗震性能以及地震作用下的损伤累积和破坏机理是当前我国桥梁抗震研究人员的当务之急。

装配式桥墩的抗震性能是近年来的研究重点,也是设计的难点。针对装配式桥墩的力学特点,国内外学者基于本国的相关桥梁设计规范、场地条件和结构设计制造水平等基本条件,利用理论分析、试验与数值模拟等手段,从改进结构形式与材料、节段连接方式以及设置耗能装置等角度来提升其抗震性能。目前,对于不同接缝类型、外加轴压比、预加轴压比、耗能钢筋用量等影响预制桥墩抗震性能因素的研究虽然得到了一些定性结论,但往往是针对特定试件,适用范围较小,不能为设计人员提供直接参考,尚未形成完整的设计方法,且中高烈度区的应用实例也较少。因此需要根据我国桥梁结构所处的场地条件、地震动输入条件、桥梁设计相关规范及施工工艺等,有针对性地研究提升装配式桥墩乃至桥梁体系抗震性能的合理方法。

公路桥梁承载能力极限状态计算一般采用弹塑性理论,正常使用阶段应力计算一般采用弹性理论,潜在塑性铰区域的抗震计算一般需要采用塑性极限理论。当前规范公式和有关研究多为针对构件和结构的宏观分析,对接缝处材料不连续、钢筋连接处应力应变特性改变、多轴应力下材料特性变化、接缝界面处力的传递等微观分析缺乏深入的研究。

1.4 常见病害

装配式桥梁的病害多体现于上部结构,特别是横向分片的主梁,如T梁、小箱梁、空心板等,该类结构的应用量大面广,且服役时间长,故暴露出的共性问题较多。装配式桥梁常见病害见表1.4-1。

常见病害表　　　　　　　　　　表1.4-1

结构类型	常见病害	原因
预应力混凝土T梁	T梁腹板裂缝;横向连接系破坏;梁底纵裂、马蹄开裂;梁体混凝土局部剥落、露筋;负弯矩钢束锚固差;钢筋、预应力管道干扰等	混凝土收缩、结构温差、施工不当、养护不到位等
预应力混凝土小箱梁	底板纵向裂缝;底板横向裂缝;腹板底部纵向开裂;湿接缝纵横向开裂;混凝土空洞、蜂窝麻面等	箍筋不足,底板过薄以及钢筋、钢束间距太小导致混凝土浇筑质量差,养护不到位等
预应力混凝土空心板	支座脱空、支座剪切变形,铰缝填料脱落,底板纵裂,局部破损等	铰缝构造不合理及施工质量较差、混凝土收缩、支座未调平等
钢筋混凝土空心板	板梁横裂、局部破损、铰缝渗水结晶、板底纵裂等	铰缝构造不合理及施工质量较差、钢筋保护层偏薄,施工工艺不当等
节段预制拼装混凝土梁	桥面铺装损坏,部分未封锚预应力钢束锚头锈蚀,箱内顶板、箱外底板纵向裂缝等	主梁接缝处环氧树脂的老化,雨水渗漏进入主梁内部,结构温差等
预制拼装桥墩	结构承载能力、耐久性不能满足设计目标	灌浆不饱满,割钢筋,接缝受拉开裂等

归纳起来上部结构梁板的病害主要分为连接部病害、梁体病害及附属结构病害等。

1)连接部病害

连接部病害包含接缝病害和横隔板病害,接缝病害主要指铰缝或湿接缝处混凝土纵向开裂或破碎,造成接缝局部损伤或者连接失效,主要原因是铰缝构造不合理、接缝处混凝土振捣不密实、施工工艺欠合理等。横隔板病害是装配式 T 梁及小箱梁的典型病害,尤其是 T 梁,主要表现为横隔板错台和横隔板连接处混凝土开裂剥落,主要是由于施工不当引起的。连接部病害易造成桥梁单板受力,严重影响桥梁结构安全,同时引起桥面铺装层的纵向开裂,使桥面雨水进入接缝内,进一步加速结构损伤。

2)梁体病害

预制主梁的病害体现为蜂窝麻面、梁板裂缝、混凝土剥落露筋等,主要原因有混凝土浇筑质量不佳、混凝土保护层不足、车辆超载、混凝土收缩及温差、基础沉降等。梁体病害会使结构刚度折减,降低承载能力,水分的渗入会导致钢筋腐蚀,严重影响结构耐久性。

3)附属结构病害

中小跨径桥梁多采用模数式伸缩缝,其病害为钢纵梁连接焊缝脱开、橡胶条脱落、伸缩缝混凝土开裂等,产生原因与桥头跳车、产品质量、施工精度、运营养护等多因素相关。支座由于设计富余量不足、安装误差较大、材料老化等原因,容易发生支座脱空、变形过大、老化开裂、移位偏压等问题。

导致板梁常见病害的原因是多方面的,其中有设计的原因、施工的原因、管理养护的原因等,是各个因素综合作用的结果。这些病害不是独立的,而是相互影响、相互制约的。譬如常见的支座脱空病害势必造成其他支座反力增大,超过支座承载能力,易引起支座本身的损坏;同时支座脱空会大大增加板梁横向弯矩,易引起板梁板底纵裂;支座脱空对铰缝的工作状况会产生不利影响,会加剧铰缝损坏,进而形成单板受力,最终造成对板梁本身的损伤。

1.5　发展趋势

国内基础设施建设经过 30 年的快速发展后,已经进入一个新的历史阶段。

当前,公路建设已由"建设为主"逐步过渡到"建养并重",道路升级与改扩建、旧桥加固与拆除重建、道路养护与维修将是未来较长一段时期公路建设的主题。同时,城镇化建设也正进入一个如火如荼、前所未有的新时代,大量城市高架、立交枢纽、轨道交通及快速干道的建设,已经给城市居民的出行带来极大困扰,交通拥堵、施工区安全已经成为城镇化建设不可忽视的一个社会问题。此外,在大规模公路改扩建和城镇化建设背景下,传统的建造技术和理念也带来严重的环境问题,如路面维修、旧桥拆除带来的废弃物污染和占地,因交通拥堵带来的尾气排放,因现场施工带来的关键设施破坏等。因此,国家正大力倡导数字交通、绿色交通、智慧交通建设理念,用技术创新引领交通建设的可持续发展。

工程需求是技术发展的原动力,目前装配式混凝土桥梁建设中存在预制构件体量较大、施工工艺智能化程度不高、直接工程造价偏高等问题。因此,研究和发展高性能材料、轻型化结构、大容差连接方案、快速化施工装备、信息化融合技术,不断提高桥梁建设水平和品质,实现桥梁工业化快速智能建造,是装配式混凝土桥梁的发展趋势。

1.5.1 预制构件轻型化

预制构件轻型化的主要目的是降低重量,方便构件预制、运输和安装,并提升构件的经济效益和生态效益。预制构件轻型化可以通过高强材料的推广应用及精细化方案设计两个方面着手实现。

在高强材料的推广应用方面,UHPC 和 FRP 等新材料具有强度高、自重轻、耐久性好等优点,桥面板引入 UHPC 和 FRP 等新型材料,能够改善桥面板力学性能,减小自重荷载。美国艾奥瓦州 Dahlonega Road 桥、俄亥俄州 Laurel Lick 桥分别通过 UHPC 和 FRP 新型桥面板的应用,在满足强度、刚度和耐久性的同时,将桥面板高度和自重降至最低。

新材料的应用也将促进桥梁结构的优化,国内利用 UHPC 强度高的特点,提出了一种全预制 π 形梁,高跨比可降至 1/20,自重为普通混凝土梁的40%,40m跨径以内无须设置预应力筋,制造方便,施工便捷。2021年12月建成的省道292英德北江四桥小站侧跨堤桥为一孔跨径102m简支梁,桥梁全宽37m,横向分4片,每片预制宽8.7m,梁高4m,是国内首座全UHPC、全体外索节段预制拼装箱梁桥,也是目前世界最大跨径UHPC简支箱梁。

工业化离心预制生产的管桩,预应力高强度混凝土(PHC)管桩混凝土强度等级不低于C80,钢筋采用抗拉强度标准值1 420MPa的低松弛螺旋槽钢棒,应用为桥梁管桩基础时可大幅节省原材料用量。

在精细化方案设计方面,离心预制管桩通过空心截面、钢端板焊接连接、接头钢抱箍局部加强、高强材料应用等实现国内年生产规模约3亿m的大型预制混凝土构件制造产业;其他预制构件的精细化设计有待加强。

1.5.2 连接构造简单化

连接构造是预制装配式混凝土桥梁的关键构造,直接影响结构的整体性能和耐久性,是桥梁预制拼装的一个研究重点。《规范》上部构造连接方式包含:①湿接缝式连接;②预应力钢筋连接。《规范》下部构造的连接方式包含:①钢筋灌浆套筒连接;②钢筋灌浆波纹钢管连接;③构件承插式连接;④钢筋插槽式连接;⑤湿接缝式连接;⑥预应力钢筋连接。常见的连接方式还包括:钢筋锚孔连接、灌浆管道连接、恒载简支活载连续(SDCL)的梁-盖梁连接、梁-桥面板灌浆连接、采用UHPC的湿接缝连接等。

近年来,研究重点主要围绕如何简化连接构造,提升连接的静力性能和抗震性能,连接节点处高性能新材料的应用等方面。不少学者基于数值模拟和构件试验结果,提出了一些新型的上部构造拼装方法,如钢筋网加强燕尾榫接头、新型桥面板槽口连接等,这些连接构造的研究均向简单易行发展,尚未大规模应用于实际工程。

《规范》上部构造现浇混凝土湿接缝给出了U形钢筋交错布置有关

规定,构造简单,施工方便快捷;《规范》下部构造承插式连接构造简单,允许偏差与现浇桥墩基本一致,施工方便快捷;《规范》附录C"圆形管墩-承台承插式连接设计要求"进一步简化了一种特定的承插式连接典型方案的连接构造,并显著地提升了承插式连接的经济效益和生态效益。

当前,各国学者对连接的研究更多地侧重于连接节点的承载能力和结构的整体力学性能,较少涉及连接构造的防水、防锈等一系列耐久性问题,如何采用简单易行的构造解决这些问题有待进一步深入的研究。

1.5.3 安装施工快速化

施工快速化是装配式桥梁的优势之一,实现路径需要施工装备向一体化和智能化方向进一步完善,同时相关政策和技术标准要配合。

国内目前在宁波舟山港主通道公路工程、深圳市盐港东立交工程、阜溧高速公路建湖至兴化段等工程中已有应用的墩梁一体式架桥机,可实现桥墩预制立柱、盖梁及上构主梁一体化架设,具有对现有交通干扰小、无须大量地基处理、对地质条件适应性强、高效经济等诸多优点,在上下部结构工效匹配、施工连续段落具有较好的比较优势。对于30m标准跨径的桥梁每跨架设时间可缩短至4d。深汕西高速公路改扩建项目在此基础上集成了桩基的一体化施工,可实现从预制管桩基础、桥墩、盖梁到预制梁板的全装配化安装。常规的桥梁架设过程中,既需要操作人员手工操作控制,也需要辅助人员调度指挥,人工操作误差难以避免。智能一体化操作系统借助无线物联网模块接收动态信息,通过自动化控制技术实现精准调整,辅助主动安全控制装置保护梁体,可以大幅提高施工工效和安全保障。

目前桥梁快速化施工的标准规范和相关政策未形成体系,设计、施工、验收等缺乏统一标准,造成行业对桥梁快速建造的认识不足,未能发挥其巨大的效益。传统的工程管理模式设计、建设、运营等各过程较为独立,而快速建造需要从产品需求到产品使用全过程的流程控制。因此需要在现有的制度体系下,不断完善标准、规程、指南、工法,打通装配式桥梁从构件预制到运营管理的产业链,实现综合效益的最大化。

1.5.4 资产管理平台化

互联网和物联网技术的发展,为实现工厂和现场的设备互联和信息交互提供了平台。同时,数字孪生也为桥梁资产的管理提供了数字化手段。因此,扁平化的平台管理也将成为装配式桥梁产业生态的主要模式。

装配式桥梁模块化的特点能让建筑信息模型(BIM)技术更好地发挥作用。BIM技术作为一种信息集成技术,是模型和信息的共同体,契合装配式结构体系发展需求。BIM技术可打通设计、制造、采购、施工环节,真正实现设计施工一体化,可使建造流程集成化,提高设计质量,提升施工和运维管理水平。

本章参考文献

[1] 王志刚,孙贵清,余顺新,等.公路桥梁装配式桥墩工业化快速建造技术[J].公路,2021,66(06):145-150.

[2] 王志刚,余顺新,陈亚莉.桥梁快速建造技术[J].中外公路,2018,38(04):184-188.

[3] 张子飚,邓开来,徐腾飞.预制装配式混凝土桥梁结构2019年度研究进展[J].土木与环境工程学报(中英文),2020,42(05):183-191.

[4] 朱玉,丁德豪,刘勇.广东省公路装配式预制T梁设计创新[J].公路,2020,65(10):127-132.

[5] 项贻强,郭树海,陈政阳,等.快速施工桥梁技术及其研究[J].中国市政工程,2015(04):28-32+35+99.

[6] 项贻强,竺盛,赵阳.快速施工桥梁的研究进展[J].中国公路学报,2018,31(12):01-27.

[7] 张旸,魏红一,王志强,等.节段预制拼装梁抗震性能的有限元分析研究进展[J].上海公路,2015(04):42-46+9.

[8] 聂建国,陶慕轩,吴丽丽,等.钢-混凝土组合结构桥梁研究新进展[J].土木工程学报,2012,45(06):110-122.

第2章 《规范》的编制概况

2.1 编制依据

在国家大力推动绿色公路、品质工程建设，推动实现"双碳"目标的政策背景下，装配式混凝土桥梁因施工速度快、环境影响小、工程质量易控、安全风险较低等优点，在公路领域有着广阔的应用空间。近些年来，各地建设单位和科研院所在装配式混凝土桥梁领域开展了深入的理论研究和广泛的工程应用，积累了丰富的经验。为规范和指导公路装配式混凝土桥梁的设计，推进桥梁工业化发展，提升桥梁工程品质，根据《交通运输部关于下达2018年度公路工程行业标准制修订项目计划的通知》（交公路函〔2018〕244号）的要求，由中交第二公路勘察设计研究院有限公司为主编单位，主持《规范》的制定工作。《规范》的编制工作及条文编写按照《公路工程行业标准制修订管理导则》（JTG A02—2013）和《公路工程标准编写导则》（JTG A04—2013）的要求执行。

2.2 编制过程

《规范》自2018年6月启动，编制组组建后于同年11月底进行了编制大纲的评审，随后开展了广泛调研工作。2019年1～9月，编制组调研了湖北嘉鱼长江公路大桥、湖北石首长江公路大桥超宽节段预制拼装混凝土箱梁的建设情况；江西昌九高速公路改扩建项目混凝土T梁、空心板等常规装配式结构的使用情况；安徽芜湖长江二桥、中派河大桥、寿阳淮河大桥的全体外预应力节段拼装梁、预制拼装混凝土桥面板、装配式桥墩等施工运营情况；上海、无锡、长沙、绍兴等城市高架桥预制下部结构的实施情况。实地考察了建华建材混凝土预制工厂、二航局裕溪口预制基地、绍兴城投工业化建造公司等混凝土桥梁构件预制企业。收集整理了国内外装配式桥梁相关标准、规范、指南、手册20余本。

通过调研，归纳总结成熟的工程经验和技术成果形成了《规范》初稿。2019年10月编制组组织了专家进行内部审查，按照内审专家及主审意见修改完善后形成《规范》征求意见稿，于2020年1月向全国公路建设主管部门、设计施工单位、科研院所等书面征集意见。到4月份共回收反馈表30余份，梳理形成意见288条。2020年6月8~9日，主编单位组织召开了征求意见稿审查会，会后编制组根据专家意见对《规范》进行修改的同时，补充了试验验证、试设计、抗震试验调研等专题报告，并在8月29日，针对连接计算、抗震设计、装配式桥墩等关键问题召开了专题研讨会，依据多次专家意见和专题报告研究成果，完成了《规范》的送审稿。

2020年12月8~9日，交通运输部公路局在北京组织对《规范》送审稿的审查，来自建设管理、勘察设计、施工、科研院所等单位的13位专家参加了审查工作。会后根据专家意见进一步优化部分技术指标和技术要求，补充了算例报告，经内部审查后形成了总校稿。2021年7月29日召开了《规范》总校稿审查会，技术专家及人民交通出版社股份有限公司专家对文字、体例及内容提出了修改意见。根据总校会会议纪要及专家意见，对《规范》进行了修改完善和清稿工作，形成《规范》报批稿。2022年2月25日，交通运输部第19号公告发布了《公路装配式混凝土桥梁设计规范》(JTG/T 3365-05—2022)，作为公路工程行业推荐性标准，自2022年8月1日起施行。

2.3 基本内容

《规范》通过总结国内外公路装配式混凝土桥梁设计方面的科研成果和工程经验，开展了构件连接部强度计算、预制桥墩连接形式、装配式桥梁抗震等专题研究，在受弯构件抗剪承载力上限值、U形钢筋交错布置湿接缝、桥墩承插式连接等方面进行了试验验证，在材料、计算、构造、抗震等方面提出了适合当前国内建设条件的规定和指标。主要内容包括：

(1)基本规定:包含一般规定、作用及作用效应组合、设计要求3部分,分别对装配式桥梁的总体应用原则、荷载作用、总体及耐久性设计要求作了规定。

(2)材料:分为主体材料和连接材料两部分,主体材料混凝土、钢筋和钢材等指标要求和现行规范一致,仅提出预制构件的混凝土强度等级要求。连接材料重点针对灌浆连接套筒、灌浆波纹钢管、水基泥灌浆料、砂浆填充层、环氧树脂胶等,提出了主要性能指标要求。

(3)上部结构:包含一般规定、构造规定、计算规定3部分内容。一般规定分别针对横向分片或纵向分段方式拼装主梁、全高度及半高度桥面板,提出了结构形式、适用范围、连接形式等规定。构造规定按节段预制拼装主梁、预制桥面板分别提出构造要求。计算规定按预制拼装受弯构件针对接缝截面和接缝位置提出了持久状况承载能力极限状态、持久状况正常使用极限状态、持久状况和短暂状况的构件应力计算规定。

(4)下部结构:章节布置与上部结构一致。一般规定给出了装配式桥梁下部结构常用的连接方式和适用范围。构造规定给出了各种连接形式的构造要求。计算规定按预制拼装受压构件针对接缝截面和接缝位置提出了持久状况承载能力极限状态、持久状况正常使用极限状态、持久状况和短暂状况的构件应力计算规定。

(5)抗震设计:包含一般规定、抗震验算、抗震措施3部分内容。一般规定对抗震适用范围进行了界定,规定了抗震设防要求、抗震分析要求和抗震设计要求。抗震验算对装配式桥墩采用延性设计和减隔震设计的抗震性能验算作了规定,并对弯曲破坏控制时,塑性铰区域抗剪强度作了规定。抗震措施对灌浆套筒连接、预应力钢筋连接的抗震措施作了规定。

(6)附录:3个附录分别为吊点设计、活性粉末混凝土材料性能、圆形管墩-承台承插式连接设计要求。吊点设计给出预制构件可采用的吊点形式,以及吊点的验算方法,重点给出了预埋钢绞线吊环的验算方法,包括相应的构造规定。活性粉末混凝土材料性能为计算提供了活性粉末混凝土的材料力学性能参数。圆形管墩-承台承插式连接设计要求对该构造进行了详细规定,提出了连接强度计算的方法建议,给出了最小承插深度和承台抗冲切承载力的估算公式。

2.4 定位及特色

《规范》是对现行公路桥梁设计规范体系的细化和补充,主要适用于公路装配式混凝土梁式桥,斜拉桥及悬索桥等采用混凝土节段预制拼装的结构可参照采用。

《规范》首次提出了装配式结构接缝处的承载力计算要求和分段构件截面抗剪承载力上限值的计算方法,确保装配式结构安全可靠;同时通过补充接缝对结构破坏形态、截面抗裂性能及刚度的影响,反映了预制拼装构件正常使用极限状态的受力性能,更合理地满足结构受力要求。此外,《规范》规定了U形钢筋交错布置接缝的计算方法,优化了湿接缝结构,可加快施工进度,体现了工业化快速建造理念。《规范》提出了多种装配式桥墩连接方式,规定了适用范围和细部构造要求,提高了下部结构装配化比例。连接部是装配式桥梁抗震的薄弱环节,《规范》明确了抗震验算内容,规定了构造措施,提升了装配式混凝土桥梁的韧性及抗震性能。

第3章 装配式混凝土桥梁设计的基本内容

3.1 设计基本内容

装配式混凝土桥梁的主要特点是采用混凝土构件工厂预制、现场拼装成桥。设计的基本内容除包括现浇混凝土桥梁的基本内容(根据桥位所处建设条件,包括景观要求等,从地基地质条件、跨径、横断面及建筑高度、支承条件及施工工艺等方面综合确定合理的结构形式)外,还包括根据运输条件拟定预制构件的形式和尺寸,选择构件间的连接方式等特有的结构构造设计。主要包括:

1)结构形式选择

(1)上部结构尽量选用成熟的通用设计,如T梁、箱形梁、空心板等,并注意根据特殊的建设条件,如环境类别、荷载等,核实通用设计的适用性。

(2)下部结构根据工程特点选用。目前下部结构无成熟的通用设计,应根据具体工程的特点(如城市化程度、交通运输条件、吊装能力等确定盖梁、墩柱的材料、截面形式、分段长度等)选用。

2)设计基本内容和流程

(1)确定合适的结构体系。

常用的结构体系有简支桥面连续体系、先简支后结构连续体系两类;简支桥面连续体系包括单孔简支和简支桥面连续;先简支后结构连续体系包括先简支后连续梁体系和先简支后刚构体系。

(2)确定装配式混凝土预制结构形式。

上部结构参考《规范》第5章,选择横向分片及纵向分段T梁、箱形梁、空心板,节段箱形梁等;下部结构参考《规范》第6章,选择离心法制作混凝土空心墩柱、箱形薄壁墩等。

混凝土桥面板可采用全厚度预制、部分厚度预制,部分厚度预制桥面板应采用有效措施保证新老混凝土有效结合并共同受力。

(3)确定结构主要尺寸。

T梁、箱形梁、空心板等成熟的通用设计,当建设条件与通用设计适用条件不符时,宜根据建设条件适当调整。

节段预制拼装混凝土箱梁的节段长度和重量应根据预制、吊装、运输等限制条件确定。当节段采用短线法预制时,箱梁构造应利于施工标准化。节段预制拼装箱梁腹板厚度应满足《规范》第5.2.9条的要求,不配钢筋的湿接缝宽度应满足《规范》第5.2.10条的要求。

(4)确定预制构件间的连接方式。

一般情况下,T梁、箱形梁等横向分片的预制结构,宜采用现浇混凝土(或活性粉末混凝土)湿接缝连接;空心板宜采用铰缝连接,也可采用预制结构分离、现浇桥面板连接成整体;纵向分段箱形梁等节段间连接宜采用胶接,也可采用现浇混凝土湿接缝连接。节段预制拼装混凝土箱梁的接缝界面,应均匀设置剪力键;预制桥面板与预制主梁之间应采用预留连接钢筋或焊钉连接件连接;预制梁桥面板横向钢筋宜采用U形钢筋搭接,湿接缝钢筋的连接应采用焊接或机械连接;空心板铰缝横向钢筋宜采用搭接。

节段预制盖梁可采用胶接缝拼装连接或湿接缝连接,拼接面及钢筋连接可参考梁的连接形式。

预制墩柱与承台、墩柱与盖梁、台身不同类型构件之间的拼装接缝宜采用砂浆填充层。预制墩柱与盖梁、承台一般采用钢筋灌浆套筒连接、钢筋灌浆波纹钢管连接、构件承插式连接、钢筋插槽式连接、湿接缝连接、预应力钢筋连接等,墩柱节段间连接可采用钢筋灌浆套筒连接、湿接缝连接、预应力钢筋连接、法兰盘连接等。

(5)结构计算。

按《规范》第5.4~5.6节进行上部结构持久状况承载能力极限状态、

持久状况正常使用极限状态、持久状况和短暂状况的构件接缝位置应力等计算和验算。

按《规范》第6.4~6.6节进行下部结构持久状况承载能力极限状态、持久状况正常使用极限状态、持久状况和短暂状况的构件接缝位置应力等计算和验算。

(6)抗震设计。

基本地震动峰值加速度为0.1g及以下地区装配式混凝土桥梁按《规范》第7章进行抗震设计。基本地震动峰值加速度为0.1g以上时,宜采用减隔震措施。

3.2 设计基本原则

桥梁是交通设施的重要组成部分,也是交通运营过程中的关键节点,其使用功能的好坏严重影响着出行安全与舒适性,装配式桥梁在运营过程中应具有规定的强度、刚度、稳定性和耐久性,需进行承载能力极限状态验算和正常使用极限状态验算。装配式桥梁在设计中应遵循"安全、适用、经济和美观"的基本原则,并应考虑环境保护和可持续发展的要求。以下列举一些装配式桥梁设计的基本要点:

1)安全性

(1)桥梁上、下部结构在强度、稳定和耐久性方面应有足够的安全储备。

(2)对于修建在地震区的桥梁,应按抗震要求采取防震措施;对于河床易变迁的河道,应充分考虑冲刷作用、避免桥梁基础底部掏空。

(3)桥梁各项附属设施应具有相应设计功效并按要求设置。

2)适用性

(1)桥梁结构在设计荷载作用下变形和裂缝宽度满足限值。

(2)正确区分桥梁不同构件所处环境情况,采取对应的耐久性措施,确保桥梁具有设计使用寿命。

(3)考虑综合利用,方便各种过桥管线的搭设。

3)经济性

(1)桥梁结构设计应因地制宜,方便施工和节省工程造价。

(2)预制构件的尺寸应充分考虑施工建设场地的空间局限,避免因运输或安装构件产生额外的费用。

(3)设计中应考虑设计使用年限内的养护费用与维护的便捷性,维修时应尽量不中断交通或减少中断交通时间。

4)美观性

结构布局与轮廓应在空间上比例合理,具有优美的外形,与周边环境相协调。

5)环境保护与可持续发展

应从桥位选择、桥跨布置、基础方案、墩身外形、施工方法、施工组织等多方面全面考虑环境要求,采取必要的工程控制措施,将不利影响减少至最小。

3.3 结构方案设计

结构形式选用原则如下:

(1)对于装配式中小跨径混凝土桥梁,可采用简支体系和先简支后结构连续体系。

(2)跨径在20m以下的桥梁宜采用空心板、π形梁,无特殊要求时,π形梁施工质量易于控制,宜优先采用。

(3)跨径在20~40m的桥梁宜采用预应力T梁、I梁、箱形梁形式,无特殊要求时,T梁施工质量易于控制,宜优先采用。

(4)跨径在40m及以上时,桥梁宜采用节段拼装箱形梁,也可采用节段拼装T梁、I梁、箱形梁等。

(5)有景观要求的桥梁(包括跨线桥),采用的预制拼装结构宜进行针对性的特殊设计。

(6)变宽桥梁应考虑与等宽桥梁结构形式相协调。下部结构与上部结构在桥宽、梁高、跨径、外观尺寸、受力条件等方面相适应。

(7)预制桥墩截面可采用离心预制圆形管墩、矩形截面空心墩或其他形式,一座桥宜采用同一种断面形式。

(8)预制盖梁可采用实体截面或空心截面,根据运输和吊装要求,可采用分节段预制。

(9)桥梁横断面布置。

①应根据道路规划、实施方案,布置为单幅、双幅或多幅形式。

②当采用双幅式分幅桥时,应在分隔带处分开,当两幅桥间仅设纵缝时应做好纵缝防水、伸缩缝等的处理措施。

③桥梁采用分期实施方案时,桥梁横断面布置应充分考虑远、近期实施的可行性。

(10)预制构件的连接。可采用湿接缝和胶接缝连接或其组合形式,接缝处除设置预应力筋外,湿接缝一般还应根据缝的宽度,相应设置普通连接钢筋。

3.3.1 上部结构

装配式预制桥梁具有可显著提高设计统一性、模板利用率,利于保证工程质量等优点,新中国成立初期,我国公路行业即开始编制预制梁通用设计。不同时期的版本反映了当时设计、施工、材料、工艺水平和交通需求。历经不断探索、创新和完善,装配式预应力混凝土T梁(工字梁)因其性能可靠、构造简单、施工方便,是历次预制梁编制的重点。历次编制大体可分为四个阶段。第一阶段为新中国成立初期至1972年,基本是套用苏联的公路桥涵标准图,荷载标准为汽—10级,T梁的结构材料以钢筋混凝土为主。第二阶段为1972—2003年,其间,72版和81版《公路工程技术标准》颁布,增加了高速公路与一级公路的要求,荷载标准以汽—20级、超—20级为主,T梁结构以工字形(分宽上翼缘和窄上翼缘)组合梁为主,材料以预应力混凝土和钢筋混凝土为主。第三阶段为2003—2011

年,2003版《公路工程技术标准》颁布后,汽车荷载标准改为公路—Ⅰ级、公路—Ⅱ级,荷载模式改变,荷载标准提高,结构的安全度和耐久性要求提高,"四新"技术蓬勃发展,交通运输部专家委员会组织编制了08版桥涵通用图,取消工字梁,增加了先简支后结构连续体系T梁,这也是最近一次全国性的大规模公路预制桥梁通用设计编制工作,为此前历次通用设计的集大成之作。第四阶段为2011年至今,2011年全国推行公路建设标准化,2014版《公路工程技术标准》颁布,08版桥涵通用图难以满足工程建设的需要,通用设计出现了多元化,各省陆续开展自己的桥涵标准化工作。广东省的桥涵标准化工作最为全面系统,结构的安全度、耐久性、荷载等级等均考虑了2014版《公路工程技术标准》的新要求,并对"尚不确定的问题"开展了必要的专题研究,历时3年,桥梁上部结构共编制了装配式预应力混凝土T梁、箱形梁、空心板通用图计120册,包括6种路基宽度,5种跨径,3个角度,其中,T梁、箱形梁各42册,分简支和连续两种结构体系;空心板36册,包括简支体系,先张和后张各18册。

目前钢筋混凝土与预应力混凝土梁式桥的主梁截面形式主要有板式、肋梁式和箱形截面三大类型。板式截面包括实心板与空心板,肋梁式截面包括π形、I形、T形。

装配式混凝土桥梁的上部结构可采用横向分片或纵向分段方式预制,宜采用标准跨径布置。混凝土预制梁常用的截面类型、标准跨径可按表3.3-1采用。

混凝土预制梁常用截面类型及标准跨径　　　表3.3-1

拼装方式	截面类型	标准跨径(m)
横向分片拼装式	空心板	6、8、10、13、16、20
	π形梁	6、8、10、13、16、20、25
	I形梁	20、25、30、35、40
	箱形梁	20、25、30、35、40
	T形梁	13、16、20、25、30、35、40
纵向分段拼装式	箱形梁	30、35、40、45、50、55、60

1）板式梁

板式梁桥一般采用简支体系,高跨比约为1/11～1/16。实心板一般适用跨径范围在6～13m,板厚约0.4～0.8m。当跨径增大时,多采用空心板截面,不仅能减轻自重,而且能充分发挥材料特性,空心板适用于20m以内跨径。

交通运输部于2008年发布了空心板桥梁通用图,跨径包括6m、8m、10m、13m、16m和20m;汽车荷载包括公路—Ⅰ级和公路—Ⅱ级;板宽包括1.00m和1.25m;斜交角包括0°、15°和30°;路基宽度包括8.5m、10.0m、12.0m和2×11.25m、2×12m、2×12.75m、2×13.5m、2×16.5m、2×16.75m。6m、8m、10m跨径钢筋混凝土空心板的板高为320mm、420mm、500mm。10m、13m、16m、20m跨径预应力混凝土空心板的板高为600mm、700mm、800mm、950mm,如图3.3-1所示。

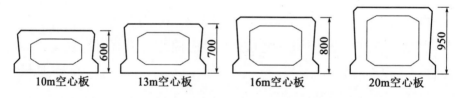

图3.3-1　08版空心板截面(尺寸单位:mm)

纵观国外的中小跨径桥梁现状,日本空心板梁施加了横向预应力,在梁体内设置横隔板,预留横向管道,后期张拉横向预应力。美国中小跨径桥梁以T梁为主,只有在16m以下跨径桥梁中采用空心板梁,大多采用双肋和多肋T梁。

2）肋梁式

π形、I形梁组合成桥梁横截面时,形式与多T形截面类似。π形梁的主要特点是截面形状稳定,横向抗弯刚度大,构件堆放、装卸都较方便,但跨径较大时构件重,预制也比较复杂,适用跨径6～25m。I形梁的主要特点为运输、吊装重量小,但横向抗弯刚度小,在预制、运输、吊装阶段的稳定性较差,且与桥面板的连接整体性差,故目前应用较少。

T梁适用跨径13～40m,具有突出的优点:①主梁梁肋能够配置刚度较大的钢筋骨架;②截面下部混凝土很少,混凝土基本集中在上部受压区,主筋则集中在下部。

早期的预应力混凝土T梁以25～30m跨径为主,随着机械设备吊装能力的提升,预应力混凝土T梁向着更大跨度发展。对于山区高架桥,由于山区地形变化大,桥墩高,出于桥梁整体经济性考虑,势必要求增大预制T梁的跨径,40m T梁被广泛应用,个别地区由于桥梁功能的需要,采用了50m T梁。T梁随着跨径的增大,梁高增加很快,但梁肋厚度增加很少,导致横向刚度减小,故T梁梁高越高,施工中越容易发生侧弯。50m T梁对吊装设备要求高,易发生侧弯,故在工程实践中应用较少。T梁最大跨径以不超过40m为宜,再加大跨径无论从受力、构造、经济上都不合理,大于40m跨径以选择箱形截面为宜。

《装配式预应力混凝土T梁桥上部构造》标准图于2008年正式出版,跨径包括20m、25m、30m、35m、40m;汽车荷载包括公路—Ⅰ级和公路—Ⅱ级;斜交角包括0°、15°和30°;路基宽度包括10m、12m、23m、24.5m、26m、28m、33.5m、34.5m。该套T梁通用图预制梁梁宽:公路—Ⅰ级均采用1.7m,湿接缝宽度0.4～0.7m;公路—Ⅱ级采用1.5m与1.7m,湿接缝宽度0.5～0.7m。20m、25m、30m、35m、40m预应力混凝土T形连续梁的梁高分别为1.5m、1.7m、2.0m、2.3m、2.5m,桥面板及悬臂板端部厚度均为160mm,根部厚250mm,T梁腹板厚180mm,马蹄宽44～60cm,如图3.3-2、图3.3-3所示。

广东省T形梁桥通用图于2014年正式发布,共编制了24.5m、26.0m、28.0m、32.0m、33.5m、34.5m六种路基宽度,24.5～28.0m对应四车道,32.0～34.5m对应六车道,编制了20m、25m、30m、35m、40m五种跨径,10°、15°、30°三种斜交角度。环境类别:Ⅰ类,环境作用等级:B级。荷载等级:公路—Ⅰ级。图3.3-4为广东省T梁横断面布置,预制梁顶面设计成2%的横坡,梁肋底设计成平坡,预制梁宽按中梁1.75m、边梁

2.055m设计,T梁横断面布置参数见表3.3-2。图3.3-5为简支预制T梁一般构造图立面,图3.3-6为连续T梁一般构造图(括号内参数用于结构连续端)立面,图3.3-7为连续T梁齿板构造,简支和连续T梁的尺寸参数见表3.3-3、表3.3-4。

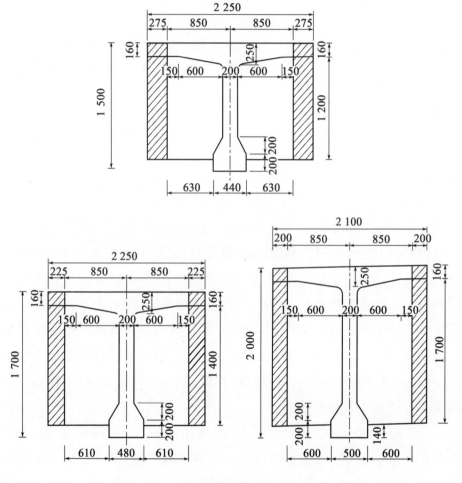

图3.3-2 2008年版《装配式预应力混凝土T梁桥上部构造》标准图中 20m、25m、30m T梁截面(尺寸单位:mm)

第3章　装配式混凝土桥梁设计的基本内容

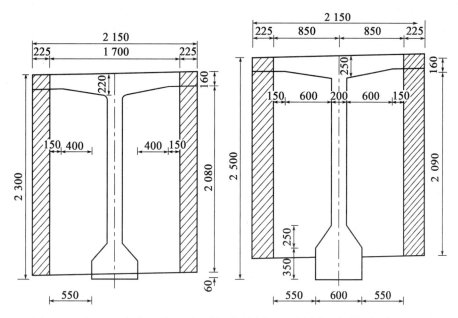

图 3.3-3　2008 年版《装配式预应力混凝土 T 梁桥上部构造》标准图中 35m、40m T 梁截面(尺寸单位:mm)

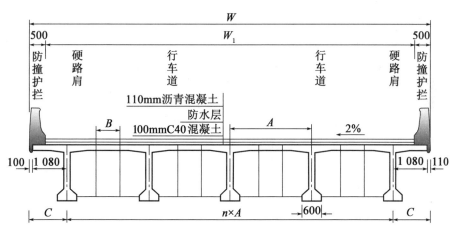

图 3.3-4　广东省 T 梁横断面布置图(尺寸单位:mm)

37

广东省T梁横断面布置参数 表3.3-2

路基宽(m)	梁片总数	n	桥宽W(m)	净宽W_1(m)	梁片间距A(m)	湿接缝宽B(m)	边悬臂C(m)
24.5	2×5	4	11.75	10.75	2.347 5	0.597 5	1.18
26.0	2×5	4	12.50	11.50	2.535 0	0.785 0	1.18
28.0	2×6	5	13.25	12.25	2.178 0	0.428 0	1.18
32.0	2×7	6	15.50	14.50	2.190 0	0.440 0	1.18
33.5	2×7	6	16.25	15.25	2.315 0	0.565 0	1.18
34.5	2×7	6	16.50	15.50	2.356 7	0.606 7	1.18

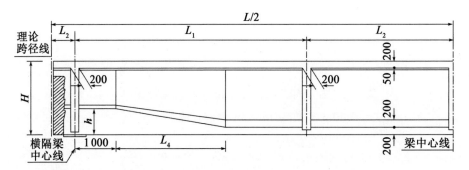

图3.3-5 广东省简支预制T梁一般构造图立面(尺寸单位:mm)

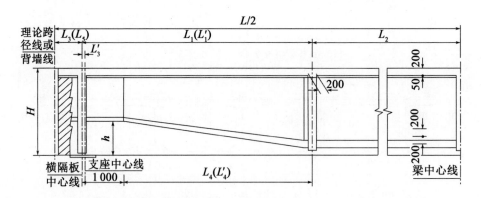

图3.3-6 广东省连续T梁一般构造图立面(尺寸单位:mm)

第3章 装配式混凝土桥梁设计的基本内容

广东省简支预制T梁主要尺寸

表 3.3-3

跨径 L (m)	梁高 H (m)	腹板变宽段长度 L_4(m)	横隔板(道)	横隔板间距 L_1(m)	横隔板间距 L_2(m)	支座中心 L_3(mm)	翼缘板根部厚度(mm)	翼缘板端部厚度(mm)	跨中腹板宽(mm)	跨中马蹄高(mm)	根部腹板宽(mm)	根部马蹄高 h(mm)
20	1.5	2.50	3	9.50	0.00	500	250	200	200	200	400	600
25	1.7	2.70	5	6.00	6.00	500	250	200	200	200	400	700
30	2.0	3.50	5	7.25	7.20	550	250	200	200	200	400	700
35	2.3	7.21	5	8.41	8.45	680	250	200	200	200	400	900
40	2.5	8.46	5	9.66	9.70	715	250	200	200	200	400	900

广东省连续T梁主要尺寸

表 3.3-4

跨径 L (m)	梁高 H (m)	横隔板(道)	边支点侧 横隔板间距 L_1(m)	边支点侧 横隔板间距 L'_1(m)	边支点侧 横隔板间距 L_2(m)	边支点侧 腹板变宽段长 L_4(m)	边支点侧 端横隔板中心 L_3(m)	中支点侧 腹板变宽段长 L'_4(m)	中支点侧 端横隔板中心 L_5(mm)	支座中心 $(L_3+L'_3)$(mm)	翼缘板根部厚度(mm)	翼缘板端部厚度(mm)	跨中腹板宽(mm)	跨中马蹄高(mm)	根部腹板宽(mm)	根部马蹄高 h(mm)
35	2.3	5	8.41	8.36	8.45	7.21	640	7.16	690	640+40=680	250	200	200	200	400	900
40	2.5	5	9.66	9.56	9.70	8.46	640	8.40	740	640+75=715	250	200	200	200	400	900

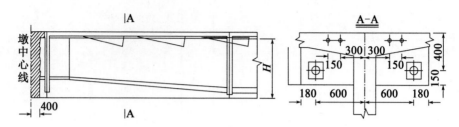

图 3.3-7　广东省连续 T 梁齿板构造(尺寸单位:mm)

矮 T 梁在安徽、辽宁、宁夏、青海、浙江、江西等省份使用较多,常用跨径为 13m、16m、20m,承载能力和结构耐久性优于空心板。矮 T 梁和空心板梁材料用量对比见表 3.3-5,分析对象取高速公路 28m 路基宽度,单幅桥宽 13.5m,标准跨径为 20m,汽车荷载等级为公路—Ⅰ级,结构重要性系数取 1.1。

矮 T 梁和空心板材料用量比较　　　　　表 3.3-5

项　目	结构形式	
	低高度密肋式 T 梁	预应力混凝土空心板
结构体系	桥面连续、结构简支	桥面连续、结构简支
混凝土(m^3)	102	125.6
钢绞线(kg)	3 742	4 314
HRB400 钢筋(kg)	15 311	15 506
HPB300 钢筋(kg)	7 029	4 840
综合评价	造价较低	造价较高

不考虑矮 T 梁和空心板的人工费和机械费差异的情况下,20m 矮 T 梁比 20m 空心板梁单跨造价便宜 6% 左右;矮 T 梁无内模,梁肋钢筋施工相对容易。另外矮 T 梁比空心板自重轻,考虑桥面铺装和护栏自重,矮 T 梁的上部恒载比空心板轻 12%,其相应的下部结构造价也会低。

3)箱形梁(横向分片拼装式)

箱形截面抗扭刚度大,并具有较高的截面效率指标,它的顶板和底板面积均较大,能有效地承担正负弯矩,并满足配筋的需要;其缺点为箱梁截面由于是闭口截面,预制施工比较复杂,而且单片箱梁的安装重量大。

目前在国内应用最为广泛的小箱梁桥跨径为 25m 和 30m,少数跨径较大的采用 35m 小箱梁,而 40m 小箱梁由于其吊装重量大、腹板较薄应用较少。20m 小箱梁由于其梁高较小,内腔尺寸较小、拆模困难应用较少。

对于纵向结构体系,由于桥面连续处的梁端转角变形较大,会造成桥面连续过早破坏,影响结构的耐久性和行车舒适性。当跨径大于或等于 30m 时将简支梁受力状态改变为连续梁体系,从而确保了墩顶结构的连续性和耐久性,对于主要由活载和徐变次内力产生的墩顶负弯矩,则通过顶面布置的预应力短束提供承载能力。

《装配式预应力混凝土箱形梁桥上部构造》标准图于 2008 年正式出版,跨径包括 20m、25m、30m、35m、40m;汽车荷载包括公路—Ⅰ级和公路—Ⅱ级;斜交角包括 0°、15° 和 30°;路基宽度包括 10m、12m、23m、24.5m、26m、28m、33.5m、34.5m,如图 3.3-8、图 3.3-9 所示。20m、25m、30m、35m、40m 预应力混凝土箱形连续梁的梁高分别为 1.2m、1.4m、1.6m、1.8m、2.0m,顶板厚度均为 180mm,跨中底板厚均为 180mm,20~35m 小箱梁腹板厚 180mm,40m 小箱梁腹板厚 200mm。

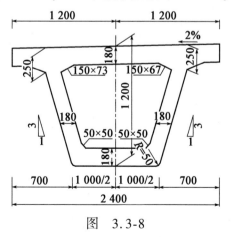

图 3.3-8

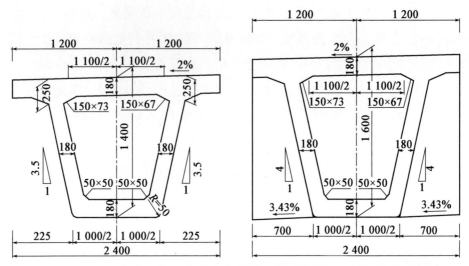

图 3.3-8　2008 年版《装配式预应力混凝土箱形梁桥上部构造》标准图中 20m、25m、30m 小箱梁截面(尺寸单位:mm)

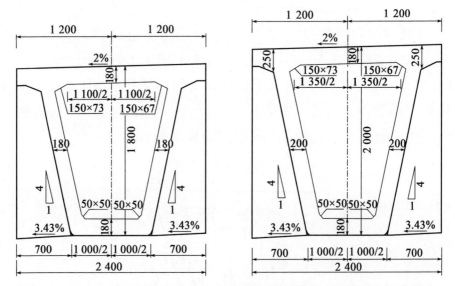

图 3.3-9　2008 年版《装配式预应力混凝土箱形梁桥上部构造》标准图中 35m、40m 小箱梁截面(尺寸单位:mm)

4)节段拼装箱梁

节段拼装箱梁主要的优势表现在:桥梁上部结构节段预制和下部结

构的施工可同时进行,施工速度快,工期缩短;梁体的预制工厂化,施工质量好,而且上部结构线形控制较为容易;节段箱梁的养护时间较长,成桥以后梁体的徐变和预应力损失较小;采用流水施工,箱梁的预制和安装可以分开进行,相互不干扰,缩短了施工工期;有利于桥位处的环保,减少了对桥下现有交通的影响。节段预制拼装一次投入相对较大,必须有一定规模(大于1.5km)才能体现其在工期和整体效益等方面的优越性。梁场标准化的同时,提高架桥机、预制模板等大型设备、材料的周转次数,更有利于节段预制拼装施工技术的推广。

节段梁桥应采用等高、等跨布置形式,以减少预制节段类型,保证工厂预制效率,适用跨径30~60m。另外根据工程调研(表3.3-6),箱内顶板厚度一般不小于220mm;悬臂端较小,一般不小于200mm。底板厚度一般小于箱内顶板厚度,最小不小于200mm。

国内预制节段梁构造统计 表3.3-6

序号	工程项目名称	建成时间	悬臂端部厚度(mm)	顶板厚度(mm)	底板厚度(mm)
1	南京长江第四大桥	2012	180	280	250
2	武西高速公路桃花峪黄河大桥	2013	200	270	250
3	泉州湾跨海大桥	2015	200	280	270
4	芜湖长江二桥引桥	2017	220	220	200
5	虎门二桥(南沙大桥)	2019	200	280	270
6	上海崇明越江隧道长江大桥工程	2019	220	280	250
7	郑州四环线及大河路快速化工程	2020	230	230	270

节段拼装混凝土梁的节段连接缝分为三类:胶接缝,接缝结合面涂以环氧树脂胶体;干接缝,接缝结合面直接密贴;湿接缝,接缝采用现浇混凝土结合。干接缝由于其在受力性能、抗震性能及耐久性方面的严重缺陷和不足,在国内外应用较少,干接缝节段式构造在国外一些桥梁设计规范和指南中也有所限制。美国《AASHTO节段式混凝土桥梁设计与施工指

南》1999年版(第二版)的2003年临时修改版规定,所有的新结构仅有A类接缝,保留的干接缝有关条文只用作已建桥梁的荷载评定。

节段拼装混凝土梁按其体内、体外预应力配置方式分为两类:体内体外混合预应力梁,即部分采用体内预应力、部分采用体外预应力的梁;全体外预应力梁,即全部采用体外预应力的梁。完全采用体外预应力技术的只有福建洪塘大桥引桥、芜湖二桥以及国外80年代早期几座桥,其余均为体内体外混合配束形式,国内部分节段梁钢束配置统计见表3.3-7。

国内部分节段梁钢束配置统计　　　　表3.3-7

项目名称	拼装方案	跨径(m)	体内束比例(%)	体外束比例(%)	体外/体内
崇启大桥	逐跨拼装	50	26	74	2.85
泉州湾跨海大桥	逐跨拼装	50	38	62	1.632
苏通大桥	悬臂拼装	75	74	26	0.351
虎门二桥工程	逐跨拼装	45	20.2	79.8	4.0
虎门二桥工程	悬臂拼装	55	62.8	37.2	0.6
虎门二桥工程	悬臂拼装	62.5	66.6	33.4	0.5

体外预应力体系由四个基本部分组成:体外预应力束(简称体外束)、锚固系统、转向装置及减振装置,如图3.3-10所示。体外预应力钢束具有明显的优点与缺点。优点:①预应力索布置简单;②降低腹板厚度;③管道灌浆的事故减少或不发生问题;④体外预应力钢束在使用期间容易检查和更换;⑤体外预应力钢束仅在锚固区和转向块处与结构相连,摩阻损失明显减小。缺点:①体外预应力钢束因为承受着振动,要限制其自由长度;②转向块和锚固区因承受着巨大的纵、横向力而特别笨重;③对于体外预应力钢束,锚固失效则意味着预应力的丧失,所以锚具应严防被腐蚀;④极限状态下体外预应力钢束的抗弯能力小于体内有黏结钢束;⑤在极限状态下可能因延性不足而产生没有预兆的失效。

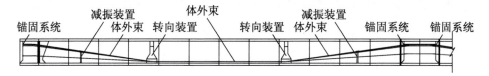

图3.3-10 体外预应力体系的基本组成示意图

3.3.2 下部结构

目前国内外采用的装配式混凝土桥墩连接方式有钢筋灌浆套筒连接、钢筋灌浆波纹钢管连接、构件承插式连接、钢筋插槽式连接、湿接缝式连接、预应力钢筋连接、钢板连接、焊接连接等多种形式。

装配式混凝土桥墩预制节段的连接方式可根据结构形式、施工条件等因素按表3.3-8确定。

装配式混凝土桥墩预制节段的常用连接方式及适用范围　　表3.3-8

序号	连 接 方 式	适 用 范 围
1	钢筋灌浆套筒连接	墩柱与盖梁、墩柱与承台、墩柱节段间
2	钢筋灌浆波纹钢管连接	墩柱与盖梁、墩柱与承台
3	构件承插式连接	墩柱与盖梁、墩柱与承台
4	钢筋插槽式连接	墩柱与盖梁、墩柱与承台
5	湿接缝式连接	墩柱与承台、墩柱节段间、盖梁节段间
6	预应力钢筋连接	墩柱与盖梁、墩柱与承台、墩柱节段间、盖梁节段间

1) 钢筋灌浆套筒连接

灌浆套筒连接技术应用在预制拼装桥墩中,首先是将承台现浇完成后预留一定长度的钢筋,在预制构件和盖梁中预埋相应数量的钢套筒,预制构件吊装就位,预制构件套筒与钢筋对插,然后灌注高强砂浆连成整体,套筒连接方式如图3.3-11所示。

灌浆套筒连接构造有以下特点:施工难度较低;现场施工所需时间短,即可进行后续施工,现场工作量显著减小;减少了钢筋的预加工量,既能降低应力损失,又能防止二次应力以及变形对构件造成影响。正常使用条件下的力学性能与传统现浇混凝土墩柱类似,因此具有一定的经济优越性,但裂缝控制需要关注。

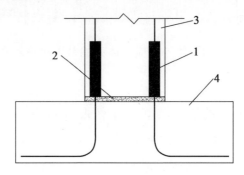

图 3.3-11　钢筋灌浆套筒连接

1-灌浆套筒;2-砂浆填充层;3-预制墩柱;4-承台

2)钢筋灌浆波纹钢管连接

灌浆波纹管连接是在连接构件的一侧采用预埋金属波纹管成孔,另一侧预留外露钢筋,对构件进行分别预制,在拼装时外露钢筋插入金属波纹管孔中并灌注高强浆料,从而在构件间形成黏结锚固,如图 3.3-12 所示。这是一种浆锚式连接,其传力机理并非像套筒连接器一样,钢筋通过连接器将力传递给钢筋,而是钢筋直接将力传递给周围混凝土或灌浆料,金属波纹管仅是用于形成竖向孔道以供钢筋插入。与灌浆套筒的荷载传递原理不同,灌浆波纹管并非将力通过自身传递给钢筋,而是直接将力由钢筋传递给高强灌浆料进而传递给构件混凝土,因此灌浆波纹管连接对钢筋锚固长度要求较高,常用于预制桥梁下部结构桥墩与盖梁和桥墩与承台之间的连接。

该连接构造优点是现场施工时间短,通常在灌浆 1d 后即可开展后续施工,所不同的是该构造要求预制墩身连接端的外露钢筋具有足够的锚固长度,施工精度要求相对较高。与灌浆套筒连接相比,金属波纹管连接具有以下特点:容许的施工误差略大一些;金属波纹管造价比套筒少得多,且重量轻得多,便于现场操作;灌浆套筒连接对灌浆料配比及施工工艺有较高的要求。

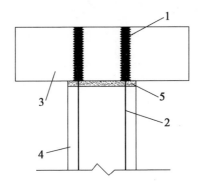

图 3.3-12 钢筋灌浆波纹钢管连接

1-灌浆波纹钢管;2-预制节段伸出钢筋;3-预制盖梁;4-预制墩柱;5-砂浆填充层

3) 构件承插式连接

构件承插式连接方式是将预制构件一端插入相接构件的预留孔内,预留孔壁可设置剪力键齿,插入长度一般为预制构件截面尺寸的0.7～2.0倍,通过浇筑混凝土或其他灌浆材料(不低于预制构件混凝土强度)填实预留孔内间隙,使构件连接成整体的连接构造,如图3.3-13所示。

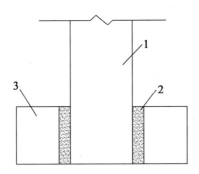

图 3.3-13 构件承插式连接

1-预制墩柱;2-浇筑混凝土或填充料;3-承台

构件承插式连接通常用于墩柱与承台及墩柱与盖梁之间的连接。采用这种接头时,整体性能较好,预制构件周边没有伸出的钢筋,因此方便运输;由于不存在节段之间钢筋对接的问题,因此施工精度要求相对不高。其抗震性能也类似现浇结构。

4）钢筋插槽式连接

钢筋插槽式连接是一种可以将预制立柱与预制盖梁、预制立柱与承台或预制桩与预制承台通过插槽式实现连接的构造。通常在盖梁或承台中预留一个较大的插槽孔,将预制构件伸出的竖向受力钢筋插入相接构件的预留孔内部,通过浇筑混凝土(不低于预制构件混凝土强度)填实预留孔,使两者连接成整体的连接构造,如图 3.3-14 所示。实际工程中,通常采用钢管形成预留的槽口。由于预制墩柱和盖梁或承台之间的传力是通过槽口的周边完成的,因此,槽口的尺寸和细部构造需要进行特别的设计。

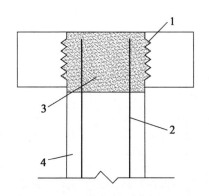

图 3.3-14　钢筋插槽式连接

1-钢波纹管道;2-预制节段伸出钢筋;3-浇筑混凝土;4-预制墩柱

采用这种连接方式主要有以下优点:纵筋与插槽之间的定位容许较大的偏差;这种连接方式之前在建筑结构中已有了成功的应用。同时也有以下缺点:灌浆槽通常竖向贯穿盖梁,导致盖梁顶部开槽的表面积较大,容易遭受侵蚀性介质的入侵,影响盖梁的耐久性能;灌浆槽中需要灌入大量的混凝土或砂浆。

5）湿接缝连接

预制桥墩伸出一定数量的钢筋与相邻节段、承台或盖梁预留钢筋搭接或焊接,搭接或焊接长度需要满足规范构造的要求,然后在钢筋连接部位支模现浇混凝土,施工时需搭设临时支撑,如图 3.3-15 所示。

第3章 装配式混凝土桥梁设计的基本内容

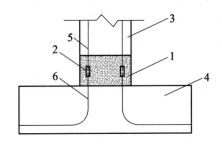

图 3.3-15 湿接缝连接

1-混凝土或活性粉末混凝土湿接缝;2-机械连接等;3-预制墩柱;4-承台;5-墩柱钢筋;6-承台钢筋

采用该连接构造的预制拼装桥墩,力学性能往往与传统现浇混凝土桥墩类似,但湿接缝的存在会增加现场钢筋搭接、混凝土浇筑的作业量,施工时间较长,从快速施工角度考虑,该方案存在一定不足。

6) 预应力钢筋连接

预应力钢筋连接构造(图3.3-16)是将墩柱划分成若干节段,每个节段中预留孔道,运输到现场后逐段吊装接高,再竖向张拉预应力筋将所有墩柱连接起来,墩柱节段之间采用砂浆垫层或环氧胶接缝连接,普通钢筋在接缝位置处断开,预应力筋可采用钢绞线或精轧螺纹钢等高强钢筋,根据预应力筋与混凝土的黏结不同可分为有黏结和无黏结两种后张预应力体系。为了方便施工定位,节段之间通常设置剪力键。

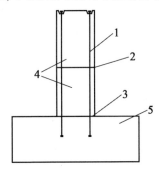

图 3.3-16 预应力钢筋连接

1-预应力钢筋;2-节段接缝(胶接缝);3-构件接缝(胶接缝或砂浆接缝);4-预制墩柱节段;5-承台

49

该构造特点是易于实现墩身多节段拼装，节段较小，自重较轻，便于运输和吊装；预应力筋通过接缝，考虑到施工的便利性，通常采用预应力筋底部锚固在现浇承台中，在墩顶部张拉的方式；墩身节段间采用环氧树脂接缝，可以改善桥墩的耐久性。早期建造的预制拼装桥墩，采用这种构造建造的桥较多，实际工程应用较多，其设计理论和计算分析以及施工技术经验相对成熟。不足之处是墩身在配有预应力筋的同时还需要布置一定数量的构造配筋，墩身造价相对传统现浇混凝土桥墩要高许多；现场施工需对预应力筋进行穿束、张拉、灌浆等操作，施工工艺复杂，施工时间较长。

3.4 施工工法选择

3.4.1 装配式下部结构施工工法

装配式下部结构施工工法主要有适用于陆地施工的汽车吊装施工、水陆均可使用的"钓鱼法"施工，以及适用深水的船舶浮式起重机施工。其他较为少用的适用于深谷或大型拱桥的预制立柱施工，可结合地形及桥型采用缆索吊施工等工法。

(1) 汽车吊装施工。此工法适用于高度20m以下预制墩柱和盖梁的施工，地面陆路运输较好的情况，如图3.4-1所示。将墩柱沿垂直方向、按一定模数、水平分成若干构件，在桥址周围的预制场地上进行浇筑，通过车辆运输至现场，起吊拼装。典型案例如2013年建成的上海市S6沪翔高速公路工程，双向六车道，桥梁标准跨径30m，上部结构预制小箱梁，下部结构采用双立柱、大挑臂盖梁桥墩，共8个桥墩应用预制装配施工，灌浆套筒和灌浆波纹钢管分别设置于承台和盖梁中。

(2) "钓鱼法"施工。安装方式因类似于鱼竿"钓鱼"而得名，适用于地面或水域等临时施工场地受限的情况，如图3.4-2所示。先期完成至少3跨的桥梁桩基、承台、桥墩施工以及首架段桥梁的架设，随后完成桥面起重机的安装，通过起重机将预制桥墩立柱和盖梁吊至施工工位，完成预制桥墩立柱与承台的拼装。典型案例如1978年施工的美国林库夫高架桥(Linn Cove Viaduct),该桥位于游览区,有些桥墩不允许从下面施工,施工人员和设备从悬臂跨上吊到下面来修建基础和桥墩。桥墩采用预制块通过垂直安装后张拉预应力组合并安装在基础上。

图 3.4-1　预制桥墩及盖梁汽车吊装施工

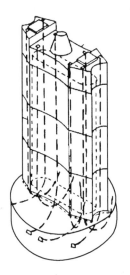

图 3.4-2　预制桥墩"钓鱼法"施工

(3)船舶浮式起重机施工。适用于地面陆路运输不易到达、水深较深的预制墩柱和盖梁的施工,如图3.4-3所示。吊装原理同汽车式起重机,仅吊装机具不同,采用的是船舶浮式起重机。典型案例如2005年12月建成的东海大桥,该桥为双向六车道高速公路桥,共有海上预制安装式桥墩640个,每个桥墩高8~10m,质量为270~350t,均在沈家湾岛上预制,通过大型驳船运输到20km外的海上施工现场,采用海上大型浮式起重机吊装。

图3.4-3 东海大桥预制桥墩浮式起重机吊装

3.4.2 装配式上部结构施工工法

装配式上部结构施工工法主要有适用于陆地的节段预制梁施工的支架法施工、水陆均可使用的整孔预制梁或节段预制梁逐跨拼装法,以及节段预制梁的平衡悬臂拼装法施工等工法。

(1)支架法施工(图3.4-4)。在桥下搭设满堂支架或采用少支架形式进行拼装施工。典型工程如已建成的英德省道292跨越北江的北江四桥大站侧跨堤桥,跨径102m,是首座主体采用UHPC节段预制拼装施工的简支箱梁桥。按以下步骤施工:在附近预制场预制梁段,通过门式起重机提梁,汽车转运到桥位,在支架上拼接、张拉全体外预应力筋,纵桥向形成整体,箱梁横桥向通过湿接缝连成整体。

图 3.4-4　预制梁支架法施工

（2）逐跨拼装法施工（图 3.4-5）。适合中小跨径（跨径 50m 及以下）、全体外预应力和体内外混合预应力的整孔或节段预应力混凝土简支梁桥、先简支后结构连续梁桥。主要施工设备由长度大于两倍标准跨长的钢桁架导梁、起吊平车、导梁行进及调整等设备组成。上部结构沿一个方向架设，一次完成一跨。整孔分片预制梁，如 T 梁、箱形梁、空心板等以一次整孔分片吊装。节段预制梁在施加预应力前，通过下悬梁（主梁下方）或架桥机（主梁上方）临时支承。架设完的主梁可以简支在桥墩上，结构连续则通过后张预应力将几孔联成连续结构。节段位于导梁之下用吊挂方式拼装，架桥机称为上导梁式架桥机。节段位于导梁之上用支撑方式拼装，架桥机称为下导梁式架桥机，导梁承受一跨预制节段的重量。

（3）悬臂拼装法施工（图 3.4-6）。适用于中大跨径（跨径 50m 以上）体内、体外预应力混合的节段预制拼装梁，采用以桥墩为中心，两侧对称顺序拼装节段。每一节段与已装节段张拉预应力筋自相平衡形成一体，并作为下一节段的拼装基础。节段的吊装可通过桥面支承吊机、导梁或地面起重机进行。对于每个悬拼节段，悬臂结构通过张拉设置在箱梁节段中的预应力钢束维持安全和稳定。对连续梁跨数多、节段梁预制数量大、工期要求短、在桥址处受到场地或环保限制，或不宜采用支架浇筑、悬臂浇筑等情况，均适宜采用本工法。本工法对悬臂拼装的施工精度要求较高，对主梁施工时的线形及节段预制时的几何控制要求较严格。

a)整孔吊装施工

b)下导梁式架桥机施工

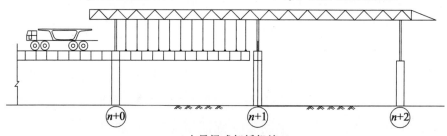
c)上导梁式架桥机施工

图 3.4-5 逐跨拼装法施工

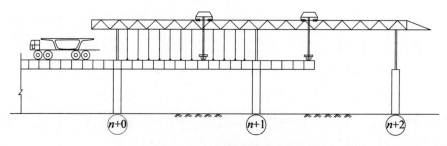

图 3.4-6 悬臂拼装法施工

3.5 吊点设计

吊点设计除应进行吊件在拉拔、剪切和拉剪耦合 3 种受力状态下自身强度验算外,尚应对预埋吊件的各种锚固破坏形态进行验算。验算时,作用应考虑各种不利荷载的基本组合,作用分项系数应取为 1.0。

第3章 装配式混凝土桥梁设计的基本内容

吊件在吊装过程中受力比较复杂,尤其对于存在翻转工况的预制墩柱,受到拉力和剪力的耦合作用,因此需要对吊件在受拉、受剪和拉剪耦合作用下的自身强度进行验算。此外还需保证吊件的锚固,不能出现锚固破坏。锚固的破坏形态包括:混凝土锥体受拉破坏、混凝土边缘受剪破坏、混凝土劈裂破坏以及混合破坏等破坏形态,对于刚性的吊件还可能发生混凝土剪撬破坏,因此需要对每种锚固破坏形态进行验算,避免锚固失效。一般情况下可以通过构造规定,避免出现锚固破坏;也可参考现行《混凝土结构后锚固技术规程》(JGJ 145)对其进行验算。值得注意的是《混凝土结构后锚固技术规程》(JGJ 145—2013)给出的是锚栓和植筋的验算,并不适合柔性吊件的锚固验算,因此本指南给出预埋钢绞线吊环的一些构造要求,以保证其不发生锚固破坏。

3.5.1 预埋钢筋吊环

预埋钢筋吊环应采用 HPB300 钢筋制作。吊环需要承受动荷载的作用,因此需要钢筋有较好的延展性,能在断裂前有明显的预兆,即产生明显的变形。根据《钢筋混凝土用钢 第1部分:热轧光圆钢筋》(GB/T 1499.1—2017),HPB300 断后伸长率的最小保证值为 25%,最大力总延伸率的最小保证值为 10.0%;根据《钢筋混凝土用钢 第2部分:热轧带肋钢筋》(GB/T 1499.2—2018),HRB400 断后伸长率的最小保证值为 16%,最大力总延伸率的最小保证值为 7.5%,HRB500 的要求更低,因此预埋钢筋吊环应采用 HPB300 钢筋制作。

冷加工后的钢筋虽然可提高钢筋的抗拉强度,但会使其延展性变差,因此预埋钢筋吊环严禁使用冷加工钢筋。

对于吊环允许应力的取值,应在钢筋抗拉强度设计值的基础上进行折减,折减系数考虑的因素有:

(1)构件自重荷载分项系数,取为 1.2;

(2)超载系数,取为 1.2;

(3)钢筋弯折后的应力集中对强度的折减系数,取为 1.4;

(4)动力系数,取为1.5;

(5)吊环受力角度对吊环承载力的影响系数,取为1.4。

因此对于 HPB300,吊环钢筋实际取用的允许拉应力值为:$270/(1.2 \times 1.2 \times 1.4 \times 1.5 \times 1.4) = 59.05$ MPa。

3.5.2 预埋钢绞线

预埋钢绞线吊环件制作时,可采用 2~3 根钢绞线一组进行弯制,锚固端可按 P 锚设置,但埋深需要有一定要求,需要满足锚固长度的要求,一般应大于 1m;钢绞线端部应布设钢丝网片进行加强。

吊点的验算属于承载能力极限状态验算,作用组合采用基本组合,考虑到验算时采用了适当的安全系数,分项系数取为 1。吊环自身的强度设计值(应力允许值)应采用屈服强度,并考虑吊装时的动力系数和安全系数进行折减,折减系数取为:$1/(1.5 \times 3) = 0.22$。

国内对于钢绞线吊环的承载能力进行了实测研究,研究中采用的钢绞线为直径 15.2mm 的高强度低松弛钢绞线,钢绞线埋深为 1.2m、1.0m 和 0.8m。3 种埋深下,混凝土只在表面发生破碎现象,范围小、深度浅,且钢绞线均断裂于混凝土以上吊点范围内,未断于混凝土内。埋深 0.8m 时,400kN 拉力断裂;埋深 1.0m 时,460kN 拉力断裂;埋深 1.2m 时,360kN 拉力断裂。参考欧洲规范对于试验值的规定,对于少次试验,可根据变异系数对试验的平均值进行折减作为特征值。根据文献,平均值为 400kN 进行计算,乘以 0.7 的折减系数。即 $400 \times 0.7 = 280$ kN,考虑安全系数为 3,每根钢绞线为两个截面受力,即应力控制值为 $280/2/3/140 = 333$ MPa,与规范给出的算法一致,即屈服强度×折减系数 $= 0.85 \times 1860 \times 0.22 = 347$ MPa,取为 350MPa。

对于预制墩柱的翻转工况,试验结果表明:翻转工况时混凝土的破碎仅发生在钢绞线与混凝土的接触部位。相比于起吊工况下的钢绞线最大承载力来说,经过翻转后钢绞线的最大承载力会受到削弱。对于翻转不大于 3 次的情况,可取折减系数为 0.8。

本章参考文献

[1] 王玉,凤懋润,鲍卫刚.公路桥梁结构标准化技术的发展与应用[J].公路,2009,(11):1-5.

[2] 杨耀铨,金晓宏.公路桥涵通用设计图成套技术[J].公路,2009,(11):41-44.

[3] 朱玉,丁德豪,刘勇.广东省公路装配式预制T梁设计创新[J].公路,2020,65(10):127-132.

[4] 广东省交通运输厅.高速公路工程设计标准化指南[M].北京:人民交通出版社股份有限公司.2017.

[5] 小沃尔特 波多尔尼,J M 米勒.预应力混凝土桥梁分段施工和设计[M].万国朝,黄邦本,译.北京:人民交通出版社.1986.

[6] 金乃.装配式桥梁预制立柱吊装吊点的比选[J].中国市政工程,2018(03):38-41+117.

第4章 材 料

4.1 结构主材

混凝土、普通钢筋、预应力钢筋和钢材的设计指标等应符合现行《公路钢筋混凝土及预应力混凝土桥涵设计规范》(JTG 3362)(以下简称《桥规》)和《公路钢结构桥梁设计规范》(JTG D64)的规定。

近年来,UHPC作为桥梁结构主材在国内的应用呈现逐步扩大的趋势,尤其是预制拼装 UHPC 主梁,其设计指标根据《规范》附录 B,以及有关团体标准和地方标准取用。

《规范》规定钢筋混凝土预制构件的混凝土强度等级不应低于C30;预应力混凝土预制构件的混凝土强度等级不应低于C40;湿接缝混凝土强度等级不应低于预制构件混凝土强度等级。

横向分片的预制装配式空心板、π形梁、I形梁、小箱梁、T形梁的设计已经很成熟,各地都有标准化设计图,部分梁还有部颁通用图,其结构主材按各地标准图或部颁通用图采用即可。

纵向分段的节段预制拼装混凝土梁、预制装配式墩柱及盖梁,一般情况下,综合考虑起吊、运输、安装、外观质量及耐久性要求,其混凝土强度等级要高于相应的现浇构件,同时,预制构件和连接处的强度差不宜过大。根据调研资料,国内已建成的装配式混凝土桥梁中,钢筋混凝土预制构件的混凝土强度等级不低于C40,预应力混凝土预制构件的混凝土强度等级不低于C50。

4.2 连接材料

4.2.1 灌浆套筒

灌浆套筒连接是指通过外部套筒和内部高强灌浆料实现钢筋的有效

连接,灌浆套筒采用铸造或机械加工方式制造,这项技术起源于 20 世纪 60 年代美国结构工程师余占疏博士发明的套筒续接器,并首次应用于夏威夷檀香山阿拉莫阿纳酒店的预制柱中,随后日本、新西兰等国家相继引进此项技术并广泛应用在装配式建筑之中。灌浆套筒连接技术现场无须模板,只要钢筋和套筒能够精确定位、对中,就能快速完成拼接施工,其性能安全可靠、施工方便快捷、对施工人员要求较低、施工条件的影响小,在预制拼装桥墩领域,能有效解决混凝土墩柱与盖梁和承台的连接问题,已成为目前国内装配式桥墩最常用的一种连接方式。

1)灌浆套筒约束机理

灌浆套筒连接接头由带肋钢筋、套筒和灌浆料 3 部分组成,其中套筒为通过铸造或机械加工而成的中空型套筒,其下端设置压浆口、上端设置出浆口,内壁设有剪力键和钢筋限位挡板,灌浆料通常为无收缩或微膨胀的水泥基灌浆料,以提高灌浆饱满度,使灌浆料硬化后与钢筋横肋及套筒内壁凹槽或凸肋紧密啮合。灌浆套筒的实质可以看作钢筋在套筒内,然后进行孔道压浆,依靠灌浆料与钢筋之间的黏结把两端钢筋咬合,从而使荷载在套筒内的钢筋中互相传递,注浆完成后,灌浆料在凝固期间会发生挤压筒壁的现象,而水平往复加载作用于其上,不仅产生法向应力,同时也产生切向应力。由此使得灌浆料法向挤压筒壁现象更为明显,套筒约束应力作用于内部灌浆料。

灌浆套筒受拉失效方式主要为 4 种:套筒外钢筋被拉断、钢筋与灌浆料产生滑移、灌浆料与套筒产生滑移、套筒被拉坏断裂。钢筋与灌浆料的黏结应力是保证连接安全的关键所在。所以在使用灌浆套筒连接预制桥墩时,需对套筒的数量、纵筋的长度和数量、套筒采用何种形式进行分析选择,保证构件被破坏前套筒连接处不发生破坏,尤其是钢筋的滑移破坏。

2)灌浆套筒连接形式

灌浆套筒按照结构形式分为全灌浆套筒和半灌浆套筒,如图 4.2-1、

图 4.2-2 所示。全灌浆套筒是将钢筋置入套筒中,套筒比钢筋略大一点,预留容许误差方便安装,从灌浆孔将灌浆料填充进套筒内,待排浆孔排出浓浆后对孔道进行封堵,应力通过灌浆料传递给钢筋;半灌浆套筒是把套筒一端与钢筋固定在一起,另一端将钢筋置入套筒,然后灌入灌浆料连接,缩短了套筒的长度。随着研究技术以及材料性能的不断发展,两种形式的灌浆套筒也得以不断完善,其中全灌浆套筒技术应用较多。半灌浆套筒螺纹机械连接段在反复荷载作用下易发生脆性破坏,因此灌浆套筒产品应采取措施避免脆性破坏发生。

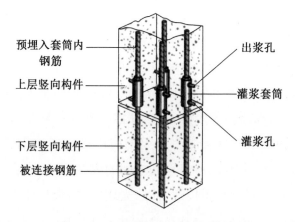

图 4.2-1　灌浆套筒连接示意图

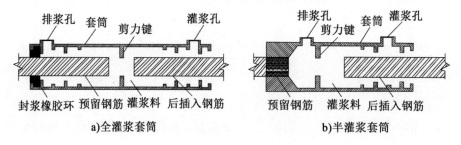

图 4.2-2　灌浆套筒示意图

3)灌浆套筒连接强度

用于预制拼装桥墩的连接套筒,需满足现行《钢筋机械连接技术规程》(JGJ 107)中连接套筒性能的要求,同时考虑到塑性铰区反复地震荷载下套筒内钢筋存在拔出的风险,这会导致立柱承载力和延性能力降低,因此提出破坏时断于母材,即灌浆套筒的抗拉强度大于或等于被连接钢筋的实际拉断强度。

4.2.2 灌浆波纹钢管

灌浆波纹管连接构造中一个关键组成是金属波纹管,国内外常采用预应力筋中用到的金属波纹管作为灌浆波纹管,但这种金属波纹管壁厚较薄,不易与灌浆管和排浆管实现可靠的焊接连接,且在混凝土浇筑振捣过程中容易发生弯曲变形。为了避免波纹管弯曲,施工时在每个传统金属波纹管内部需插入一个直径略小于波纹管内径的圆钢管,在与进浆管和出浆管连接处,采用特殊措施进行加强,确保连接可靠,实际工程应用发现,进浆管或出浆管仍比较容易脱落。

为了克服上述传统金属波纹管的不足,推荐采用波纹钢管来代替传统金属波纹管,新型灌浆波纹钢管的外形为带闭合圆环状波纹的圆钢管,由直缝钢管或无缝钢管轧制而成,同时在下方和上方设有灌排浆孔,如图4.2-3所示。

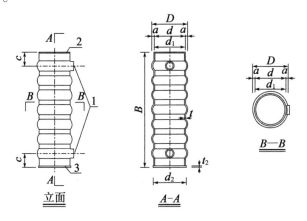

图 4.2-3 波纹钢管构造示意图

1-灌排浆孔;2-钢筋伸入端临时封盖;3-封口板

灌浆波纹钢管与传统预应力筋用金属波纹管相比,具有更高的强度、刚度和更大的相对肋面积及更好的焊接性能,能够给水泥基灌浆料提供更强的径向约束,为主筋与灌浆料提供更好的黏结锚固条件,且浇筑振捣过程中不易变形,进浆管、出浆管焊接可靠,易于施工。

灌浆波纹钢管规格见表4.2-1。

波 纹 钢 管 规 格 表4.2-1

波纹钢管外径 D(mm)	60				76				89			
钢筋公称直径(mm)	12	14	16	18	20	22	25	28	32	36	40	
壁厚 t(mm)	2											
波高 a(mm)	3											
波谷处外径 d(mm)	$d = D - 2 \times a$											
波谷处内径 d_1(mm)	$d_1 = d - 2 \times t$											
封口板直径 d_2(mm)	$d_2 = d + 10$											
封口板厚度 t_2(mm)	3											
长度 L(mm)	不小于24倍钢筋公称直径											
灌排浆口距端部距离 c(mm)	50											
波纹类型	Ⅰ型(连续圆弧)						Ⅱ型(圆弧加直线)					
波纹类型图示												
波距 p(mm)	32						32					
波宽 b(mm)	32						20~32					
波纹半径 r(mm)	21						16~42					

注:波纹钢管内钢筋有效伸入长度不应小于24倍钢筋公称直径,波纹钢管内径与被连接钢筋公称直径的差不应小于35mm。

4.2.3 水泥基灌浆料

自改革开放以来,我国冶金、石化和电力系统等从国外引进了轧钢、连铸、大型压缩机和大型发电机等大型、特大型设备。为了提高此类设备的安装精度,加快安装速度并延长设备使用寿命,水泥基灌浆材料得到广泛应用并得以迅速发展。自20世纪90年代初以来,我国自主研发生产的水泥基灌浆材料在众多大中型企业的设备安装、建筑结构加固改造工程中得到广泛应用。该材料在国内已有近30年的工程应用历史。

水泥基灌浆材料是由水泥、外加剂和矿物掺合料等原材料,经工业化生产的具有合理级分,加水拌和均匀后具有可灌注的流动性、微膨胀、早期和后期强度高、不泌水等性能的干混料。水泥基灌浆材料施工时只需加水拌和均匀即可灌注。

水泥基灌浆材料最重要的3项性能指标是流动度、竖向膨胀率和抗压强度。水泥基灌浆材料按性能指标可分为4类,见表4.2-2。

水泥基灌浆材料主要性能指标　　　　表4.2-2

类别		Ⅰ类	Ⅱ类	Ⅲ类	Ⅳ类
最大集料粒径(mm)			≤4.75		>4.75且≤25
截锥流动度(mm)	初始值	—	≥340	≥290	≥650*
	30min	—	≥310	≥260	≥550*
流锥流动度(s)	初始值	≤35	—	—	—
	30min	≤50	—	—	—
竖向膨胀率(%)	3h	0.1~3.5			
	24h与3h的膨胀值之差	0.02~0.50			
抗压强度(MPa)	1d	≥15		≥20	
	3d	≥30		≥40	
	28d	≥50		≥60	
氯离子含量(%)		<0.1			
泌水率(%)		0			

注:*表示坍落扩展度数值。

1)流动度

水泥基灌浆材料区别于其他水泥基材料的典型特征之一是该类材料具有较好的流动性,依靠自身重力的作用,能够流进所要灌注的空隙,不需振捣就能密实填充。对于狭窄间隙灌浆,对流动性的要求更高,因此流动度的大小是该类材料是否具有可使用性的前提,顺利灌浆也是施工操作的第一步。假如流动性不够,浆体不能顺利流满所要填充的空间,如果从另一侧进行补灌,显然会形成窝气,带来工程隐患。

水泥基灌浆材料施工时加大拌和用水量对增加流动性有利,但对强度、竖向膨胀和泌水率等均会产生不利影响。如果产品对拌和用水量非常敏感,水料比增加1%,就会出现表面大量返泡,甚至泌水离析的情况,导致有效承载面很小,甚至失去承载作用,施工留样强度远低于材料检验强度。为避免出现上述现象,需按产品要求的最大用水量检验。

2)竖向膨胀率

水泥基灌浆材料的另一个重要特性是膨胀性,能密实填充所灌注的空间,增大有效承载面,起到有效承载的作用。

水泥基灌浆材料的体积变化分为硬化前体积控制、硬化后体积控制和复合体积控制3种类别。参照该分类方法,结合国内的测定方法和对不同类别产品的试验结果,《水泥基灌浆材料应用技术规范》(GB 50448—2015)规定以水泥基灌浆材料加水拌和后3h的竖向膨胀值为早期膨胀指标,此时浆体处于塑性;随着水化的进行,逐步生成膨胀性水化产物,导致体积膨胀,试验表明24h后竖向膨胀率指标基本达到最大值,故3~24h之间的膨胀定义为硬化后膨胀;复合膨胀同时具有早期膨胀和硬化后膨胀。

3)抗压强度

水泥基灌浆材料的最大集料粒径不大于4.75mm时,抗压强度标准试件应采用尺寸40mm×40mm×160mm的棱柱体,抗压强度的检验参照现行《水泥胶砂强度检验方法(ISO法)》(GB/T 17671)中的有关规定执行。水泥基灌浆材料的最大集料粒径大于4.75mm且不大于25mm时,抗压强度标准试件应采用尺寸100mm×100mm×100mm的立方体,抗压强度的检验参照现行《混凝土物理力学性能试验方法标准》(GB/T 50081)中的有关规定执行。

4) 氯离子含量

氯离子含量指灌浆材料中氯离子与胶凝材料重量比。水泥基灌浆材料在应用过程中多与钢材接触,为了避免氯离子腐蚀钢材,要求氯离子含量小于0.1%。

5) 泌水率

如果材料存在泌水,接触面会出现大量气泡孔穴或表面水泥浆富集,有效承载面很小,导致承载能力降低,因此规定泌水率为0。

4.2.4 环氧树脂胶

环氧树脂胶是在环氧树脂的基础上对其特性进行再加工或改性,使其性能参数等符合特定的要求,通常环氧树脂胶也需要有固化剂搭配才能使用,并且需要混合均匀后才能完全固化,一般环氧树脂胶称为A胶或主剂,固化剂称为B胶或固化剂(硬化剂)。

当环氧树脂胶应用在预制拼装桥梁接缝处时,其作用主要包括:

(1) 润滑作用:预制节段拼装时构件截面上的凸键要嵌入凹键内,截面涂胶后环氧树脂胶为黏稠状态,胶的润滑作用有利于截面的凸键顺利滑入凹键进行节段定位。

(2) 黏结作用:各预制节段通过环氧树脂胶在预应力作用的帮助下黏结成一个整体。接缝原则上在各种工况作用下均应处于受压状态,环氧树脂胶的黏结抗拉作用并未得到充分利用,但黏结作用使接缝的抗剪能力有了很大提高。

(3) 防水密封作用:环氧黏结剂填充接缝,可以对体内索的预应力管道起到良好的密封作用,有利于真空辅助灌浆,还可以防潮防渗,提高体内索的耐久性。

(4) 协调变形作用:环氧树脂胶的抗拉、抗压性能以及弹性模量均不小于常规桥梁使用的C50混凝土,可有效传递钢束张拉产生的压应力以及主梁弯矩、剪力造成的弯剪应力。

4.2.5 活性粉末混凝土

活性粉末混凝土(RPC)是 UHPC 中的一种,我国现行标准为《活性粉末混凝土》(GB/T 31387)。为与国标保持一致,《规范》沿用了"活性粉末混凝土"这一术语。活性粉末混凝土自 20 世纪 90 年代开始投入使用,具有超高强度和耐久、抗高温、高度稳定性、抗冲击、抗震性能好等多重优越性能,是以水泥和矿物掺合料等活性粉末材料、细集料、外加剂、高强度微细钢纤维或有机合成纤维、水等为原料生产的超高强增韧混凝土。

活性粉末混凝土配制过程中采用最大密实度理论,剔除粗集料,减少材料内部孔隙及微裂缝数量,从而控制材料内部缺陷,提高材料的匀质性,并掺入短细纤维以达到高强度、高韧性、高耐久性的目的。

RPC 具有以下几个方面的优越性能:

1)高力学性能

RPC 具有高抗压强度、高弹性模量的特点,《规范》中 RPC 强度等级与《活性粉末混凝土》(GB/T 31387—2015)规定的一致,采用 UC100、UC120、UC140、UC160 和 UC180 符号表示。RPC 与普通混凝土的力学性能对比见表 4.2-3。

RPC 与普通混凝土的主要力学性能对比　　　　表 4.2-3

力学指标	UC100	UC180	普通混凝土
抗压强度 $f_{cu,k}$(MPa)	≥100	≥180	25~80
弹性模量 E_c(GPa)	≥40	≥40	28~38

2)强耐久性

一般的混凝土中有粗集料,内部空隙较大,裂缝也较易开展,容易受到外界侵蚀,而 RPC 材料没有粗集料,将石英砂作为集料,内部结构致密、孔隙相对普通混凝土材料非常微小且相互不连通,不易受到外界侵蚀,RPC 与普通混凝土的耐久性指标对比见表 4.2-4。

RPC 与普通混凝土的耐久性指标对比 表 4.2-4

指标	RPC	普通混凝土
氯离子扩散($m^2 \cdot s^{-1}$)	0.02	1.1
碳化深度(mm)	0	10
冰融剥落($g \cdot cm^{-2}$)	7	>1 000
磨耗系数($g/\mu m$)	1.3	4.0
吸水性($kg \cdot m^{-2}$)	0.05	—

3)其他方面

(1)RPC 的施工性能良好,由于 RPC 没有粗集料,只有粒径很小的石英砂作为集料,因此结构内部没有较大空隙,在材料的运输、搅拌、浇筑过程中不会出现离析现象,且不需要进行振捣,具有较好的施工优越性。

(2)RPC 具有较强的抗震、抗冲击性能,适用于抗震设防等级较高的地区和对抗冲击要求较高的重要建筑物。

(3)RPC 的超强耐磨性、抗渗性、抗腐蚀性使得其使用寿命较长,适合于各种复杂环境,减少了后期维护费用。

RPC 具有优异的力学性能及抗腐蚀、抗碳化、抗冻、抗渗、耐磨等性能,在工程应用过程中能够节省结构材料用量、延长结构的正常使用寿命、减少甚至免除后期维护及降低工程综合造价。

本章参考文献

[1] 郭敏.活性粉末混凝土及其配筋构件受拉性能研究[D].北京:北京交通大学,2021.

[2] 沈维芳,卢永成,王志强.新型灌浆波纹钢管锚固连接性能试验研究与应用[C].第 26 届华东六省一市土木建筑工程建造技术交流会论文集(下册).2020:443-448.

[3] 钢筋锚固用灌浆波纹钢管:T/CECS 10098—2020[S].北京:中国标准出版社,2020.

[4] 刘阳.灌浆套筒连接装配式桥墩节点力学性能研究[D].广州:华南理工大学,2020.

[5] 张乐.灌浆套筒连接的预制拼装桥墩抗推性能分析[D].重庆:重庆交通大学,2019.

[6] 沈涛.活性粉末混凝土单轴受压本构关系及结构设计参数研究[D].哈尔滨:哈尔滨工业大学,2014.

[7] 水泥基灌浆材料应用技术规范:GB/T 50448—2015[S].北京:中国建筑工业出版社,2015.

第5章 上部结构设计与计算

5.1 基本原理

节段预制拼装混凝土桥梁受弯构件接缝位置正截面计算的基本假定、截面受压区应力分布的等效图形及高度应符合《规范》第5.3.4、5.3.5条的规定。受弯构件作用效应分析时正截面抗弯刚度、接缝位置正截面受压翼板有效宽度及相对界限受压区高度应按现行《桥规》的有关规定取用。

5.1.1 接缝对结构正截面抗弯承载能力的影响

受弯构件的接缝对截面承载力存在不可忽略的不利影响,同济大学及国外的试验结果表明,受弯构件的正截面破坏主要发生在接缝位置,破坏裂缝集中在接缝截面。在受弯构件的非接缝位置截面发生弯曲破坏过程中,其下缘混凝土开裂后还有一段弹性变形工作阶段,直到受拉区普通钢筋屈服才进入延性破坏阶段;但在受弯构件的接缝位置截面,下缘混凝土开裂后即进入延性破坏阶段。虽然受弯构件接缝位置截面的最终弯曲破坏形态与非接缝位置截面基本一致,但由于接缝端面部位的混凝土强度通常低于其他部位,导致受压区混凝土更早压溃,接缝截面的承载力和延性有所下降。根据同济大学试验研究结果:整体预制梁(以下简称"整体式梁")的极限挠度平均高出节段预制梁(以下简称"节段式梁"),且前者的延性好于后者;体内体外混合配筋梁的延性好于全体外配筋梁,体内配筋量在30%~60%时延性较好。

基于受弯构件正截面抗弯承载力计算的假定条件,由截面轴力平衡条件可求解受压区混凝土等效矩形应力图的高度 x,再由截面力矩平衡条件可得到弯曲抗力简化计算值。试验数据与简化计算值对比结果表明:试验梁的简化计算值和试验值之比的总平均值为0.96,标准差为

0.05;整体式 M 系列梁的简化计算值和试验值之比的总平均值为1.00,标准差为0.05;节段式 S 系列梁的简化计算值和试验值之比的总平均值为0.93,标准差为0.03;高跨比1/16 的 A 系列梁简化计算值和试验值之比的总平均值为0.94,标准差为0.05;高跨比1/20 的 B 系列梁简化计算值和试验值之比的总平均值为0.99,标准差为0.06。抗弯承载力的计算值和试验值对比见表5.1-1。

计算值均略低于试验值,且标准差也较低,能够较准确地计算配置体外预应力钢筋节段式受弯构件的抗弯承载力。在基本假定条件下,进一步根据《桥规》对混凝土抗压强度及其极限压应变的设计值、纵向连续体内钢筋强度设计值及体外预应力钢筋极限应力设计值等相关保证率的规定,可以导出抗弯承载力设计计算公式。最后,考虑到节段式梁弯曲破坏集中的接缝位置、接缝界面及连接材料可能存在缺陷,以及梁破坏时的延性弱于整体式梁等情况,规定对抗弯承载力计算值乘以折减系数0.95。

因此,受弯构件接缝位置正截面抗弯承载力应满足《规范》第5.4.3条规定要求。

5.4.3 受弯构件接缝位置正截面抗弯承载力应满足式(5.4.3)的要求:

$$\gamma_0 M_d \leqslant \phi_f M_{ud} \tag{5.4.3}$$

式中:γ_0——结构重要性系数,按现行《公路桥涵设计通用规范》(JTG D60)的规定取用;

M_d——截面弯矩设计值(N·mm);

ϕ_f——接缝对抗弯承载力的折减系数,取0.95;

M_{ud}——受弯构件的截面抗弯承载力设计值(N·mm),按现行《公路钢筋混凝土及预应力混凝土桥涵设计规范》(JTG 3362)的相关规定计算。计算时,仅计入跨接缝的纵向钢筋,体外预应力钢筋的应力设计值和合力点至截面受压边缘的距离,宜分别按本规范第5.4.4条和5.4.5条的规定取用。

抗弯承载力的计算值和试验值对比　　表 5.1-1

试 件 编 号	M_{test}(kN·m)	M(kN·m)	M/M_{test}
MA-01	123.24	125.61	1.02
MA-02	142.53	136.43	0.96
MA-03	142.62	141.21	0.99
MA-04	150.62	147.44	0.98
MA-05	162.04	148.20	0.91
SA-01	91.62	82.52	0.90
SA-02	117.21	103.51	0.88
SA-03	115.33	106.64	0.92
SA-04	120.67	110.71	0.92
MB-01	194.30	185.48	0.95
MB-02	185.76	201.45	1.08
MB-03	209.17	204.09	0.98
MB-04	214.63	218.61	1.02
MB-05	204.54	217.28	1.06
SB-01	128.03	122.62	0.96
SB-02	147.56	143.99	0.98
SB-03	170.03	159.23	0.94
SB-04	176.96	162.24	0.92
M 系列	平均值 μ		1.00
	标准差 σ		0.05
S 系列	平均值 μ		0.93
	标准差 σ		0.03
A 系列	平均值 μ		0.94
	标准差 σ		0.05
B 系列	平均值 μ		0.99
	标准差 σ		0.06
总体	平均值 μ		0.96
	标准差 σ		0.05

注：M_{test} 为弯矩试验值；M 为弯矩计算值。

5.1.2 体外预应力钢筋的极限应力设计值

试验结果表明,受弯构件发生弯曲破坏时体外预应力钢筋的极限应力一般低于钢筋材料(钢绞线、钢丝)的名义屈服强度,基本处于线弹性受力阶段。体外预应力极限应力,与体内外预应力钢筋配比、体外预应力钢筋的永存应力,以及体外预应力钢筋的布置方式等因素有关,在一定范围内这些因素有较敏感的影响。

值得注意的是,《桥规》中抗弯承载力简化计算以 0.003 3 作为混凝土极限压应变,而绝大部分试验梁的混凝土极限压应变都大于 0.003 3,故在试验数据回归分析中应以混凝土压应变达到 0.003 3 作为试件的极限状态,同时截取相应体外预应力钢筋应力的实测值。还有,构件弯曲性能试验一般都采用三分点加载方式,与桥梁实际荷载情况有很大差别,而试验中又无法模拟桥梁实际荷载情况。因此,同济大学利用全过程分析方法,对同一试件进行了不同加载方式的影响分析。根据现行《公路桥涵设计通用规范》(JTG D60—2015)的公路—Ⅰ级车道荷载,结合试件与原型的相似关系,在缩尺的数值模拟试件上施加均布荷载和集中荷载,直到梁发生弯曲破坏。按照该加载方式,对试件进行全过程分析,得到了体外预应力钢筋极限应力增量。分析表明,加载方式对试件弯曲极限状态的影响很大,但车道荷载和三分点荷载对体外预应力钢筋极限应力增量的影响规律基本相同,两者之比的平均值为 0.729,标准差为 0.064。车道荷载和三分点荷载的数值模拟结果对比见表 5.1-2。

基于试验数据和数值计算结果的回归分析,按下包线及其保证率要求给出了《规范》的简化公式。该公式不仅计入了纵向普通钢筋是否跨越接缝的影响,偏安全地考虑了体外预应力钢筋在转向器的孔道内可以滑动,而且还对试验加载方式与实际桥梁设计荷载作用方式之间的差异进行了修正,考虑了达到极限受力状态时体外预应力钢筋应力与同时配置的体内预应力钢筋应力之间的量值协调。设计计算时,每根体外预应力钢筋沿其长度方向的极限应力取相同值。

车道荷载和三分点荷载的数值模拟结果对比　　表 5.1-2

模型梁编号	体外预应力增量(MPa)		车道荷载/ 三分点荷载
	车道荷载	三分点荷载	
MA-01	321	463	0.693
MA-02	351	511	0.687
MA-03	349	502	0.695
MA-04	343	478	0.718
MA-05	345	480	0.719
SA-01	202	217	1.115
SA-02	301	416	0.724
SA-03	341	462	0.738
SA-04	300	354	0.847
MB-01	331	474	0.698
MB-02	280	401	0.698
MB-03	394	580	0.679
MB-04	265	383	0.692
MB-05	311	441	0.705
SB-01	251	322	0.780
SB-02	275	386	0.712
SB-03	331	476	0.695
SB-04	233	325	0.717
平均值			0.729
标准差			0.064

因此,抗弯承载能力计算公式中体外预应力钢筋的极限应力设计值宜按《规范》第5.4.4条规定计算。

5.4.4 受弯构件截面抗弯承载力计算时,体外预应力钢筋的极限应力设计值宜按式(5.4.4-1)~式(5.4.4-4)计算:

$$\sigma_{pd,e} = \sigma_{pe,e} + k_{sc}\Delta\sigma_{pu,e}\frac{L_1}{L_2} \quad (5.4.4\text{-}1)$$

$$\sigma_{pe,e} \leqslant \sigma_{pd,e} \leqslant 0.9 f_{pd,e} \quad (5.4.4\text{-}2)$$

$$\Delta\sigma_{pu,e} = (80\omega + 85)\left(2.25 - 22\frac{h_{p,e}}{L}\right) \quad (5.4.4\text{-}3)$$

$$\omega = \frac{f_{sd}A_s + f_{pd,i}A_{p,i}}{f_{sd}A_s + f_{pd,i}A_{p,i} + \sigma_{pe,e}A_{p,e}} \quad (5.4.4\text{-}4)$$

式中:$\sigma_{pd,e}$——体外预应力钢筋的极限应力设计值(MPa);

$\sigma_{pe,e}$——体外预应力钢筋的永存应力(MPa);

k_{sc}——体外预应力钢筋极限应力增量的修正系数:当计算简支受弯构件时取1.0,当计算连续受弯构件时取0.92;

$\Delta\sigma_{pu,e}$——体外预应力钢筋的极限应力增量(MPa);

L_1——体外预应力钢筋在构件跨内的长度(mm);

L_2——体外预应力钢筋锚具之间的长度(mm);

$f_{pd,e}$——体外预应力钢筋的抗拉强度设计值(MPa);

ω——构件受拉区纵向连续普通钢筋和体内预应力钢筋占受拉区全部纵向连续普通钢筋和预应力钢筋的等效配置比;

$h_{p,e}$——体外预应力钢筋合力点至截面受压区边缘的初始距离(mm),应按本规范第5.4.6条的规定计入合力偏移量;

L——构件的计算跨径(mm);

f_{sd}——普通钢筋的抗拉强度设计值(MPa);

A_s——截面受拉区纵向连续普通钢筋的截面面积(mm²);

$f_{pd,i}$——体内预应力钢筋的抗拉强度设计值(MPa);

第5章 上部结构设计与计算

$A_{p,i}$——截面受拉区体内预应力钢筋的截面面积(mm^2);

$A_{p,e}$——体外预应力钢筋的截面面积(mm^2)。

接缝位置正截面抗弯承载力设计值按《桥规》规定计算,其中的$\sigma_{pe,ex}$(使用阶段体外预应力钢筋扣除预应力损失后的有效应力)宜用《规范》规定的$\sigma_{pd,e}$(体外预应力钢筋的极限应力设计值)代替。

5.1.3 体外预应力钢筋合力点至截面受压区边缘的极限距离

体外预应力钢筋除在锚固点和有定位构造的地方,都可能与构件发生横向相对位置变化,体外预应力二次效应就是体外预应力钢筋与构件相对位置变化而引起的相关效应。从同济大学的试件弯曲性能试验结果可知,体外预应力的二次效应对截面极限弯矩的影响是不可忽略的,其与跨高比、体内配筋比率、施工方法、转向构造间距等因素有关。二次效应随跨高比的增大而增加,随体内配筋比率的增加先减小后增加,随转向构造间距的增大而增加。

《规范》采用弯曲破坏时体外预应力钢筋至截面受压区边缘距离与其初始距离变化的直接方式计入二次效应。在试验数据回归和相配的数值分析中,根据《桥规》抗弯承载力简化计算的规定,以混凝土压应变0.003 3作为试件的极限状态,截取相应体外预应力钢筋至截面受压区边缘的距离。经数据回归分析,公式对整体式试验梁算得的结果和实测值之比的平均值为1.0,标准差为0.01;对节段式试验梁算得的结果和实测值之比的平均值为1.0,标准差为0.03。回归公式也能较好拟合体外预应力钢筋至截面受压区边缘距离的变化规律。

因此,体外预应力钢筋合力点至截面受压区边缘极限距离应按《规范》第5.4.5条规定计算。

5.4.5 体外预应力钢筋合力点至截面受压区边缘的极限距离宜按式(5.4.5)计算:

$$h_{pu,e} = \eta_s h_{p,e} \quad (5.4.5)$$

式中:$h_{\mathrm{pu},e}$——体外预应力钢筋合力点至截面受压区边缘的极限距离(mm);

η_s——体外预应力二次效应的修正系数:当计算简支受弯构件时取0.9;当计算连续受弯构件时取0.95;当计算截面处设置转向或定位构造且体外预应力钢筋穿过该构造时取1.0。

5.1.4 截面抗剪承载力上限值的计算

受弯构件在各种受力状态下的截面抗剪承载力设计值均应受到其抗剪承载力上限值的控制,否则抗剪钢筋的强度是不能充分发挥的,截面抗剪承载力也无法达到其设计值。《规范》将"抗剪截面"应符合的要求改写为"截面抗剪承载力上限值"是进一步强调,当构件截面抗剪承载力上限值小于截面抗剪承载力设计值时,应通过调整截面尺寸或优化钢筋配置等方式加以避免。

目前,我国《桥规》中截面抗剪承载力上限值的计算公式与国外相关规范计算公式相比,在表达形式、材料表征参数等都有所不同,且计算结果也有较大差异。设计单位反映,设计中经常出现较难满足《桥规》中截面抗剪承载力上限值的问题,导致我国混凝土梁桥的腹板厚度基本都大于国外先进国家梁桥。

随着我国新型中小跨径预制装配混凝土薄腹梁和节段预制拼装大型薄壁箱梁建设需求的增大,完善截面抗剪承载力上限值计算方法也成为《规范》的一个主要内容。在编制过程中,编制组调研了我国《桥规》截面抗剪承载力上限值计算公式的来源,仔细了解了其依据及推导过程,得出如下结果:

(1)我国《桥规》中计算公式基于40多年前收集的试验数据推导而来,当时桥梁用混凝土的强度等级相对不高,随着高强度混凝土材料技术的发展,该公式对高强混凝土桥梁计算的适用性需进一步研究。

(2)我国《桥规》中抗剪承载力上限值计算公式,主要基于发生剪压破坏无腹筋梁试验数据的下包线,在取剪跨比为1、纵向配筋率为3.5%后推导得到的。该计算公式除不计入箍筋、弯起钢筋的影响,还不计入腹板高厚比和预应力的影响。但是,已有研究表明腹筋是参与受力的,尤其是预应力弯起钢筋的作用不可忽略,而且预应力混凝土桥梁的使用越来越广泛,该计算公式的合理性及适用性需进一步研究。

(3)国内外关于混凝土受弯构件抗剪承载力上限值计算公式的表达形式不相同,且抗剪承载力上限值的主要影响因素也有差异,《桥规》计算公式表达形式、材料表征参数等的合理性需进一步研究。

目前,国内外规范中混凝土梁抗剪承载力上限值计算公式的表达形式、材料强度表征参数等都有所不同,其计算结果也有很大差异。同济大学试验研究的主要结论为:

(1)对于有腹筋的混凝土梁发生斜压破坏时,箍筋参与抗剪,且增大箍筋配筋率可显著提高梁的抗剪承载力上限值。

(2)提高纵向钢筋配筋率,纵向钢筋发挥的销栓作用增强,进而提高抗剪承载力上限值,但纵向钢筋配筋率大于3.55%的部分对抗剪承载力上限值影响较小。

(3)斜压破坏时弯起普通钢筋也参与抗剪,进而提高抗剪承载力上限值,但是提高的程度不明显。预应力钢筋弯起角度越接近与斜裂缝垂直,其混凝土开裂界面剪摩擦力越大的,越有利于提高混凝土梁抗剪承载力上限值。

(4)纵向预应力增强了混凝土开裂界面剪摩擦力,进而提高抗剪承载力上限值。预应力水平越高,其混凝土开裂界面剪摩擦力越大的,越有利于提高抗剪承载力上限值。

(5)当预应力钢筋未弯起时,体内预应力提高抗剪承载力上限的作用大于体外预应力;当预应力钢筋弯起时,体内和体外两种预应力对抗剪承载力上限值影响基本相同。

(6)抗剪承载力随剪跨比的增大而减小,对于大剪跨比的试件,当腹板很薄时可能会发生斜压破坏。

(7)不同腹板宽度的对比结果表明,腹板宽度与抗剪承载力呈线性关系,与国内外规范抗剪承载力上限值计算公式表达形式符合。

(8)不同腹板高宽比的对比结果表明,抗剪承载力随着腹板高宽比的增大而降低。

可见上述研究结论在我国桥梁设计规范中没有相关的反映。

为了更合理地确定受弯构件抗剪承载力上限值,同济大学收集了国内外大量受弯构件抗剪试验资料,提取了其中357个发生斜压破坏试件的试验数据,并以我国《桥规》和国外两个主要混凝土桥梁设计规范为对象,分析了上述3个规范公式的计算值与该357个试件试验数据之间的关系。在将3个规范公式中的混凝土强度等参数统一成定义完全相同的代表值后,我国《桥规》的计算值与试验数据比值的平均值、标准差及变异系数均远大于两个国外规范,表明其与试验数据吻合较差、不能较好反映试验规律。为此,同济大学进一步对上述3个规范公式的混凝土强度表达形式、抗剪截面尺寸、腹板高厚比、剪跨比等参数与试验数据进行对比,分析提出一种与试验规律符合最好的公式表达形式,并以该公式表达形式对试验数据进行了拟合。在拟合公式达到包络95%试验数据的基础上,对其除以材料分项系数和乘以受力模式不确定系数,最终得到了《规范》的计算公式。

计算公式形成过程及分析要点如下：

1)规范计算公式

这里收集了国内外的357根混凝土梁的抗剪试验数据,基于国内外3种主要桥梁设计规范[中国桥梁设计规范《桥规》、欧洲混凝土桥梁设计规范 *Eurocode*(以下简称《欧规》)及美国桥梁设计规范 *AASHTO LRFD BRIDGE DESIGN SPECIFICATIONS*(以下简称《AASHTO 规范》)],对试验梁的抗剪承载力上限值进行计算,通过试验值和计算值的对比,对各公式预测上限值的准确性和合理性进行分析。

《桥规》基于国内外无腹筋钢筋混凝土梁的试验数据,利用剪压破坏时抗剪强度随剪跨比变化的规律,并偏安全地取用试验数据的下包线,导出如下抗剪承载力上限值公式:

$$V \leq 0.51 \times 10^{-3} \sqrt{f_{cu,k}} b h_0 \tag{5.1-1}$$

式中:$\sqrt{f_{cu,k}}$——混凝土的立方体(150mm)抗压强度标准值;

b——腹板宽度;

h_0——截面有效高度。

《欧规》抗剪承载力计算采用变角桁架模型,取混凝土压杆压碎时的剪力为抗剪承载力上限值:

$$V \leq \alpha_{cw} \nu_1 f'_{cd} b_w z / (\tan\theta + \cot\theta) \tag{5.1-2}$$

式中:α_{cw}——对于钢筋混凝土构件,《欧规》建议值为1.0,对于预应力混凝土构件,按下列方法取值:当$0 < \sigma_{cp} \leq 0.25 f'_{cd}$时,$\alpha_{cw} = 1 + \sigma_{cp}/f'_{cd}$,当$0.25 f'_{cd} < \sigma_{cp} \leq 0.5 f'_{cd}$时,$\alpha_{cw} = 1.25$,当$0.5 f'_{cd} < \sigma_{cp} \leq f'_{cd}$时,$\alpha_{cw} = 2.5(1 + \sigma_{cp}/f'_{cd})$;

σ_{cp}——混凝土的设计轴力或预应力产生的平均压应力;

f'_{cd}——混凝土圆柱体($D=150$mm,$h=300$mm)抗压强度设计值;

ν_1——当$f'_{ck} \leq 60$MPa时,$\nu_1 = 0.6$,当$f'_{ck} > 60$MPa时,$\nu_1 = 0.9 - f'_{ck}/200$且$\nu_1 > 0.5$;

f'_{ck}——混凝土圆柱体抗压强度标准值;

b_w——腹板宽度;

z——内力臂,近似取$0.9d$;

d——截面有效高度;

θ——混凝土压杆倾角,$1 \leq \cot\theta \leq 2.5$。

《AASHTO规范》的上限值公式基于修正的压力场理论,并通过预应力和非预应力混凝土构件试验进行了验证:

$$V \leq 0.25 f'_c b_v d_v + V_p \tag{5.1-3}$$

式中：f'_c——混凝土圆柱体抗压强度(相当于标准值)；

b_v——腹板的宽度；

d_v——有效剪切高度，取 $0.72h$；

h——截面高度；

V_p——预加力的竖向分力。

2)试验数据及其与规范值的对比

由于各规范中计算公式的差异性主要体现在公式的表达形式、混凝土抗压强度、截面有效高度等方面。为了对比各规范的计算值的差异，先将各规范中混凝土抗压强度统一换算为《桥规》规定的棱柱体抗压强度标准值 f_{ck}。

(1)试验数据

本章针对普通混凝土 T 形和矩形梁的试件，分析其在集中荷载作用下的抗剪承载力上限值，所以对收集的试验数据按如下规定取用：剪跨比的最大值约 1.0；试验发生剪切斜压破坏；试验施加集中荷载；普通混凝土试件。收集的 357 根混凝土梁的试验数据信息见表 5.1-3。

试验数据信息汇总　　　　表 5.1-3

数据来源	试件个数	剪跨比	f_{ck} (MPa)	截面高度 h (mm)	有效高度 h_0 (mm)	V_{test} (kN)
文献[14]	8	1.0	16.1~21.4	540~567	540~554	174~299
文献[15]	58	0.35~1.2	13.4~32.9	203~914	185~964	84~798
文献[16]	4	1.0	12.7~16.7	300~303	270	112~171
文献[17]	45	0.33~1.04	14.7~20.7	221~735	178~671	77~239
文献[18]	31	1.0~1.21	13.4~18.1	365	305	105~142
文献[19]	59	0.27~1.18	15.4~43.0	254~762	216~724	78~583
文献[20]	11	0.9~1.0	26.1	400~1 000	355~935	362~904
文献[21]	7	0.83~1.13	30.2~36.5	1 200	1 088	2 533~3 387

续上表

数据来源	试件个数	剪跨比	f_{ck}（MPa）	截面高度 h（mm）	有效高度 h_0（mm）	V_{test}（kN）
文献[22]	15	0.35~0.74	16.7~24.7	383~764	343~724	164~485
文献[23]	4	1.0	25.4~51.5	220~240	198~216	212~555
文献[24]	18	1.0~1.1	10.0~27.4	227~1 000	201~904	94~1 550
文献[25]	85	0.25~1.17	10.7~52.1	152~1 750	133~1 559	85~1 900
文献[26]	12	1.0	21.1~55.2	350~1 000	293~910	407~1 620
总计	357	0.25~1.21	10.0~55.2	152~1 750	133~1 559	77~3 387

（2）试验值与规范值的对比

为了与试验值对比,需要将《桥规》和《欧规》算得的强度设计值换算成标准值。其中,《桥规》公式推导中引入了 0.95 的工作条件系数和 1.25 的材料分项系数,《欧规》公式中考虑了 1.5 的材料分项系数。将按各规范算得的抗剪承载力上限值与试验值进行对比,得到的试验值与规范值比值的平均值、标准差和变异系数见表 5.1-4。

试验值与规范值比值分析　　表 5.1-4

规范	《桥规》	《欧规》	《AASHTO 规范》
平均值 V_{test}/V	1.76	1.05	1.23
标准差 σ	0.53	0.31	0.26
变异系数 C_v	0.30	0.30	0.21

试验值与 3 种规范值比值的均值都大于 1。相比试验值,《桥规》值明显偏小,且离散性较大、与试验数据偏差大;《AASHTO 规范》公式的均值高于《欧规》,但离散性最小、最符合试验数据;《欧规》公式的均值最接近 1,但离散性较大、偏离试验数据。以试验值为横坐标,各规范公式的计算值为纵坐标,以 $y=x$ 为参考线,数据点分布越靠近参考线则公式计算结果越准确,如图 5.1-1 所示。由图 5.1-1 可以看出,《桥规》公式拟合结果偏差最大,《AASHTO 规范》公式拟合结果最好,《欧规》公式拟合数

据点在参考线附近但较分散。

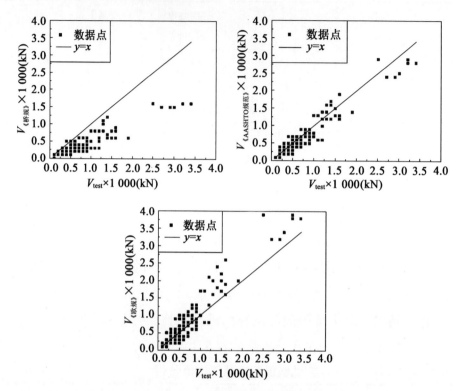

图 5.1-1　试验值与规范值对比

3) 主要参数影响规律分析

《桥规》《欧规》和《AASHTO 规范》中的计算公式各不相同,其差异性主要体现在表达形式、混凝土抗压强度、截面有效高度、剪跨比及预加力效应等方面。3 种规范中普通混凝土梁计算公式的表达形式主要分为两种:$\alpha_1\sqrt{f_{ck}}bh_0$(《桥规》)和 $\alpha_2 f_{ck}bh_0$[《AASHTO 规范》和《欧规》(梁无轴向力)]。由于收集的试验数据均为普通混凝土梁,在此基础上主要分析混凝土强度表达式(f_{ck} 和 $\sqrt{f_{ck}}$)、抗剪截面尺寸(bh_0)、腹板高宽比(h_w/b)和剪跨比 4 个参数对混凝土梁抗剪承载力上限值的影响。

(1) 混凝土强度表达式

两种计算公式的表达形式中混凝土强度表达式明显不同,分别取混凝土抗压强度开根号($\sqrt{f_{ck}}$)和混凝土抗压强度一次方(f_{ck}),但$\sqrt{f_{ck}}$表示混凝土受拉,与实际工程中混凝土梁斜压破坏时腹板混凝土受压不符,需进一步研究两种混凝土强度表达式在计算公式中的合理性。

以试验值与截面面积的比值为纵坐标、混凝土棱柱体抗压强度标准值为横坐标,拟合抗剪承载力上限值与混凝土强度表达式的关系,如图 5.1-2 所示。由图 5.1-2 可知,抗剪承载力上限值与混凝土强度 f_{ck} 的 0.88 次方呈正比,与混凝土强度 $\sqrt{f_{ck}}$ 的 1.76 次方呈正比,所以第二种公式表达形式 $\alpha_2 f_{ck} bh_0$ 的抗剪承载力上限值与混凝土强度的一次方呈正比较符合。

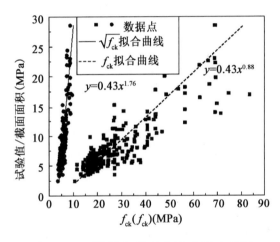

图 5.1-2　混凝土强度表达式影响分析

(2)抗剪截面尺寸

抗剪截面尺寸(bh_0)是混凝土结构截面抗剪承载力上限值的主要因素,腹板混凝土开裂前承载力主要由抗剪截面尺寸决定,开裂后,抗剪截面混凝土与箍筋等协同作用参与抗剪,影响极限承载力。两种计算公式表达形式中的抗剪截面尺寸均与承载力呈一次方,需分析抗剪截面尺寸在两种表达式中的合理性。

以试验值与混凝土强度表达式的比值为纵坐标、抗剪截面尺寸为横坐标,拟合抗剪承载力上限值与抗剪截面尺寸的关系,如图5.1-3所示。由图5.1-3可知,第一种表达形式的抗剪承载力上限值与抗剪截面尺寸的0.95次方呈正比,第二种表达形式的抗剪承载力上限值与抗剪截面尺寸的0.83次方呈正比,所以第一种表达形式的抗剪承载力上限值与抗剪截面尺寸的一次方呈正比较符合。

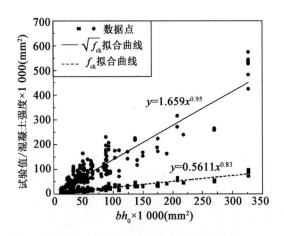

图5.1-3 抗剪截面尺寸影响分析

(3)腹板高宽比

参考国内《混凝土结构设计规范(2015年版)》(GB 50010—2010)中关于抗剪承载力上限值的计算公式,发现腹板高宽比(h_w/b)的范围不同而其计算公式的系数也不同,说明腹板高宽比是影响抗剪承载力上限值的重要参数。两种计算公式表达形式与腹板高宽比无关,根据收集的试验数据,分析腹板高宽比对抗剪承载力上限值的影响。

以计算公式系数为纵坐标、梁的腹板净高度与其宽度比(腹板的净高度表示为h_w)为横坐标,拟合计算公式系数与高宽比的关系,进而分析高宽比对抗剪承载力上限值的影响,如图5.1-4所示。由图5.1-4可知,两种表达形式的计算公式系数都随高宽比的增大而减小,说明抗剪承载力上限值随高宽比的增大而减小。比较两种公式表达形式的系数与高宽比相关系数绝对值的大小可以发现,第二种表达式受到的影响较大。

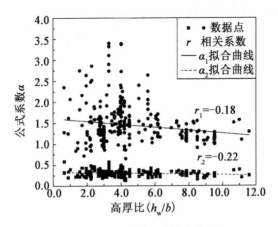

图 5.1-4　高宽比影响分析

(4) 剪跨比

剪跨比反映梁内正应力与剪应力的相对比值,进而影响梁截面主应力大小及方向,决定了梁的破坏形态及极限承载力。对于腹板(或肋板)较薄的混凝土梁,在剪跨比较小且剪力较大的区段,梁腹板混凝土受压,极限受力状态时主压应力过大将可能发生斜压破坏。在梁同为发生斜压破坏的情况下,分析剪跨比对两种表达形式计算的抗剪承载力上限值影响。

以计算公式系数 α 为纵坐标、剪跨比为横坐标,拟合计算公式系数与剪跨比的关系,进而分析剪跨比对抗剪承载力上限值的影响,如图 5.1-5 所示。由 5.1-5 图可知,两种表达形式的计算公式系数都随剪跨比的增大而少量减小,说明抗剪承载力上限值随剪跨比的增大而减小。两种公式表达形式的系数与剪跨比相关系数的绝对值都较小,所以抗剪承载力上限值受剪跨比影响较小。

(5) 预应力钢筋

对于预应力混凝土结构,美国《ASSHTO 规范》计算抗剪承载力上限值的公式中包括混凝土承受的荷载和预应力钢筋竖向分力两部分,而我国《桥规》计算公式中未考虑预应力钢筋的影响,但目前国内多数桥梁为预应力混凝土结构,需进一步分析预应力对抗剪承载力上限值的影响,以满足实际工程发展的需求。同济大学基于缩尺模型斜压破坏试验结果,将预应力钢筋作用部分单独提取出来分解成竖向分力和水平分力,比较预应力钢筋竖向分力与极限承载力增量的大小,进而分析预应力钢筋竖向分力对抗剪承载力上限值的影响,见表 5.1-5。

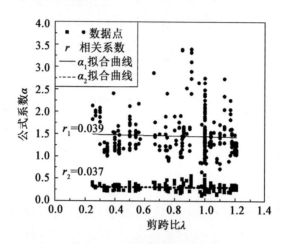

图 5.1-5　剪跨比影响分析

预应力钢筋影响分析　　　　　　　　　　表 5.1-5

组号	试件编号	预应力钢筋弯起角度（°）	预应力钢筋竖向分力（kN）	极限承载力（kN）	极限承载力增量（kN）	预应力钢筋竖向分力增量（kN）
1	P0B5	0	0	632.3	77.4	67.3
1	P11B7	11	67.3	709.7	77.4	67.3
2	P0B5	0	0	632.3	126.7	120.6
2	P20B8	20	120.6	759.0	126.7	120.6
3	EP0B9	0	0	541.1	145.8	67.3
3	EP11B10	11	67.3	686.9	145.8	67.3

注:预应力钢筋竖向分力等于预应力钢筋抗剪承载力设计值的竖向分力。

如表 5.1-5,根据同济大学 3 组预应力钢筋对比试验结果可知,预应力钢筋竖向分力均低于极限承载力增量,说明预应力钢筋竖向分力完全参与抗剪提高抗剪承载力上限值。《ASSHTO 规范》抗剪承载力上限值计算公式中考虑的预应力钢筋竖向分力符合该试验规律。

综上分析，基于收集的试验数据，抗剪承载力上限值与f_{ck}的0.88次方成正比、与$\sqrt{f_{ck}}$的1.76次方成正比，与bh_0的0.95（强度表达式为$\sqrt{f_{ck}}$）次方和0.83（强度表达式为f_{ck}）次方成正比；腹板高宽比和剪跨比对公式表达形式都有影响。因此，将混凝土强度表达式和抗剪截面尺寸作为关键参数，结合试验数据的对比分析结果，总体而言第二种公式表达形式$\alpha_2 f_{ck} bh_0$更符合试验规律。另外，对于预应力混凝土梁，预应力钢筋竖向分力可提高抗剪承载力上限值，在此公式计算的基础上还应考虑预应力钢筋的有利影响，参考美国《AASHTO规范》，考虑预应力钢筋竖向分力的影响，抗剪承载力上限值计算公式表达形式为$\alpha_2 f_{ck} bh_0 + V_p$。

4）公式推导

我国《桥规》的抗剪承载力上限值相比国外规范偏低，其试验值与计算值的平均值为1.76，标准差为0.53，变异系数为0.30，平均值的安全储备高但离散性较大。故下面将基于试验数据并参考国内外规范，提出一个预测结果更准确的钢筋混凝土梁抗剪承载力上限值建议公式。

(1) 基于收集的试验数据

《AASHTO规范》公式的离散性最小、计算结果与试验平均值较接近，且公式表达形式也符合试验规律，故将建议公式的基本形式取为$\alpha_2 f_{ck} bh_0 + V_p$。但分析表明，抗剪承载力上限值受高宽比的影响相对较大，建议公式需计入高宽比的影响。为此，根据357根普通混凝土梁试验数据对高宽比的影响规律进行拟合，得到公式系数$\alpha = 0.3381(b/h_w)^{0.095}$（图5.1-6）。另外，对于预应力混凝土结构，由上参数分析中可知，将预应力钢筋水平分力作为安全储备，仅计入普通混凝土梁承受的剪力和预应力钢筋竖向分力V_p。最后，得到了如下以标准值表示的普通混凝土梁和预应力混凝土受弯构件抗剪承载力上限值的拟合公式：

$$\overline{V}_{uk} = 0.3381 f_{ck} bh_0 \left(\frac{b}{h_w}\right)^{0.095} + V_p \qquad (5.1\text{-}4)$$

式中：f_{ck}——混凝土棱柱体抗压强度标准值；

h_w——腹板的净高度；

V_p——预应力钢筋竖向分力；

其余符号意义与《桥规》中一致。

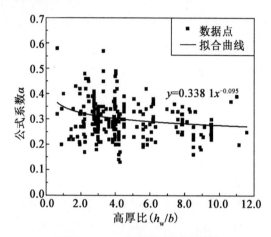

图5.1-6 高宽比拟合曲线

利用收集的试验数据,对比试验值与《桥规》《欧规》《ASSHTO规范》及拟合公式的计算值,得到的试验值与计算值比值的平均值、标准差和变异系数,见表5.1-6。

收集试验数据与规范值和拟合公式值比值分析　　表5.1-6

规范或公式	《桥规》	《欧规》	《AASHTO规范》	拟合公式
平均值 μ	1.76	1.05	1.23	1.02
标准差 σ	0.53	0.31	0.26	0.22
变异系数 C_v	0.30	0.30	0.21	0.21

从表可以看出:试验值与拟合公式计算值之比的平均值、标准差和变异系数较《桥规》均有明显改善。

(2)基于同济大学试验数据

为了验证拟合公式是否适合我国常用混凝土桥梁截面的形式和配筋情况,同济大学针对实际工程中采用的空心板梁、T形梁、小箱梁及等高度和变高度大箱梁,分别按其典型的截面尺寸和配筋情况设计了26个试件,并利用 14 个有腹筋梁发生斜压破坏的试验数据,对比《桥规》《欧规》《ASSHTO 规范》及拟合公式的计算值,得到试验值与计算值比值的平均值、标准差和变异系数,见表 5.1-7。

同济大学试验值与规范及拟合公式计算值比值分析　　表 5.1-7

规范或公式	《桥规》	《欧规》	《AASHTO 规范》	拟合公式
平均值 μ	2.34	1.12	1.11	1.23
标准差 σ	0.46	0.17	0.17	0.19
变异系数 C_v	0.20	0.14	0.16	0.16

从表也可以看出:有腹筋梁试验值与规范和拟合公式值之间的标准差及变异系数均有下降,且试验值与《桥规》《欧规》及拟合公式计算值之比均有明显提高,即腹筋提高了梁的抗剪承载力上限值;但从平均值来看,相比表 5.1-6 的数据,《AASHTO 规范》计算值似乎更趋近腹筋梁试验值。

5)设计计算公式

综合收集的 357 根混凝土梁的试验数据和同济大学 14 根有腹筋梁的试验数据,重新进行拟合,考虑 95% 保证率后公式系数为 $\alpha = 0.2415$ $(b/h_w)^{0.136}$(图 5.1-7)。由图可见拟合曲线包络了同济大学的试验数据。在取用材料分项系数和受力模式不确定系数后,可以得保留小数点后两位数的混凝土梁抗剪承载力上限值的设计值表达式:

$$\overline{V}_{ud} = 0.23 f_{cd} b h_0 \left(\frac{b}{h_w}\right)^{0.14} + V_p \tag{5.1-5}$$

式中:f_{cd}——混凝土抗压强度设计值。

作为《规范》设计计算公式,还需要明确如下问题:

(1)接缝对抗剪承载力上限值影响的问题,目前还没有明确的研究结果。为安全起见,我们暂认为接缝对抗剪承载力上限值有不利影响。考虑到斜压破坏的破坏范围一般约为 1 倍构件高度的纵向区段,故接缝在该区段内时应对抗剪承载力上限值进行折减,折减系数参考《AASHTO 规范》的剪切强度系数。

(2)后张预应力孔道对抗剪承载力上限值影响的问题。同济大学对不张拉的预应力钢筋采用直接埋入和留孔后穿压浆两种试件的抗剪性能试验结果表明,后者的承载力明确低于前者。因此,考虑到预应力孔道压浆的密实性及其强度等问题,计算时应计入预应力孔道对抗剪截面的削弱影响,采用的腹板计算宽度应扣除预应力孔道的一半。

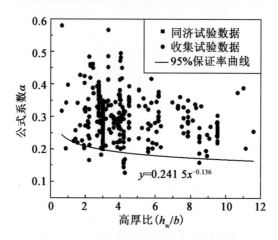

图5.1-7 考虑95%保证率拟合曲线

(3)预应力钢筋应力设计值问题。斜压破坏属于脆性破坏,破坏时预应力钢筋拉力的增量很小,故计算时预应力钢筋应力设计值偏安全地采用永存预加力。

基于以上工作,最后《规范》的受弯构件截面抗剪承载力上限值应满足下列规定:

5.4.7 纵向分段受弯构件截面抗剪承载力上限值应满足式(5.4.7-1)的要求:

$$\gamma_0 V_d \leqslant \overline{V}_{ud} \quad (5.4.7\text{-}1)$$

$$\overline{V}_{ud} = 0.23\alpha_s \phi_s f_{cd} b_e h_e + V_{pe} \quad (5.4.7\text{-}2)$$

$$\alpha_s = \left(\frac{b_t}{h_w}\right)^{0.14} \quad (5.4.7\text{-}3)$$

$$V_{pe} = 0.95(\sigma_{pe,i}A_{pb,i}\sin\theta_i + \sigma_{pe,e}A_{pb,e}\sin\theta_e) \quad (5.4.7\text{-}4)$$

式中: V_d——剪力设计值(N);

$\overline{V}_{ud}$——截面抗剪承载力上限值(N);

α_s——截面形状影响系数,按式(5.4.7-3)计算,当 $b_t/h_w \geq 1.0$ 时取 $b_t/h_w = 1.0$,当 $b_t/h_w < 0.1$ 时取 $b_t/h_w = 0.1$;

ϕ_s——接缝对截面抗剪承载力上限值的折减系数:当无纵向连续普通钢筋且构件腹部无跨接缝体内预应力钢筋时取0.85;当有纵向连续普通钢筋或构件腹部有跨接缝体内预应力钢筋时取0.90;当无接缝时取1.0;

f_{cd}——混凝土的轴心抗压强度设计值(MPa),接缝位置取接缝两侧强度较低值;

b_e——矩形截面的有效宽度、带翼板截面的肋板或腹板沿厚度方向的有效宽度(mm),取扣除1/2后张预应力孔道直径后高度 h_w 内的最小宽度;

h_e——减去受拉侧纵向普通钢筋保护层厚度的截面抗剪有效高度(mm);

V_{pe}——弯起预应力钢筋的永存预加力在构件轴线垂直方向的分力(N);

b_t——矩形截面的宽度、带翼板截面的肋板或腹板沿厚度方向的宽度(mm);

h_w——矩形截面的高度、带翼板截面扣除上下翼板厚度的肋板净高度或扣除顶底板厚度的腹板净高度(mm),当肋板或腹板倾斜时取斜向尺寸;

$\sigma_{pe,i}$——体内预应力钢筋的永存应力(MPa);

$A_{pb,i}$、$A_{pb,e}$——体内、体外弯起预应力钢筋的截面面积(mm^2);

θ_i、θ_e——体内、体外弯起预应力钢筋的合力与构件轴线的夹角(°)。

5.1.5 受弯构件接缝截面抗剪弯承载力计算

在受弯构件剪力和弯矩共同作用的区段,当控制截面到达剪弯极限受力状态时,若为无接缝的整体式构件将出现斜截面破坏形态,但若为节段式构件可能出现沿接缝的破坏形态。节段式构件沿接缝的破坏形态是一种与整体式构件完全不同的破坏形态,这种破坏形态虽与受弯构件正截面破坏形态相似,但其相应的截面抗弯承载力却低于受弯构件纯弯截面。目前,国外规范通常采用一个剪切强度折减系数计入接缝对受弯构件抗剪承载力的影响,导致了即使箍筋没有起任何作用但计算时仍被计入的问题。同济大学大量试验结果表明,在剪力和弯矩共同作用下,由于接缝处纵向普通钢筋不连续及拼接界面缺陷,构件在接缝消压后将会最先开裂,主裂缝在接缝处集中发展,接缝一旦开展到一定高度后,腹板不再可能出现破坏斜裂缝。因此,受弯构件可能以接缝开展的形式发生剪切(剪弯)破坏,传统设计方法已无法对该破坏形态下的截面承载力进行计算。

虽然受弯构件剪弯段接缝截面的破坏形态和截面纵向钢筋的受力状况均与纯弯段正截面破坏相似,但其截面剪压区混凝土的应力状态和纯弯段截面受压区混凝土完全不同,剪力对混凝土强度的影响已不能不计,应服从二维应力强度准则,且不能预先获得。

1)公式推导及验证

基于试验获得的受弯构件剪弯段接缝截面明确的破坏形态及性能特征,通过截取破坏截面脱离体建立平衡方程,是一种给出承载力计算方法的合理有效手段。为此,提出如下假定条件:

(1)不计截面受拉区混凝土的受力作用。

(2)剪压区混凝土的压应力和剪应力服从二维强度准则(图5.1-8)。

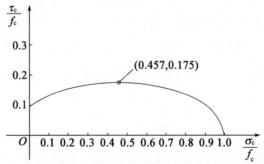

图5.1-8 混凝土压应力和剪应力的二维强度准则曲线

(3)剪压区混凝土的压应力和剪应力均为均匀分布,等效作用截面相同。

(4)不计截面对体内钢筋的直接剪切作用。

截取破坏截面脱离体形成如图5.1-9所示的计算图式,由截面剪力、弯矩及轴向力作用方向的平衡条件,得到如下方程式:

$$N_{sp} = \sigma_c bx \tag{5.1-6}$$

$$V = \tau_c bx + V_p \tag{5.1-7}$$

$$M = \sigma_c bx \left(h_0 - \frac{x}{2}\right) - N_{sp}(h_0 - h_{sp}) \tag{5.1-8}$$

其中,

$$V_p = \sigma_{pb,i} A_{pb,i} \sin\theta_i + \sigma_{pb,e} A_{pb,e} \sin\theta_e \tag{5.1-9}$$

$$N_{sp} = \sigma_s A_s + \sigma_{p,i} A_{p,i} + \sigma_{pb,i} A_{pb,i} \cos\theta_i + \sigma_{p,e} A_{p,e} + \sigma_{pb,e} A_{pb,e} \cos\theta_e \tag{5.1-10}$$

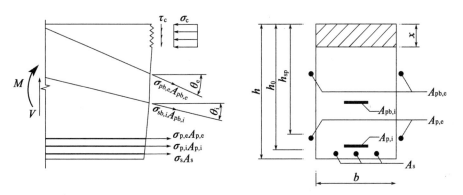

图5.1-9 受弯构件接缝截面抗剪弯承载力计算图式

剪压区混凝土的正应力和剪应力服从如下二维强度准则:

$$\frac{\tau_c}{f_c} = \sqrt{0.009 + 0.095\frac{\sigma_c}{f_c} - 0.104\left(\frac{\sigma_c}{f_c}\right)^2} \tag{5.1-11}$$

截面剪力和弯矩服从如下关系：

$$\frac{V}{M} = \frac{\tau_c bx + V_p}{\sigma_c bx \left(h_0 - \dfrac{x}{2}\right) - N_{sp}(h_0 - h_{sp})} \quad (5.1\text{-}12)$$

式中：N_{sp}——纵向连续普通钢筋和预应力钢筋的合力在截面法向的分力；

σ_c——剪压区混凝土的压应力；

b——矩形截面的宽度；

x——截面剪压区的高度；

V——截面的剪力；

τ_c——剪压区混凝土的剪应力；

V_p——弯起预应力钢筋拉力在截面切向的分力；

M——与 V 工况对应的弯矩；

h_0——截面受拉区纵向连续普通钢筋和体内预应力钢筋的合力点至受压边缘的距离；

h_{sp}——N_{sp} 的作用点至截面受压边缘的距离；

$\sigma_{pb,i}$、$\sigma_{pb,e}$——体内、体外弯起预应力钢筋的应力；

$A_{pb,i}$、$A_{pb,e}$——体内、体外弯起预应力钢筋的截面面积；

θ_i、θ_e——体内、体外弯起预应力钢筋的合力与截面法向的夹角；

σ_s——截面受拉区纵向连续普通钢筋的应力；

A_s——截面受拉区纵向连续普通钢筋的截面面积；

$\sigma_{p,i}$、$\sigma_{p,e}$——截面受拉区体内、体外预应力钢筋的应力；

$A_{p,i}$、$A_{p,e}$——截面受拉区体内、体外预应力钢筋的截面面积。

为了验证以上公式的可靠性，同济大学采用发生剪弯破坏的箱梁和盖梁缩尺试件的承载力试验值与公式计算值进行对比，见表5.1-8。

试验值与公式计算值的对比　　　　表 5.1-8

试件编号	剪跨比	V_{test} (kN)	M_{test} (kN·m)	V (kN)	M (kN·m)	V_{test}/V	M_{test}/M
sb-6	3.80	165.5	220.1	147.1	195.6	1.13	1.13
sb-8	2.70	179.4	169.5	157.0	148.4	1.14	1.14
sb-9	2.15	291.2	219.1	227.8	171.4	1.28	1.28
scb-1	1.66	481.0	481.0	457.0	457.0	1.05	1.05
scb-2	1.66	560.0	560.0	457.0	457.0	1.23	1.23
scb-3	2.45	384.0	576.0	322.0	483.0	1.19	1.19
scb-4	2.45	466.0	698.0	322.0	483.0	1.45	1.45
scb-5	4.01	235.0	588.0	196.0	490.0	1.20	1.20
scb-6	5.01	236.0	589.0	196.0	490.0	1.20	1.20
scb-7	2.45	336.0	504.0	320.0	479.0	1.05	1.05
scb-8	2.45	368.0	552.0	320.0	479.0	1.15	1.15
scb-9	2.45	354.0	530.0	320.0	479.0	1.11	1.11
scb-10	2.45	376.0	563.0	320.0	479.0	1.18	1.18
V_{test}/V	平均值 μ	1.18		标准差 σ	0.10	变异系数 C_v	0.08
M_{test}/M	平均值 μ	1.18		标准差 σ	0.10	变异系数 C_v	0.08

注:V_{test}、M_{test} 为剪力和弯矩的试验值;V、M 为剪力和弯矩的计算值。

由表 5.1-8 可见,公式计算值与试验值的变异系数和标准差均较小,公式计算值均小于试验值,表明公式能很好符合试验规律且偏于安全。由于试件是在剪力和弯矩共同作用下发生破坏,最后剪力和弯矩的计算值与试验值具有相同的统计结果,这也说明式 5.1-12 反映了试件破坏时剪力和弯矩服从的规律。

2) 设计计算公式

当试件发生剪弯破坏时,破坏裂缝集中在接缝截面,接缝界面混凝土及其连接质量必将影响承载力,所以需要计入其对混凝土强度的折减;剪弯段体外预应力钢筋的极限应力增量相对较小且一般利于抗剪,同时体外预应力的二次效应也较小,故偏安全地将体外预应力钢筋的极限应力设计值取为其永存应力并不考虑二次效应。另外,当弯起预应力钢筋的抗剪贡献超出了截面抗剪需求或接缝不开裂全截面受力时,接缝截面不可能发生该类破坏。为了避免对不发生相应破坏形态的截面进行计算,也需要给出适合公式计算的剪弯比条件。最后,在取用材料分项系数和受力模式不确定系数后,得到《规范》第5.4.9条和5.4.10条的受弯构件抗剪弯承载力计算规定。

5.4.9 剪压区为矩形的纵向分段受弯构件接缝截面抗剪弯承载力计算(图5.4.9)应符合下列规定:

1 当剪弯比符合式(5.4.9-1)和式(5.4.9-2)条件之一时,可不进行抗剪弯承载力计算:

$$\frac{V_d}{M_d} \leqslant \frac{V_{pd}}{\phi_f N_{spd,f} \left(h_{spd,f} - \dfrac{x_{min}}{2} \right)} \quad (5.4.9\text{-}1)$$

$$\frac{V_d}{M_d} \geqslant \frac{0.17\phi_j f_{cd} b'_{f,s} h_e + V_{pd}}{\phi_f N_{spd,f} \left(h_{spd,f} - \dfrac{h_e}{2} \right)} \quad (5.4.9\text{-}2)$$

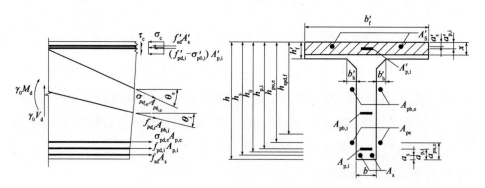

图5.4.9 剪压区为矩形的纵向分段受弯构件接缝截面抗剪弯承载力计算图式

2 当剪弯比同时不符合式(5.4.9-1)和式(5.4.9-2)的条件时,抗剪弯承载力应满足式(5.4.9-3)和式(5.4.9-4)的要求:

$$\gamma_0 V_d \leq 0.95\tau_c b'_{f,s} x + V_{pd} \tag{5.4.9-3}$$

$$\gamma_0 M_d \leq \phi_f \left[\sigma_c b'_f x \left(h_0 - \frac{x}{2} \right) - N_{spd,f}(h_0 - h_{spd,f}) \right] \tag{5.4.9-4}$$

其中 τ_c、σ_c、x 应按式(5.4.9-5)~式(5.4.9-7)计算：

$$N_{spd,f} = \sigma_c b'_f x \tag{5.4.9-5}$$

$$\frac{\tau_c}{f_{cd}} = \phi_j \sqrt{0.009 + 0.095 \frac{\sigma_c}{f_{cd}} - 0.104 \left(\frac{\sigma_c}{f_{cd}}\right)^2} \tag{5.4.9-6}$$

$$\frac{V_d}{M_d} = \frac{0.95\tau_c b'_{f,s} x + V_{pd}}{\phi_f \left[\sigma_c b'_f x \left(h_0 - \frac{x}{2} \right) - N_{spd,f}(h_0 - h_{spd,f}) \right]} \tag{5.4.9-7}$$

$$V_{pd} = 0.95(0.8 f_{pd,i} A_{pb,i} \sin\theta_i + \sigma_{pd,e} A_{pb,e} \sin\theta_e) \tag{5.4.9-8}$$

$$N_{spd,f} = f_{sd} A_s + f_{pd,i}(A_{p,i} + 0.8 A_{pb,i}\cos\theta_i) + \sigma_{pd,e}(A_{p,e} + A_{pb,e}\cos\theta_e) -$$

$$f'_{sd} A'_s - (f'_{pd,i} - \sigma'_{p0,i}) A'_{p,i} \tag{5.4.9-9}$$

$$x_{min} = \frac{N_{spd,f}}{f_{cd} b'_f} \tag{5.4.9-10}$$

$$b'_{f,s} = b + 2b'_h \tag{5.4.9-11}$$

$$\sigma'_{p0,i} = \sigma'_{pe,i} + \alpha_{EP} \sigma'_{pc} \tag{5.4.9-12}$$

式中：M_d——与 V_d 工况对应的弯矩设计值(N·mm)；

V_{pd}——弯起预应力钢筋拉力设计值在接缝截面切向的分力(N)；

$N_{spd,f}$——受弯构件纵向连续普通钢筋和预应力钢筋的合力设计值在接缝截面法向的分力(N)；

$h_{spd,f}$——$N_{spd,f}$ 的作用点至截面受压边缘的距离(mm)；

x_{min}——矩形截面剪压区的最小高度(mm);

ϕ_j——接缝对混凝土抗剪强度的折减系数:当为设剪力键的环氧胶接缝时取0.85;当为不设剪力键的环氧胶接缝或设剪力键的现浇混凝土接缝时取0.7;当界面粗糙化处理后现浇混凝土或填充砂浆时取0.6;当界面不粗糙化处理现浇混凝土或填充砂浆时取0.3;

$b'_{f,s}$——矩形截面的宽度或带翼板截面受压翼板的抗剪有效宽度(mm);

τ_c——剪压区混凝土的剪应力设计值(MPa);

x——受弯构件接缝截面剪压区的高度(mm),当$x>h_e$时取h_e;

σ_c——剪压区混凝土的压应力设计值(MPa);

b'_f——矩形截面的宽度或带翼形截面受压翼板的有效宽度(mm);

h_0——截面受拉区纵向连续普通钢筋和体内预应力钢筋的合力点至受压边缘的距离(mm),当无跨接缝体内钢筋时取$h_{pu,e}$;

$\theta_i、\theta_e$——体内、体外弯起预应力钢筋的合力与接缝截面法向的夹角(rad);

f'_{sd}——普通钢筋的抗压强度设计值(MPa);

A'_s——截面受压区纵向连续普通钢筋的截面面积(mm²);

$f'_{pd,i}$——体内预应力钢筋的抗压强度设计值(MPa);

$\sigma'_{p0,i}$——截面受压区体内预应力钢筋合力点处混凝土正应力等于零时体内预应力钢筋的应力(MPa);

$A'_{p,i}$——截面受压区体内预应力钢筋的截面面积(mm²);

b'_h——受压翼板承托或加腋的宽度(mm);当该宽度小于翼板根部厚度2倍时,或当受压翼板不设承托或加腋时,取翼板根部厚度的2倍;

$\sigma'_{pe,i}$——截面受压区体内预应力钢筋的永存应力(MPa);

α_{EP}——体内预应力钢筋弹性模量与混凝土弹性模量之比;

σ'_{pe}——全部预应力钢筋在截面受压区体内预应力钢筋合力点产生的预压应力(MPa)。

5.4.10 剪压区为 T 形的纵向分段受弯构件接缝截面抗剪弯承载力计算(图5.4.10)应符合下列规定：

1 当剪弯比符合式(5.4.10-1)和式(5.4.10-2)条件之一时，可不进行抗剪弯承载力计算：

$$\frac{V_d}{M_d} \leqslant \frac{V_{pd}}{\phi_f N_{spd,f}(h_{spd,f} - a_{min})} \quad (5.4.10\text{-}1)$$

$$\frac{V_d}{M_d} \geqslant \frac{0.17\phi_j f_{cd}[bh_e + (b'_{f,s} - b)h'_f] + V_{pd}}{\phi_f N_{spd,f}\left(h_{spd,f} - \frac{h_e}{2}\right)} \quad (5.4.10\text{-}2)$$

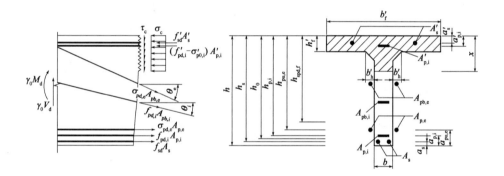

图 5.4.10 剪压区为 T 形的纵向分段受弯构件接缝截面抗剪弯承载力计算图式

2 当剪弯比同时不符合式(5.4.10-1)和式(5.4.10-2)的条件时，抗剪弯承载力应满足式(5.4.10-3)和式(5.4.10-4)的要求：

$$\gamma_0 V_d \leqslant 0.95\tau_c[bx + (b'_{f,s} - b)h'_f] + V_{pd} \quad (5.4.10\text{-}3)$$

$$\gamma_0 M_d \leqslant \phi_f\left\{\sigma_c\left[bx\left(h_0 - \frac{x}{2}\right) + (b'_f - b)h'_f\left(h_0 - \frac{h'_f}{2}\right)\right] - N_{spd,f}(h_0 - h_{spd,f})\right\}$$

$$(5.4.10\text{-}4)$$

其中 τ_c、σ_c、x 应按式(5.4.10-5)、式(5.4.10-6)及式(5.4.9-6)计算:

$$N_{\mathrm{spd,f}} = \sigma_c [bx + (b'_f - b)h'_f] \qquad (5.4.10\text{-}5)$$

$$\frac{V_d}{M_d} = \frac{0.95\tau_c[bx + (b'_{f,s} - b)h'_f] + V_{pd}}{\phi_f \left\{ \sigma_c \left[bx\left(h_0 - \frac{x}{2}\right) + (b'_f - b)h'_f\left(h_0 - \frac{h'_f}{2}\right) \right] - N_{\mathrm{spd,f}}(h_0 - h_{\mathrm{spd,f}}) \right\}}$$

$$(5.4.10\text{-}6)$$

$$a_{\min} = \frac{N_{\mathrm{spd,f}}}{2bf_{cd}} + h'_f \frac{b'_f - b}{b} \left(\frac{b'_f h'_f f_{cd}}{2N_{\mathrm{spd,f}}} - 1 \right) \qquad (5.4.10\text{-}7)$$

式中:$a_{\min}$——T形截面剪压区高度最小时压力合力作用点至截面受压边缘的距离(mm)。

3)设计计算公式的使用方法

由于受弯构件的接缝截面抗剪弯承载力计算公式之间是非线性关联的,建议采用数学迭代计算方法或采用计算机软件直接求解方程组。下面介绍一种将混凝土剪-压复合强度准则曲线用分段割线替换偏安全的简化计算方法。

由于无法预先知道剪压区为矩形截面还是T形截面,因此需要先假定其是矩形截面开始试算,若计算得到的 $x > h'_f$,则应按《规范》第5.4.10条剪压区为T形截面的规定进行计算。

(1)剪压区为矩形。

按《规范》式(5.4.9-1)和式(5.4.9-2)判断是否符合按矩形截面计算的剪弯比条件:

$$\frac{V_{pd}}{\phi_f N_{\mathrm{spd,f}} \left(h_{\mathrm{spd,f}} - \frac{x_{\min}}{2}\right)} < \frac{V_d}{M_d} < \frac{0.17\phi_j f_{cd} b'_{f,s} h_e + V_{pd}}{\phi_f N_{\mathrm{spd,f}} \left(h_{\mathrm{spd,f}} - \frac{h_e}{2}\right)} \qquad (5.1\text{-}13)$$

若不符合以上条件则不需要按矩形截面进行抗剪弯承载力计算。

将《规范》式(5.4.9-6)表示的计入接缝对抗剪强度折减的混凝土剪-压复合强度准则曲线:

$$\frac{\tau_c}{f_{cd}} = \phi_j \sqrt{0.009 + 0.095 \frac{\sigma_c}{f_{cd}} - 0.104 \left(\frac{\sigma_c}{f_{cd}}\right)^2} \quad (5.1\text{-}14)$$

替换为分段割线,参数见表5.1-9:

$$\frac{\tau_c}{f_{cd}} = \phi_j \left(a_i \frac{\sigma_c}{f_{cd}} + b_i\right) \quad (i = 1 \sim 5) \quad (5.1\text{-}15)$$

混凝土剪-压复合强度准则分段割线参数　　　表5.1-9

i	a_i	b_i	σ_c/f_{cd}适用区间
1	0.297	0.095	0, 0.2
2	0.067	0.141	0.2, 0.5
3	−0.129	0.239	0.5, 0.8
4	−0.419	0.471	0.8, 0.95
5	−1.459	1.459	0.95, 1

假定式(5.1-15)的适用区间(首次计算取 $i = 2$ 或 3 对应区间),然后与《规范》式(5.4.9-5)和式(5.4.9-7)联立求解可得:

$$x = \frac{\phi_f h_0 N_{spd,f} V_d - M_d \left(0.95 \phi_j a_i N_{spd,f} \frac{b'_{f,s}}{b'_f} + V_{pd}\right) - \phi_f N_{spd,f} V_d (h_0 - h_{spd,f})}{0.95 \phi_j f_{cd} b'_{f,s} b_i M_d + \phi_f N_{spd,f} \frac{V_d}{2}}$$

(5.1-16)

将式(5.1-16)的解代入《规范》式(5.4.9-5),整理后得:

$$\frac{\sigma_c}{f_{cd}} = \frac{N_{spd,f}}{f_{cd} b'_f x} \quad (5.1\text{-}17)$$

判断 σ_c/f_{cd} 是否在假定的适用区间内,不在时更换 a_i、b_i ($i = 1 \sim 5$)重新用式(5.1-16)计算 x。若在假定区间内,用式(5.1-15)计算剪应力设计值。

最后用《规范》式(5.4.9-3)和式(5.4.9-4)验算截面承载力[若式(5.1-16)

求得的 $x > h_e$ 则取 $x = h_e$,代入《规范》式(5.4.9-3)和式(5.4.9-4)]。

(2)剪压区为 T 形

按《规范》式(5.4.10-1)和式(5.4.10-2)判断是否符合按 T 形截面计算的剪弯比条件:

$$\frac{V_{pd}}{\phi_f N_{spd,f}(h_{spd,f} - a_{min})} < \frac{V_d}{M_d} < \frac{0.17\phi_j f_{cd}[bh_e + (b'_{f,s} - b)h'_f] + V_{pd}}{\phi_f N_{spd,f}\left(h_{spd,f} - \frac{h_e}{2}\right)}$$

(5.1-18)

若不符合以上条件则不需要按 T 形截面进行抗剪弯承载力计算。

对于剪压区为 T 形截面的情况,同样假定式(5.1-15)的适用区间(首次计算取 $i = 2$ 或 3 对应区间),然后与《规范》式(5.4.10-5)和式(5.4.10-6)联立可得:

$$Ax^2 + Bx + C = 0 \qquad (5.1\text{-}19)$$

其中,

$A = b(bC_i + 0.5\phi_f N_{spd,f} V_d)$

$B = b[A_i + C_i h'_f(b'_f - b) + C_i h'_f(b'_{f,s} - b) - \phi_f h_{spd,f} N_{spd,f} V_d + M_d V_{pd}]$

$C = h'_f(b'_{f,s} - b)[A_i + h'_f C_i(b'_f - b)] + h'_f(b'_f - b)[M_d V_{pd} + \phi_f N_{spd,f} V_d(0.5h'_f - h_{spd,f})]$

$A_i = 0.95\phi_j a_i M_d N_{spd,f}, C_i = 0.95\phi_j b_i f_{cd} M_d$

可得解:

$$x = \frac{-B + \sqrt{B^2 - 4AC}}{2A} \qquad (5.1\text{-}20)$$

将式(5.1-20)的解代入《规范》式(5.4.10-5),整理后得:

$$\frac{\sigma_c}{f_{cd}} = \frac{N_{spd,f}}{f_{cd}[bx + (b'_f - b)h'_f]} \qquad (5.1\text{-}21)$$

判断 σ_c/f_{cd} 是否在假定的适用区间内,不在时更换 a_i、$c_i(i = 1 \sim 5)$ 重新用式(5.1-20)计算 x。若在假定区间内,用式(5.1-15)计算剪应力设计值。

最后用《规范》式(5.4.10-3)和式(5.4.10-4)验算截面承载力[若式(5.1-20)求得的$x > h_e$,则取$x = h_e$代入式(5.4.10-3)和式(5.4.10-4)]。

5.1.6 节段预制拼装对结构刚度的影响

根据中铁第一勘察设计院集团有限公司主持的原铁道部科技研究开发计划课题《铁路节段预制胶接拼装箱梁成套技术研究》中24m预应力混凝土梁的试验结果,节段式梁的跨中挠度大于整体式梁,其量值在10%之内。为了计入该影响,《规范》将受弯构件的挠度计算值乘以1.1的增大系数或截面刚度计算值乘以0.9。

5.1.7 U形钢筋交错布置湿接缝的受力机理

采用U形钢筋交错布置现浇混凝土接缝常用于预制桥面板连接中,以替代传统现浇混凝土接缝中钢筋采用焊接或搭接的连接方式,但U形钢筋交错布置接缝的受力性能应该与传统接缝相同。

现有试验研究一致认为,U形钢筋搭接区域的核心混凝土是接缝主要传力部分,接缝混凝土抗拉破坏强度由U形钢筋弯曲直径、两侧相邻U形筋横向间距、两侧U形筋搭接长度、横向加强钢筋直径及数量等构造因素组成。目前国内外学者研究和提出的U形钢筋连接接缝强度计算方法包括内力叠加方法、PBL键抗剪类比方法、拉压杆模型计算方法、塑性功模型计算方法等。由于现有研究中试验材料、试件制作工艺、钢筋构造和理论假定的差异,各计算方法均具备各自的适用条件,相互间的印证关系不明确。内力叠加方法计算过程较为简便,但理论基础不明确,缺乏与现有试验研究受力过程与破坏模态的对应关系,PBL键类比模型不能反映U形筋横向对拼间距影响。对于拉压杆理论,在不同接缝构造比例工况下,破坏过程并不总伴随核心斜向混凝土压碎,且斜压柱宽度无法准确拟定。塑性功理论物理意义明确,但其推导过程中刚体位移假定是否适用有待确认。

根据同济大学100余个试件的试验资料和国外的相关试验研究成

果,当U形钢筋与核心混凝土加强钢筋配置不合理时,接缝将发生脆性破坏,其形态表现为:以接缝两侧相邻U形钢筋圆端头之间的斜裂缝为界,发生伴随裂缝张开的沿裂缝滑移,并在U形钢筋未屈服的情况下突然失去承载能力,呈现为剪切摩擦滑移的破坏机理。因此,为了避免出现上述脆性破坏,获得与传统接缝相同的截面承载力和延性,U形钢筋应先发生屈服并使接缝达到塑性破坏状态。

1)破坏形态与受力机理

依据国内外U形钢筋接缝受拉试验研究结果,干湿界面及湿接缝区域保护层开裂后,当接缝的强度由现浇混凝土破坏控制时,接缝核心混凝土均呈现贯穿两侧U形钢筋间隙的折线形剪切破坏,剪切面集料碎裂,核心混凝土内加强钢筋塑性弯曲,见图5.1-10。

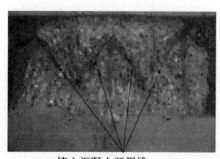 

图5.1-10　湿接缝区混凝土破坏形态

由于U形钢筋及加强钢筋的环箍作用,核心混凝土柱是接缝传力的主要区域。钢筋拉力可视为作用于核心混凝土柱的横向剪力,因此接缝的破坏机理可等效为混凝土梁的剪切破坏。加强钢筋除直接受剪也为开裂后核心混凝土提供销栓作用。核心混凝土潜在剪切破坏面开裂后,粗糙集料面的抗滑移作用使加强钢筋产生拉力,可在混凝土破坏面产生法向压应力而延缓接缝剪切破坏。

上述国内外的试验研究中,均发现核心混凝土破坏裂缝呈贯穿U形筋顶端的折线形,故接缝强度受破坏界面形态控制。接缝的强度与混凝土强度、接缝宽度、钢筋交错搭接长度、加强钢筋数量相关联。

2)U形钢筋交错布置湿接缝计算方法

基于U形钢筋交错布置接缝的破坏形态受力机理分析,剪摩擦理论可用于分析开裂前后混凝土结合面的剪力传递性能。该理论已被欧洲规范 Model Code 2010 及美国规范 ACI 318 采用,用于计算加固工程及装配式建筑中新老混凝土结合面的抗剪承载力计算。剪摩擦理论的原型为修正的摩尔库伦模型,即认为界面抗剪机制由3部分组成:结合面的黏结及集料咬合、穿越界面钢筋的夹压效应、法向压力提供的库仑摩擦力。下面介绍《规范》采用的基于剪摩擦理论的U形筋接缝强度计算方法。

(1)公式推导

对于U形钢筋交错布置接缝,插销钢筋与剪切面斜交时,加强钢筋拉力除提供夹压效应,其沿剪切破坏面分力直接抗剪(图5.1-11),因此加强钢筋沿一个剪切破坏面提供的抗剪分力 F_{VT} 为:

$$F_{VT} = \nu(\mu A_T f_{yT}\cos\alpha + A_T f_{yT}\sin\alpha) \qquad (5.1\text{-}22)$$

式中:μ——混凝土剪摩擦系数;

ν——加强钢筋强度折减系数,取0.7;

α——剪切破坏面与轴向拉力的夹角,取 $\alpha = \arctan[(H-2d_T) \cdot a^{-1}]$。

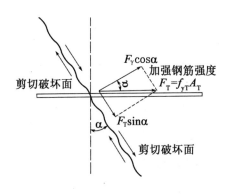

图 5.1-11　剪切破坏面处加强钢筋受力图式

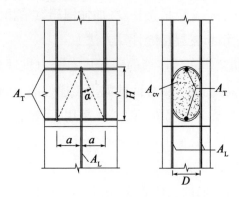

图 5.1-12　接缝强度计算参数

一个剪切破坏面混凝土黏聚力提供的抗剪分力 F_{VC} 为：

$$F_{VC} = cA_v \qquad (5.1\text{-}23)$$

式中：c——混凝土黏聚力；

A_v——核心混凝土剪切破坏面的面积。

对于整体浇筑的核心混凝土，其破坏过程通常为无明显界面滑移的脆性破坏，因此，混凝土黏聚力及库仑摩擦力同时控制破坏面的抗剪强度，一联 U 形筋对应轴向抗拉强度 F 为：

$$\begin{aligned}
F &= (F_{VC} + F_{VT})\cos\alpha \\
&= 2\left[cA_v + \nu A_T f_{yT}(\mu\cos\alpha + \sin\alpha)\right]\cos\alpha \\
&= 2\left[cA_{cv} + \nu A_T f_{yT}(\mu\cos\alpha + \sin\alpha)\cos\alpha\right]
\end{aligned} \qquad (5.1\text{-}24)$$

式中：A_{cv}——核心混凝土剪切破坏面的纵向投影面积。

通常认为混凝土黏聚力及剪摩擦系数主要受破坏界面砂浆性能、集料粗糙度控制。对此 Mattock 等通过对抗压强度 17.2～113.7MPa 范围内混凝土正向、斜向推出试验回归了不同集料粗糙度，浇筑方式混凝土，界面配筋率的 c、μ 值，且被欧洲规范 Model Code 2010、美国规范 ACI 318-14、ASSHTO LRFD 2017 采用，表 5.1-10 为各规范中整体浇筑混凝土的参数，《规范》按 ASSHTO LRFD 取值，且一联 U 形筋对应轴向抗拉强度 F 应满足：

$$F/\cos\alpha = F_{VC} + F_{VT}$$
$$= 2[cA_v + \nu A_T f_{yT}(\mu\cos\alpha + \sin\alpha)] \quad (5.1\text{-}25)$$
$$\leq 2\min[0.25f_c A_v, 6.9A_v]$$

欧美规范中整体浇筑混凝土 c、μ 取值　　　表 5.1-10

规范名称	混凝土界面性状	c(MPa)	μ	界面强度上限值(N)
Model Code 2010	十分粗糙(强度等级小于C60,裸露集料尺寸≥3mm)	2.5~3.5	1.0~1.4	—
ACI 318-14	普通混凝土	2.75	1.4	$\min[0.2f_c A_v, (3.3+0.08f_c)A_v, 11.0A_v]$
	轻集料混凝土	2.06	1.05	$\min[0.2f_c A_v, 5.5A_v]$
ASSHTO LRFD 2017	普通混凝土	2.75	1.4	$\min[0.25f_c A_v, 10.3A_v]$

注:f_c 的单位为 MPa,A_v 的单位为 mm²。

将文献[50]和文献[51]的试验数据与以上公式计算结果对比,见表 5.1-11。

接缝抗拉强度计算理论值与文献接缝试验实测　表 5.1-11
破坏荷载比

数据来源	试件编号	破坏荷载	破坏模态	方法1	方法2	方法3	方法4	方法5
文献[50]	1(A/B)	214.6/191.1	C	1.37/1.54	0.93/1.05	1.16/1.32	0.85/0.93	0.96/1.09
	2(A/B)	206.8/218.7	C	1.33/1.27	0.97/0.92	1.20/1.15	0.90/0.85	0.96/0.91
	3(A/B)	206.9/205.3	C	1.25/1.27	0.97/0.97	1.20/1.22	0.91/0.92	0.93/0.93
	4(A/B)	243.8/230.1	C	1.25/1.32	0.82/0.87	1.09/1.15	1.01/1.06	1.10/1.16
	5(A/B)	252.9/221.8	C	1.14/1.30	0.79/0.90	1.49/1.69	0.99/1.12	1.02/1.16
	6(A/B)	238.8/269.8	C	1.12/1.00	0.84/0.74	1.59/1.41	1.06/0.93	1.04/0.93
	7(A/B)	273.1/248.5	Y	0.97/1.06	0.97/1.06	0.97/1.06	0.97/1.06	0.97/1.06
	8(A/B)	281.0/297.6	C	1.11/1.04	0.71/0.67	1.69/1.59	1.25/1.18	1.41/1.33
	9(A/B)	281.4/285.3	C	1.04/1.03	0.71/0.70	2.38/2.38	1.28/1.27	1.37/1.35

续上表

数据来源	试件编号	破坏荷载	破坏模态	方法1	方法2	方法3	方法4	方法5
文献[50]	10(A/B)	387.1/391.4	C	0.76/0.75	0.54/0.54	1.72/1.69	1.04/1.03	1.04/1.03
	11(A/B)	459.6/419.6	C	0.64/0.70	0.48/0.52	1.18/1.28	0.99/1.09	0.89/0.98
	12(A/B)	509.4/595.3	C	0.57/0.49	0.44/0.38	0.75/0.65	1.02/0.87	0.80/0.68
	13(A/B)	479.5/470.5	C	0.87/0.88	0.44/0.45	1.47/1.49	0.97/0.99	0.93/0.95
	14(A/B)	571.6/550.7	C	1.02/1.06	0.39/0.40	1.23/1.28	1.02/1.06	0.88/0.92
	15(A/B)	597.5/648.4	C	1.54/1.43	0.38/0.35	1.18/1.09	1.18/1.09	1.01/0.93
	平均值			1.07	0.70	1.36	1.03	1.02
	标准差			0.27	0.23	0.38	0.12	0.16
	变异系数			0.25	0.33	0.28	0.11	0.16
文献[51]	2.1A	350.0	C	1.43	0.77	0.86	0.93	0.87
	2.2A	460.0	C	1.15	0.58	1.01	0.95	0.93
	2.3A	533.0	C	0.96	0.50	1.39	0.84	0.79
	2.3B	516.0	C	0.99	0.52	1.43	0.87	0.81
	2.5A	385.0	C	1.25	0.70	0.78	0.89	0.89
	2.6A	356.0	C	1.03	0.69	1.77	0.95	1.02
	2.7A	619.0	C	1.05	0.44	1.20	0.88	0.78
	2.8A	772.0	Y	0.91	0.32	0.96	0.96	0.96
	平均值			1.10	0.57	1.17	0.91	0.88
	标准差			0.16	0.14	0.32	0.04	0.08
	变异系数			0.15	0.25	0.27	0.05	0.09

注:上表中破坏模态"C"为混凝土破坏,"Y"为U形筋断裂。

可见,在不同接缝尺寸构造、加强钢筋配筋率条件下,本文提出的理论模型能较好计算接缝混凝土破坏强度,计算值与实测强度比均值分别为1.02、0.88。由于文献[50]中试件现浇混凝土保护层为7cm,因此各模型理论计算强度均较为保守。

第5章 上部结构设计与计算

（2）设计计算公式

基于U形钢筋交错布置接缝的破坏形态，采用剪切摩擦滑移理论导出计算式，并按我国混凝土和钢筋的材料分项系数进行修正。同时，试验结果也表明，穿过核心混凝土的加强钢筋能提高U形钢筋交错布置接缝的承载力，但其对承载力提高的作用是有上限的，故应防止设计时错误地采用多配置加强钢筋而不加大核心混凝土投影面积的方式去提高计算承载力。

最终，《规范》有关U形钢筋交错布置现浇混凝土接缝的计算规定如下。

5.4.13 当构件采用U形钢筋交错布置现浇混凝土接缝时（图5.4.13），在应满足接缝截面承载力计算要求的同时，还应符合下列规定：

1 U形钢筋屈服条件：

$$f_{\mathrm{su,d}}A_{\mathrm{su}} \leqslant 1.3(cA_{\mathrm{cv}} + 1.4f_{\mathrm{sv,k}}A_{\mathrm{sv}}\cos\alpha) \qquad (5.4.13\text{-}1)$$

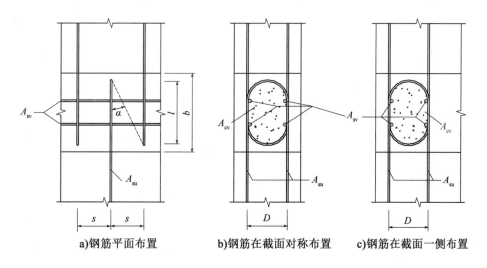

a) 钢筋平面布置　　b) 钢筋在截面对称布置　　c) 钢筋在截面一侧布置

图5.4.13　U形钢筋交错布置现浇混凝土接缝计算参数示意

s-相邻交错U形钢筋的轴线间距；l-相邻U形钢筋的交错搭接长度；b-现浇接缝的宽度；D-U形钢筋双肢轴线的间距

2 U形钢筋所围核心混凝土加强钢筋计算取值条件：

$$A_{sv} \leq \frac{0.25f_{ck}-c}{1.4f_{sv,k}\cos\alpha}A_{cv} \quad (5.4.13\text{-}2)$$

$$A_{sv} \leq \frac{K-c}{1.4f_{sv,k}\cos\alpha}A_{cv} \quad (5.4.13\text{-}3)$$

式中：$f_{su,d}$——U形钢筋的抗拉强度设计值(MPa)；

A_{su}——单个U形钢筋双肢总截面面积(mm^2)；

c——混凝土的黏结强度(MPa)，取2.8MPa；

A_{cv}——U形钢筋交错重叠部分所围核心混凝土投影平面的净面积(mm^2)；

$f_{sv,k}$——核心混凝土加强钢筋的抗拉强度标准值(MPa)，当大于400MPa时取400MPa；

A_{sv}——核心混凝土加强钢筋的截面面积(mm^2)，当实际采用的截面面积超过式(5.4.13-2)和式(5.4.13-3)限值时，则按该限值代入式(5.4.13-1)计算；

α——接缝两侧相邻U形钢筋圆端头连线与U形钢筋轴线的夹角(rad)；

f_{ck}——接缝混凝土的抗压强度标准值(MPa)；

K——混凝土界面的极限剪切强度(MPa)，取10.3MPa。

5.1.8 接缝对截面抗拉性能的影响

在中铁第一勘察设计院集团有限公司主持的原铁道部科技研究开发计划课题《铁路节段预制胶接拼装箱梁成套技术研究》中，进行了接缝对混凝土抗拉强度影响试验。该试验的试件数量共19个，均采用环氧胶结缝。试件接缝两侧的连接界面采用了3种处理方式：彻底处理，即电动砂轮打磨，清除脱模剂和浮浆；中等处理，即电动钢丝刷打磨，清除脱模剂和浮浆；较差处理，手工砂纸打磨，清除脱模剂。试验结果表明，试件都从胶结面混凝土侧拉脱；接缝无集料贯穿，砂浆层强度低于混凝土本体；表面处理方式对抗拉性能影响明显。试验得到的3种界面处理方式对应的试件最小和最大抗拉强度见表5.1-12。

3种界面处理方式对应的试件最小和最大抗拉强度　　　　　　　表5.1-12

界面处理方式	混凝土强度（MPa）	接缝最小强度（MPa）	接缝最大强度（MPa）	接缝最小强度/混凝土强度	接缝最大强度/混凝土强度
彻底		2.33	3.72	0.67	1.06
中等	3.50	2.68	3.25	0.77	0.93
较差		2.20	3.07	0.63	0.88

基于上述试验成果，《规范》取接缝最小强度的平均值与混凝土强度的比作为接缝截面混凝土强度修正系数，取值0.7。

1）正常使用极限状态构件接缝抗裂验算

《规范》规定中的部分预应力混凝土构件，是不开裂且应力受限的A类预应力混凝土构件。在《桥规》已对预制拼装预应力混凝土构件的正截面、斜截面及部分预应力混凝土构件斜截面的抗裂验算提出了明确要求，因此《规范》采用了相应规定。《规范》在A类预应力混凝土构件的正截面抗裂验算中，不等式右侧的容许拉应力折减了30%。《规范》第5.5.8条的规定如下所示。

5.5.8　节段预制拼装预应力混凝土构件的接缝位置应按下列规定进行抗裂验算：

1　接缝截面边缘混凝土的拉应力。

1）全预应力混凝土构件：

$$\sigma_{st} - 0.8\sigma_{pc} \leq 0 \quad (5.5.8\text{-}1)$$

2）配置纵向连续普通钢筋的A类预应力混凝土构件：

$$\sigma_{st} - \sigma_{pc} \leq 0.5f_{tk} \quad (5.5.8\text{-}2)$$

$$\sigma_{lt} - \sigma_{pc} \leq 0 \quad (5.5.8\text{-}3)$$

2 接缝位置混凝土的主拉应力。

1)全预应力混凝土构件:

$$\sigma_{tp} \leqslant 0.4f_{tk} \qquad (5.5.8-4)$$

2)配置纵向连续普通钢筋的 A 类预应力混凝土构件:

$$\sigma_{tp} \leqslant 0.5f_{tk} \qquad (5.5.8-5)$$

式中:σ_{st}——作用频遇组合下接缝截面边缘混凝土的拉应力(MPa);

σ_{pc}——永存预加力作用下接缝截面边缘混凝土的压应力(MPa);

f_{tk}——混凝土轴心抗拉强度标准值,取接缝两侧强度较低者(MPa);

σ_{lt}——作用准永久组合下接缝截面边缘混凝土的拉应力(MPa);

σ_{tp}——预加力和作用频遇组合下接缝位置混凝土的主拉应力(MPa)。

2)施工阶段接缝位置截面拉应力验算

(1)预应力混凝土构件接缝截面拉应力

基于中铁第一勘察设计院集团有限公司的试验成果,《规范》对施工阶段预应力混凝土构件接缝截面容许拉应力,在《桥规》规定值上乘以0.7,见《规范》第5.6.6条。

5.6.6 在施工阶段作用标准值组合下,预应力混凝土构件接缝截面边缘混凝土的最大拉应力应满足下列要求:

1 当受拉区跨接缝体内钢筋的配筋率小于0.2%时,不应出现拉应力。

2 当受拉区跨接缝体内钢筋的配筋率大于0.4%时,应满足式(5.6.6)的要求。

$$\sigma_{ct}^{t} \leqslant 0.80f_{tk}' \qquad (5.6.6)$$

式中:σ_{ct}^{t}——施工阶段接缝截面边缘混凝土的最大拉应力(MPa);

f_{tk}'——施工阶段混凝土的轴心抗压强度标准值(MPa),取接缝两侧强度较低者。

3 当受拉区跨接缝体内钢筋的配筋率在0.2%~0.4%时,σ_{ct}^{t}应不

大于 $0.50f'_{tk}$ 和 $0.80f'_{tk}$ 之间的线性插值。

4 全体外预应力混凝土构件不应出现拉应力。

（2）钢筋混凝土构件接缝位置斜截面主拉应力

同样，基于中铁第一勘察设计院集团有限公司的试验成果，《规范》对施工阶段预应力混凝土构件接缝位置斜截面容许主拉应力，在《桥规》规定值上乘以 0.7，见《规范》第 5.6.7 条。

5.6.7 在施工阶段作用标准值组合下，钢筋混凝土构件中性轴处接缝位置混凝土的主拉应力应满足式（5.6.7）的要求：

$$\sigma_{tp}^t \leqslant 0.70 f'_{tk} \quad (5.6.7)$$

式中：σ_{tp}^t——施工阶段构件中心轴处接缝位置混凝土的主拉应力（MPa）。

5.2 计 算 内 容

装配式桥梁上部结构需进行承载能力极限状态验算和正常使用极限状态验算。承载能力极限状态是指结构达到最大承载能力或出现不适于继续承载的变形或变位的状态，是结构安全性对应的极限状态。正常使用极限状态是结构达到正常使用或耐久性的某项限值的状态，是结构适用性和耐久性对应的极限状态。

5.2.1 构件计算

横向分片预制混凝土梁和节段预制拼装混凝土受弯构件的计算，应符合《桥规》的规定。

5.2.2 接缝计算

节段预制拼装混凝土受弯构件接缝位置应进行持久状况承载能力极限状态计算、持久状况正常使用极限状态计算、持久状况和短暂状况应力计算。接缝区截面计算内容见表 5.2-1。

上部结构节段预制拼装混凝土受压构件的计算，应符合《规范》第 6.3~6.6 节的规定。

接缝区截面计算内容　　　　　　表 5.2-1

	计 算 内 容	《规范》条文
持久状况承载能力极限状态计算	正截面抗弯承载能力	5.4.3、5.4.4、5.4.5
	斜截面抗剪承载能力	5.4.7、5.4.8
	截面抗剪弯承载能力	5.4.9、5.4.10
持久状况正常使用极限状态计算	接缝截面的抗裂计算	5.5.8
	接缝的裂缝宽度计算	5.5.9
持久状况和短暂状况应力计算	使用阶段接缝截面混凝土最大压应力	5.6.3
	使用阶段接缝截面混凝土的最大主压应力	5.6.3
	使用阶段预应力钢筋的最大拉应力	5.6.4
	短暂状况接缝截面边缘混凝土的最大压应力	5.6.5
	短暂状况接缝截面边缘混凝土的最大拉应力	5.6.6
	短暂状况中性轴处接缝位置混凝土的主拉应力	5.6.7

5.2.3　结构刚度与局部承载能力计算

节段预制拼装预应力混凝土受弯构件应参照《桥规》的相关条款对结构进行挠度验算,结构截面刚度应乘以折减系数0.9。

对于采用体外预应力的构件还应对转向块进行局部计算,包括内环钢筋承载力及转向块可能开裂面的抗剪承载力计算。

当构件采用U形钢筋交错布置现浇混凝土接缝时也应对该处进行局部计算。

5.3　计 算 示 例

5.3.1　算例一:U形钢筋交错布置现浇湿接缝计算

1)结构概况

某桥所处环境类别为Ⅱ类,上部结构采用预制T梁,T梁肋间距为2.54m,现浇湿接缝宽度为84cm,厚度为16cm,桥梁横断面如图5.3-1所示。T 梁及湿接缝均采用 C50 混凝土，湿接缝采用 U 形钢筋交错布置，U 形钢筋采用 HRB400，交错布置长度为 500mm，所围核心混凝土加强钢筋采用 6 根直径 12mm 的 HRB400 钢筋，如图 5.3-2、图 5.3-3 所示。根据桥面板承载能力计算结果已知 U 形钢筋直径采用 16mm，布置间距为 100mm。

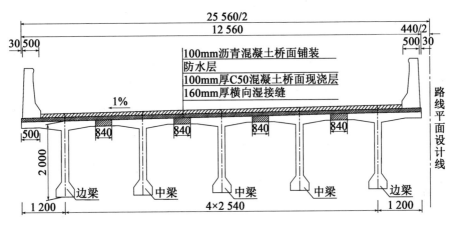

图 5.3-1　桥梁横断面图（尺寸单位：mm）

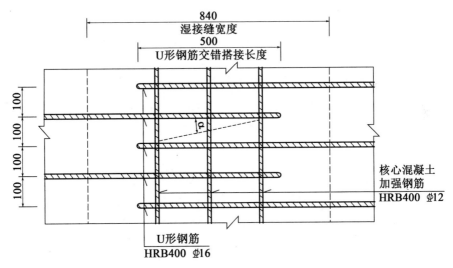

图 5.3-2　湿接缝平面图（尺寸单位：mm）

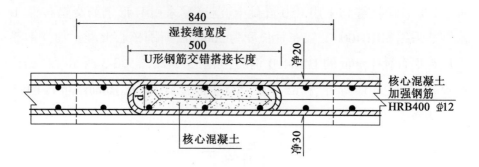

图 5.3-3 湿接缝断面图(尺寸单位:mm)

2)接缝几何参数计算

接缝两侧相邻 U 形钢筋圆端头连线与 U 形钢筋轴线的夹角:

$$\alpha = \arctan\left(\frac{100}{500}\right) = 0.197\,\text{rad}$$

U 形钢筋交错重叠部分所围核心混凝土半圆处直径:

$$d = 160 - 20 - 30 - 2 \times 16 = 78\,\text{mm}$$

故核心混凝土投影平面的净面积:

$$A_{cv} = 3.14 \times \frac{78^2}{4} + (500 - 2 \times 16 - 78) \times 78 = 35\,195.9\,\text{mm}^2$$

3)核心混凝土加强钢筋面积取值

加强钢筋实际截面积 $A_{sv} = 6 \times 113.1 = 678.6\,\text{mm}^2$

根据《规范》5.4.13 条,U 形钢筋所围核心混凝土加强钢筋面积计算取值应满足:

$$A_{sv} \leq \frac{(0.25 f_{ck} - c)}{1.4 f_{sv,k} \cos\alpha} A_{cv}$$

$$A_{sv} \leq \frac{(K - c) A_{cv}}{1.4 f_{sv,k} \cos\alpha}$$

计算时上式中各参数按表 5.3-1 取值。

第5章 上部结构设计与计算

计算式中各参数取值 表5.3-1

参数	数值	单位	备注
$f_{su,d}$	330	MPa	U形钢筋的抗拉强度设计值
A_{su}	402.2	mm²	一个U形钢筋双肢总截面面积
c	2.8	MPa	混凝土的黏结强度
A_{cv}	35 198.4	mm²	U形钢筋交错重叠部分所围核心混凝土投影平面的净面积
$f_{sv,k}$	400	MPa	核心混凝土加强钢筋的抗拉强度标准值
α	0.197	rad	接缝两侧相邻U形钢筋圆端头连线与U形钢筋轴线的夹角
f_{ck}	32.4	MPa	接缝混凝土的抗压强度标准值
K	10.3	MPa	混凝土界面的极限剪切强度

将各参数代入上式中得：

$$\frac{(0.25f_{ck} - c)}{1.4f_{sv,k}\cos\alpha}A_{cv} = \frac{(0.25 \times 32.4 - 2.8)}{1.4 \times 400 \times \cos 0.197} \times 35\,195.9 = 339.7\,mm^2$$

$$\frac{(K - c)A_{cv}}{1.4f_{sv,k}\cos\alpha} = \frac{(10.3 - 2.8) \times 35\,195.9}{1.4 \times 400 \times \cos 0.197} = 480.7\,mm^2$$

$A_{sv} \leq 339.7\,mm^2$ 且 $A_{sv} \leq 480.7\,mm^2$。

核心混凝土加强钢筋实际截面积大于规范要求限值，故取限值 $A_{sv} = 339.7\,mm^2$ 作为计算值。

4) U形钢筋屈服条件验算

根据《规范》5.4.13条U形钢筋屈服条件应满足：

$f_{su,d}A_{su} \leq 1.3(cA_{cv} + 1.4f_{sv,k}A_{sv}\cos\alpha)$

$f_{su,d}A_{su} = 330 \times 402.2 = 132\,726\,N$

$1.3(cA_{cv} + 1.4f_{sv,k}A_{sv}\cos\alpha) = 1.3 \times (2.8 \times 35\,198.4 + 1.4 \times 400 \times 339.7 \times \cos 0.197) = 370\,631.4N$

$132\,726N < 370\,631.6N$

接缝截面满足规范要求。

5.3.2 算例二：4×60m节段拼装连续箱梁计算

1) 构造形式及典型尺寸

某节段拼装连续箱梁桥跨径布置为 4×60m，节段梁采用等高截面，断面形式为单箱单室，本算例取边跨按《规范》相关条文进行计算，边跨箱梁一般构造如图5.3-4所示。

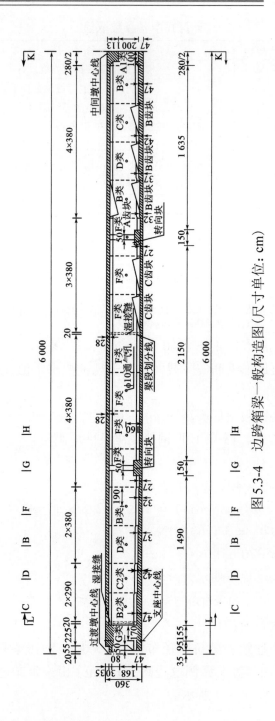

图 5.3-4 边跨箱梁一般构造图（尺寸单位：cm）

节段梁高3.6m,底板宽6.9m,翼缘悬臂长为3.6m,顶板厚为28cm,从墩顶至跨中,底板厚从47cm渐变到27cm,腹板厚从85cm过渡到45cm,典型横断面尺寸如图5.3-5所示。

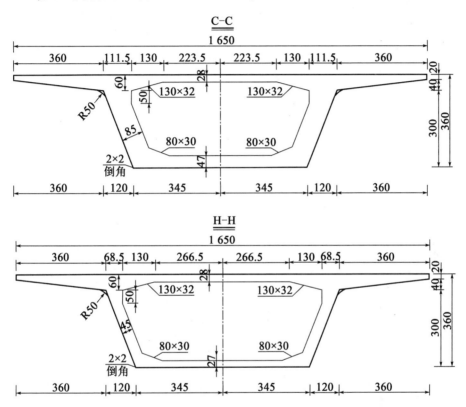

图5.3-5　箱梁支点与跨中处横断面尺寸(尺寸单位:cm)

预应力采用体内、体外预应力钢筋组合。体内预应力钢绞线技术标准符合《预应力混凝土用钢绞线》(GB/T 5224—2014)的规定,标准强度为1 860MPa,直径为15.2mm。锚具采用预应力钢绞线群锚锚具及其配套的设备,管道成孔采用塑料波纹管。体外预应力钢绞线采用填充型低松弛环氧涂层钢绞线,标准强度为1 860MPa,直径为15.2mm。采用与钢绞线配套的专用锚具,转向块处采用分丝管确保体外束束形。体内与体外预应力钢束布置如图5.3-6～图5.3-9所示,工程数量表分别见表5.3-2和表5.3-3。

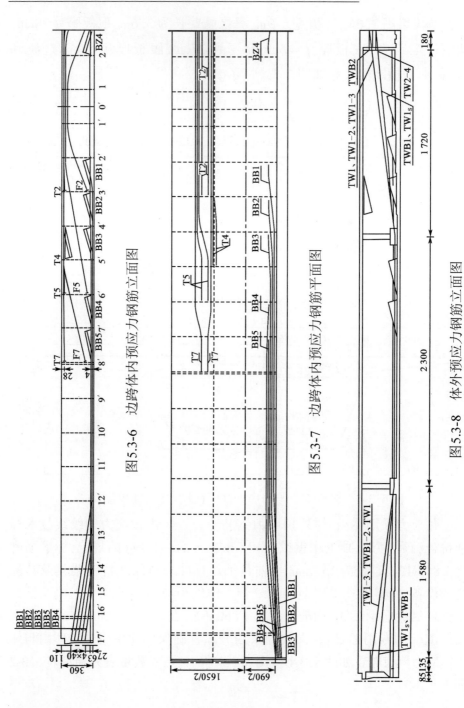

图 5.3-6 边跨体内预应力钢筋立面图

图 5.3-7 边跨体内预应力钢筋平面图

图 5.3-8 体外预应力钢筋立面图

表5.3-2 体内预应力钢束工程数量表

索号		钢束类型	根数	波纹管			钢束			锚具			
				波纹管内径(mm)	管道长(cm)	波纹管共长(m)	计量长度(cm)	非计量长度(cm)	计量质量(kg)	非计量质量(kg)	起始端		终了端	
											类型	套数	类型	套数
顶板束	T2	17φs15.2	4	100	1 900.4	76.02	1 900.4	160.0	1 422.8	119.8	15M-17	4	15M-17	4
	T4	17φs15.2	4	100	3 420.4	136.82	3 420.4	160.0	2 560.8	119.8	15M-17	4	15M-17	4
	T5	17φs15.2	4	100	4 180.4	167.22	4 180.4	160.0	3 129.8	119.8	15M-17	4	15M-17	4
	T7	17φs15.2	4	100	5 700.4	228.02	5 700.4	160.0	4 267.8	119.8	15M-17	4	15M-17	4
腹板束	F2	19φs15.2	2	100	1 951.6	39.03	1 951.6	160.0	816.5	66.9	15M-19	2	15M-19	2
	F5	19φs15.2	2	100	4 235.9	84.72	4 235.9	160.0	1 772.2	66.9	15M-19	2	15M-19	2
	F7	19φs15.2	2	100	5 726.5	114.53	5 726.5	160.0	2 395.9	66.9	15M-19	2	15M-19	2
中跨顶板束	ZT1	12φs15.2	4	90	1 780.5	71.22	1 780.5	160.0	941.0	84.6	15M-12	4	15M-12	4
	ZT2	12φs15.2	4	90	1 011.5	40.46	1 011.5	160.0	534.6	84.6	15M-12	4	15M-12	4
中跨底板束	BZ1	20φs15.2	2	120	1 753.9	35.08	1 753.9	160.0	772.4	70.5	15M-20	2	15M-20	2
	BZ2	20φs15.2	2	120	3 300.9	66.02	3 300.9	160.0	1 453.7	70.5	15M-20	2	15M-20	2
	BZ3	20φs15.2	2	120	4 062.8	81.26	4 062.8	160.0	1 789.3	70.5	15M-20	2	15M-20	2
	BZ4	20φs15.2	2	120	4 824.9	96.50	4 824.9	160.0	2 124.9	70.5	15M-20	2	15M-20	2
边跨底板束	BB1	23φs15.2	2	130	5 324.8	106.50	5 324.8	160.0	2 696.8	81.0	15M-23	2	15M-23	2
	BB2	23φs15.2	2	130	4 937.5	98.75	4 937.5	160.0	2 500.6	81.0	15M-23	2	15M-23	2
	BB3	23φs15.2	2	130	4 168.4	83.37	4 168.4	160.0	2 111.1	81.0	15M-23	2	15M-23	2
	BB4	23φs15.2	2	130	3 789.4	75.79	3 789.4	160.0	1 919.2	81.0	15M-23	2	15M-23	2
	BB5	23φs15.2	2	130	3 412.5	68.25	3 412.5	160.0	1 728.3	81.0	15M-23	2	15M-23	2

表 5.3-3 体外预应力钢束工程数量表

索号		钢束类型	根数	钢束				体外束锚具	
				计量长度 (cm)	非计量长度 (cm)	计量质量 (kg)	非计量质量 (kg)	类型	套数
体外束	TW1	31φs15.2	2	6 125.0	170	4 181.0	116.0	TM15-31	4
	TW1s	31φs15.2	2	6 113.0	170	4 172.9	116.0	TM15-31	4
	TW1-2	31φs15.2	2	12 162.0	170	8 302.0	116.0	TM15-31	4
	TW1-3	31φs15.2	2	18 195.0	170	12 420.3	116.0	TM15-31	4
	TW2s	31φs15.2	2	6 380.4	170	4 355.4	116.0	TM15-31	4
	TW2-4	31φs15.2	2	18 426.7	170	12 578.4	116.0	TM15-31	4
	TW3s	31φs15.2	2	6 380.4	170	4 355.4	116.0	TM15-31	4
	TW3-5	31φs15.2	2	18 185.0	170	12 413.4	116.0	TM15-31	4
	TW4s	31φs15.2	2	6 380.4	170	4 355.4	116.0	TM15-31	4
	TW4-6	31φs15.2	2	12 134.1	170	8 283.0	116.0	TM15-31	4
	TW5	31φs15.2	2	6 119.0	170	4 177.0	116.0	TM15-31	4
	TW5s	27φs15.2	2	6 112.8	170	4 172.7	116.0	TM15-31	4
备用体外束	TWB1	31φs15.2	2	6 113.7	170	—	—	TM15-31	4
	TWB2	31φs15.2	2	6 386.5	170	—	—	TM15-31	4
	TWB3	31φs15.2	2	6 386.5	170	—	—	TM15-31	4
	TWB4	31φs15.2	2	6 386.5	170	—	—	TM15-31	4
	TWB5	31φs15.2	2	6 119.2	170	—	—	TM15-31	4

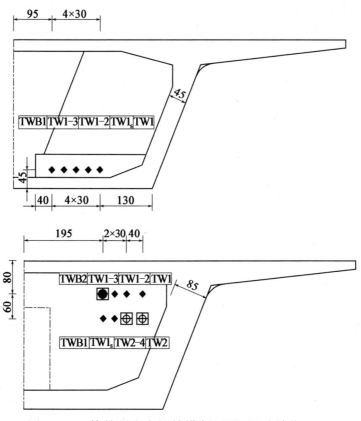

图 5.3-9　体外预应力钢筋横断面图(尺寸单位:cm)

2)设计资料

(1)主要技术指标

①公路等级:高速公路。

②设计速度:100km/h。

③行车道数:双向六车道。

④设计使用寿命:100 年。

⑤桥面宽度:2×16.5m。

⑥设计荷载:公路—Ⅰ级。

⑦设计温度:整体升温+25℃,整体降温-20℃,梯度温度按规范取值。

(2)材料参数(表5.3-4~表5.3-6)

①混凝土强度等级:C55。

混凝土材料参数　　　　　表5.3-4

强度等级	f_{ck}(MPa)	f_{tk}(MPa)	f_{cd}(MPa)	f_{td}(MPa)	E_c(MPa)
C55	35.5	2.74	24.4	1.89	3.55×10^4

②普通钢筋:HRB400。

普通钢筋材料参数　　　　　表5.3-5

钢筋种类	f_{sd}(MPa)	f'_{sd}(MPa)	E_s(MPa)
HRB400	330	330	2.00×10^5

③预应力钢筋。

标准强度:1 860MPa。

直径:15.2mm。

弹性模量:1.95×10^5 MPa。

预应力钢筋材料参数　　　　　表5.3-6

钢筋种类	f_{pk}(MPa)	f_{pd}(MPa)	f'_{pd}(MPa)	E_s(MPa)
钢绞线	1 860	1 260	390	1.95×10^5

(3)荷载

①永久作用。

a.自重。

C55钢筋混凝土重力密度:26kN/m³。

b.二期恒载。

二期恒载主要考虑桥面铺装、护栏等附属构件的重力荷载。

c.混凝土收缩、徐变作用。

②可变作用。

a.汽车荷载。

b.汽车冲击力。

c.均匀温度。

整体升温+25℃,整体降温-20℃。

d. 温度梯度(表 5.3-7)。

温 度 梯 度 取 值　　　　表 5.3-7

结构类型	T_1(℃)	T_2(℃)
100mm 沥青混凝土铺装层	14	5.5

3)结构效应分析

(1)基本组合作用效应

最不利基本组合下各接缝截面的弯矩(M_d)及剪力(V_d)设计值见表 5.3-8。

基本组合下 M_d、V_d　　　　表 5.3-8

接缝截面	15'	14'	13'	12'	11'	10'	9'
M_d(N·mm)	6.39×10^{10}	9.55×10^{10}	1.29×10^{11}	1.55×10^{11}	1.72×10^{11}	1.82×10^{11}	1.84×10^{11}
V_d(N)	-1.21×10^7	-8.30×10^6	-8.30×10^6	-6.32×10^6	-4.44×10^6	-2.57×10^6	1.70×10^6
接缝截面	7'	6'	5'	4'	3'	2'	1'
M_d(N·mm)	1.65×10^{11}	1.44×10^{11}	1.16×10^{11}	8.09×10^{10}	3.90×10^{10}	-3.42×10^{10}	-9.34×10^{10}
V_d(N)	5.53×10^6	7.41×10^6	9.28×10^6	1.12×10^7	1.33×10^7	1.55×10^7	1.77×10^7

(2)频遇组合作用效应

最不利作用频遇组合下各接缝位置的顶、底板边缘混凝土的应力见表 5.3-9。其中正值代表拉应力,负值代表压应力。

频遇组合下混凝土边缘应力　　　　表 5.3-9

接缝截面		15'	14'	13'	12'	11'	10'	9'
σ_{st}(MPa)顶板	I	-0.3	-1.2	-2.2	-2.7	-2.9	-2.9	-2.5
	J	-0.3	-1.2	-2.1	-2.7	-2.9	-2.9	-2.5
σ_{st}(MPa)底板	I	3.7	5.5	7.8	9.2	9.8	9.7	9.1
	J	3.4	5.1	7.1	8.9	9.8	9.7	9.1
接缝截面		7'	6'	5'	4'	3'	2'	1'
σ_{st}(MPa)顶板	I	-0.7	0.7	2.3	4.2	6.3	8.8	9.4
	J	-0.6	0.7	2.3	4.3	6.4	8.9	11.6
σ_{st}(MPa)底板	I	6.1	3.6	0.6	-2.7	-5.9	-9.2	-9.7
	J	6.1	3.6	0.6	-2.9	-6.4	-9.8	-13.3

最不利作用频遇组合下各接缝位置混凝土的主拉应力(σ_{tp})见表 5.3-10。

频遇组合作用下各接缝截面主拉应力 　　　表 5.3-10

截面		15′	14′	13′	12′	11′	10′	9′
σ_{tp}（MPa）	I	0.004	0.004	0.004	0.003	0.133	0.029	0.025
	J	0.006	0.016	0.024	0.034	0.133	0.029	0.025
截面		7′	6′	5′	4′	3′	2′	1′
σ_{tp}（MPa）	I	0.041	0.185	0.043	0.019	0.009	0.198	0.148
	J	0.032	0.153	0.003	0.01	0.079	0.053	0.758

(3)标准值组合

最不利作用标准值组合下各接缝位置混凝土的最大压应力(σ_{cc})和最大主压应力(σ_{cp})见表 5.3-11。

标准值组合作用下各接缝位置混凝土应力 　　　表 5.3-11

接缝截面		15′	14′	13′	12′	11′	10′	9′
σ_{cc}（MPa）	I	-7.9	-8.2	-8.5	-9.3	-9.1	-9.5	-9.6
	J	-7.8	-8.1	-8.3	-8.9	-9.1	-9.5	-9.6
σ_{cp}（MPa）	I	-7.9	-8.2	-8.5	-9.3	-9.1	-9.5	-9.6
	J	-7.8	-8.1	-8.3	-8.9	-9.1	-9.5	-9.6
接缝截面		7′	6′	5′	4′	3′	2′	1′
σ_{cc}（MPa）	I	-10.9	-12	-12.7	-12.8	-13.4	-13	-9.6
	J	-10.9	-10.5	-11.8	-12.9	-12.4	-13.2	-11.8
σ_{cp}（MPa）	I	-10.9	-12	-12.7	-12.8	-13.4	-13	-9.6
	J	-10.9	-10.5	-11.8	-12.9	-12.4	-13.2	-11.8

(4)预应力作用效应

永存预加力作用下接缝截面边缘混凝土的压应力(σ_{pc})见表 5.3-12。

永存预加力作用下边缘混凝土压应力　　表5.3-12

接缝截面		15′	14′	13′	12′	11′	10′	9′
σ_{pc}(MPa) 顶板	I	-2.2	-1.3	-0.2	0.4	0.4	0	-0.4
	J	-2.1	-1.2	-0.2	0.6	0.4	0	-0.4
σ_{pc}(MPa) 底板	I	-9.4	-11.9	-15.1	-17.2	-17.3	-16.7	-16.1
	J	-8.7	-10.9	-13.6	-16.4	-17.3	-16.7	-16.1
接缝截面		7′	6′	5′	4′	3′	2′	1′
σ_{pc}(MPa) 顶板	I	-3.3	-5.9	-8.2	-10.2	-13.1	-15	-11.9
	J	-3.4	-4.3	-7.4	-10.5	-12.1	-15.3	-16.5
σ_{pc}(MPa) 底板	I	-13.2	-11	-8.1	-2	1.8	6.4	7.4
	J	-14.7	-11.5	-8.3	-4.1	1	5.3	8.6

4)承载能力极限状态验算

(1)抗弯承载能力验算

以第一跨跨中截面9′截面验算为例,验算截面内力情况如下:

$M_d = 1.84 \times 10^{11} \text{N} \cdot \text{mm}$

$V_d = 1.70 \times 10^{6} \text{N}$

跨中接缝面受压区体内预应力钢筋信息见表5.3-13。

跨中接缝面体外预应力钢筋信息见表5.3-14。

跨中接缝面受拉区体内预应力钢筋　　表5.3-13

索　号	f_{pd}(MPa)	$A_{p,i}$(mm²)	根　数
BB1	1 260	3 197	2
BB2	1 260	3 197	2
BB3	1 260	3 197	2
BB4	1 260	3 197	2
BB5	1 260	3 197	2

跨中接缝截面体外预应力钢筋　　　　表 5.3-14

索　号	$\sigma_{pe,e}$(MPa)	$A_{p,e}$(mm²)	$h_{p,e}$(mm)	根　数
TW1-3	1 114.11	4 309	3 150	2
TW1-2	1 112.87	4 309	3 150	2
TW1s	1 124.3	4 309	3 150	2
TW1	1 075.36	4 309	3 150	2

根据《规范》5.4.4条：

$$\omega = \frac{f_{sd}A_s + f_{pd,i}A_{p,i}}{f_{sd}A_s + f_{pd,i}A_{p,i} + \sigma_{pe,e}A_{p,e}} = 0.51$$

$$\Delta\sigma_{pu,e} = (80\omega + 85)\left(2.25 - 22\frac{h_{p,e}}{L}\right)$$

$$\sigma_{pd,e} = \sigma_{pe,e} + k_{sc}\Delta\sigma_{pu,e}\frac{L_1}{L_2}$$

$$\sigma_{pe,e} \leq \sigma_{pd,e} \leq 0.9 f_{pd,e}$$

跨中接缝面体外预应力钢筋极限应力设计值计算结果见表5.3-15。

跨中接缝截面体外预应力钢筋极限应力计算结果　表 5.3-15

索号	L_1(mm)	L_2(mm)	$\Delta\sigma_{pu,e}$(MPa)	$\sigma_{pd,e}$(MPa)	根数
TW1-3	58 700	180 000	134.841	1 134	2
TW1-2	58 700	120 000	134.841	1 134	2
TW1s	58 700	60 000	134.841	1 134	2
TW1	58 700	60 000	134.841	1 134	2

根据《规范》5.4.5条：

体外预应力钢筋合力点至截面受压区边缘的极限距离按下式计算：

$$h_{pu,e} = \eta_s h_{p,e}$$

对于连续受弯构件，η_s取0.95。

计算得到受拉区预应力钢筋合力点至受压区边缘的距离 $h_0 = 3\,229.76$ mm。

构件为采用纵向体外预应力钢筋的 T 形截面受弯构件,翼缘位于受压区。受压翼缘厚度 $h'_f = 280\text{mm}$。受压翼缘有效宽度 $b'_f = 16\,500\text{mm}$。混凝土轴心抗压强度设计值 $f_{cd} = 24.4\text{MPa}$。接缝截面无跨缝连续受拉/压钢筋。

根据《桥规》式(5.2.5-2):

$f_{sd}A_s + f_{pd}A_p + \sigma_{pd,e}A_{ex} = 7.94 \times 10^7 \text{N}$

$f_{cd}b'_f h'_f + f'_{sd}A'_s + (f'_{pd} - \sigma'_{p0})A'_p = 1.13 \times 10^8 \text{N}$

$f_{sd}A_s + f_{pd}A_p + \sigma_{pd,e}A_{ex} \leqslant f_{cd}b'_f h'_f + f'_{sd}A'_s + (f'_{pd} - \sigma'_{p0})A'_p$

$f_{sd}A_s + f_{pd}A_p + \sigma_{pd,e}A_{ex} = f_{cd}b'_f x + f'_{sd}A'_s + (f'_{pd} - \sigma'_{p0})A'_p$

解得: $x = 197.15\text{mm}$

$$M_{ud} = f_{cd}b'_f x \left(h_0 - \frac{x}{2}\right) + f'_{sd}A'_s(h_0 - a'_s) + (f'_{pd} - \sigma'_{p0})A'_p(h_0 - a'_p)$$
$$= 2.49 \times 10^{11} \text{MPa}$$

$\gamma_0 M_d = 2.02 \times 10^{11} \text{N} \cdot \text{mm}$

$\phi_f M_{ud} = 2.36 \times 10^{11} \text{N} \cdot \text{mm}$

$\gamma_0 M_d < \phi_f M_{ud}$,满足要求。

(2)抗剪承载力验算

以第一跨中墩墩顶处接缝截面 1′为例,验算截面内力情况如下:

$M_d = -9.34 \times 10^{10} \text{N} \cdot \text{mm}$

$V_d = 1.77 \times 10^7 \text{N}$

截面腹板厚度: $b_t = 2 \times 850 = 1\,700\text{mm}$

腹板净高度: $h_w = 3\,600 - 470 - 280 = 2\,850\text{mm}$

根据《规范》5.4.7 条:

$$\alpha_s = \left(\frac{b_t}{h_w}\right)^{0.14} = 0.93$$

$V_{pe} = 0.95(\sigma_{pe,i}A_{pb,i}\sin\theta_i + \sigma_{pe,e}A_{pb,e}\sin\theta_e) = 4.07 \times 10^6 \text{N}$

中墩墩顶接缝截面受拉区体内预应力钢筋参数见表5.3-16。

中墩墩顶接缝截面受拉区体内预应力钢筋　　　表5.3-16

索　号	$\sigma_{pe,i}$（MPa）	A_{pi}（mm²）	$\sin\theta_i$（rad）	根　数
T2	1 144.69	2 363	0	4
T4	1 148.94	2 363	0	4
T5	1 125.82	2 363	0	4
T7	1 175.3	2 363	0	4
F2	1 061.43	2 641	0	2
F5	1 104.39	2 641	0	2
F7	1 140.74	2 641	0	2

中墩墩顶接缝截面体外预应力钢筋参数见表5.3-17。

中墩墩顶接缝截面体外预应力钢筋　　　表5.3-17

索　号	$\sigma_{pe,e}$（MPa）	$A_{pb,e}$（mm²）	$\sin\theta_e$（rad）	根　数
TW1-3	1 076.19	4 309	0.122 789	2
TW1-2	1 074.14	4 309	0.122 789	2
TW1	1 082.01	4 309	0.122 789	2
TW1s	1 091.32	4 309	0.091 740 8	2

构件腹部有跨接缝体内预应力钢筋，$\phi_s = 0.90$；混凝土轴心抗压强度设计值 $f_{cd} = 24.4\text{MPa}$；腹板有效宽度 $b_e = 1\,700\text{mm}$；截面抗剪有效高度 $h_e = 3\,552\text{mm}$。

$$\overline{V_{ud}} = 0.23\,\alpha_s\,\phi_s\,f_{cd}\,b_e\,h_e + V_{pe} = 3.24 \times 10^7\,\text{N}$$

$$\gamma_0\,V_d = 1.95 \times 10^7\,\text{N}$$

$$\gamma_0\,V_d < \overline{V_{ud}}$$

满足要求。

根据《规范》5.4.8 条:

腹板垂直于构件弯曲平面的宽度 $b = 1\,700\text{mm}$;截面受压区翼板厚度 $h'_\text{f} = 470\text{mm}$。

$$\phi = \frac{b h_\text{e} + 2 h'^2_\text{f}}{b h_\text{e}} = 1.07$$

$$P = 100\,\frac{A_\text{s} + A_{\text{p,i}} + A_{\text{pb,i}} + A_{\text{p,e}} + A_{\text{pb,e}}}{b h_\text{e}} = 1.46$$

$$m = \frac{M_\text{d}}{h_\text{e} V_\text{d}} = 1.48$$

$m < 1.5$,m 取 1.5。

$$V_{\text{pb,d}} = 0.95(0.8 f_{\text{pd,i}} A_{\text{pb,i}} \sin\theta_\text{i} + \sigma_{\text{pd,e}} A_{\text{pb,e}} \sin\theta_\text{e}) = 4.07 \times 10^6 \text{N}$$

$$C = 0.6 m h_\text{e} = 3\,196.80\text{mm}$$

对于连续受弯构件的近中支点区段,$\alpha_1 = 0.9$;构件采用体内与体外混合配筋,$\lambda = 1.1$;混凝土立方体抗压强度标准值 $f_{\text{cu,k}} = 55\text{MPa}$;斜截面范围内的箍筋间距 $s_\text{v} = 152\text{mm}$;箍筋抗拉强度标准值 $f_{\text{sv,d}} = 330\text{MPa}$;同一截面箍筋各肢截面面积之和 $A_{\text{sv}} = 3\,041.06\text{mm}^2$。

$$0.35\,\alpha_1 \lambda \phi (0.11 + P) \frac{\sqrt{f_{\text{cu,k}}}}{m} b_\text{t} h_\text{e} + 0.45\frac{C}{s_\text{v}} f_{\text{sv,d}} A_{\text{sv}} + V_{\text{pb,d}} = 3.10 \times 10^7 \text{N}$$

$\gamma_0 V_\text{d} < 0.35\,\alpha_1 \lambda \phi (0.11 + P) \frac{\sqrt{f_{\text{cu,k}}}}{m} b_\text{t} h_\text{e} + 0.45\frac{C}{s_\text{v}} f_{\text{sv,d}} A_{\text{sv}} + V_{\text{pb,d}}$,满足要求。

(3)抗剪弯承载力验算

在跨中距离支点约 1/3 跨径处需要进行抗剪弯承载力验算。以截面 5′为例,验算截面内力情况如下:

$V_\text{d} = 9.28 \times 10^6 \text{N}$

$M_\text{d} = 1.16 \times 10^{11} \text{N} \cdot \text{mm}$

剪弯验算截面受拉区体内预应力钢筋信息见表 5.3-18。

剪弯验算截面受拉区体内预应力钢筋　　　表 5.3-18

索　号	$f_{\mathrm{pd,i}}$(MPa)	$A_{\mathrm{p,i}}$(mm²)	θ(rad)	$h_{\mathrm{p,i}}$(mm)	根　数
BB1	1 260	3 197	0	3 460	2
BB2	1 260	3 197	0	3 460	2
BB3	1 260	3 197	0	3 460	2
F5	1 260	2 641	0.175 03	2 204	2

剪弯验算截面体外预应力钢筋信息见表 5.3-19。

剪弯验算截面体外预应力钢筋　　　表 5.3-19

索　号	$\sigma_{\mathrm{pd,e}}$(MPa)	$A_{\mathrm{p,e}}$(mm²)	θ(rad)	$h_{\mathrm{pu,e}}$(mm)	根　数
TW1	1 075.36	4 309	0.135 83	2 681.65	2
TW1-2	1 112.87	4 309	0.135 83	2 681.65	2
TW1-3	1 114.11	4 309	0.135 83	2 681.65	2
TW1s	1 124.3	4 309	0.10 143	2 761.01	2

受弯构件纵向连续普通钢筋和预应力钢筋的合力设计值在接缝截面法向的分力 $N_{\mathrm{spd,f}}$(N)按下式计算：

$$N_{\mathrm{spd,f}} = f_{\mathrm{sd}} A_{\mathrm{s}} + f_{\mathrm{pd,i}}(A_{\mathrm{p,i}} + 0.8 A_{\mathrm{pb,i}}\cos\theta_{\mathrm{i}}) + \sigma_{\mathrm{pd,e}}(A_{\mathrm{p,e}} + A_{\mathrm{pb,e}}\cos\theta_{\mathrm{e}}) - f'_{\mathrm{sd}} A'_{\mathrm{s}} - (f'_{\mathrm{pd,i}} - \sigma'_{\mathrm{p0,i}}) A'_{\mathrm{p,i}}$$

接缝截面无跨缝连续受拉/压钢筋。

$$N_{\mathrm{spd,f}} = 6.72 \times 10^{7}\mathrm{N}$$

弯起预应力钢筋拉力设计值在接缝面切向的分力 V_{pd}(N)按下式计算：

$$V_{\mathrm{pd}} = 0.95(0.8 f_{\mathrm{pd,i}} A_{\mathrm{pb,i}}\sin\theta_{\mathrm{i}} + \sigma_{\mathrm{pd,e}} A_{\mathrm{pb,e}}\sin\theta_{\mathrm{e}}) = 5.47 \times 10^{6}\mathrm{N}$$

混凝土轴心抗压强度设计值 $f_{\mathrm{cd}} = 24.4\mathrm{MPa}$，受压翼缘有效宽度 $b'_{\mathrm{f}} = 16 500\mathrm{mm}$。接缝为设剪力键的环氧胶接缝，接缝对混凝土抗剪强度的折减系数 $\phi_{\mathrm{j}} = 0.85$；抗弯承载力折减系数 $\phi_{\mathrm{f}} = 0.95$；腹板垂直于构件弯曲平面的宽度 $b = 900\mathrm{mm}$；受压翼板加腋宽度 $b'_{\mathrm{h}} = 2 500\mathrm{mm}$。

$$b'_{\mathrm{f,s}} = b + 2 b'_{\mathrm{h}} = 5 900\mathrm{mm}$$

由于接缝截面抗剪弯承载力计算公式之间是非线性关联的，需采用数学迭代计算方法或采用计算机软件直接求解方程组,较为烦琐,为节省计算工作量,本指南5.1.5节介绍了一种将混凝土剪-压复合强度准则曲线用分段割线替换偏安全的简化计算方法。此处分别采用数学迭代方法、分段割线简化方法对截面进行抗剪弯计算,以便读者理解与应用。

①采用数学迭代计算。

假定截面为矩形截面,进行试算。

$$x_{\min} = \frac{N_{\mathrm{spd,f}}}{f_{\mathrm{cd}} b'_{\mathrm{f}}} = 167.04\mathrm{mm}$$

$x_{\min} < 280\mathrm{mm}$。

联立下式求解 τ_{c}、σ_{c}、x。

$$N_{\mathrm{spd,f}} = \sigma_{\mathrm{c}} b'_{\mathrm{f}} x$$

$$\frac{\tau_{\mathrm{c}}}{f_{\mathrm{cd}}} = \phi_{\mathrm{j}} \sqrt{0.009 + 0.095 \frac{\sigma_{\mathrm{c}}}{f_{\mathrm{cd}}} - 0.104 \left(\frac{\sigma_{\mathrm{c}}}{f_{\mathrm{cd}}}\right)^2}$$

$$\frac{V_{\mathrm{d}}}{M_{\mathrm{d}}} = \frac{0.95 \tau_{\mathrm{c}} b'_{\mathrm{f,s}} x + V_{\mathrm{pd}}}{\phi_{\mathrm{f}} \left[\sigma_{\mathrm{c}} b'_{\mathrm{f}} x \left(h_0 - \frac{x}{2}\right) - N_{\mathrm{spd,f}} (h_0 - h_{\mathrm{spd,f}})\right]}$$

通过迭代求解得:

$$\begin{cases} \tau_{\mathrm{c}} = 3.62\mathrm{MPa} \\ \sigma_{\mathrm{c}} = 9.81\mathrm{MPa} \\ x = 415.52\mathrm{mm} \end{cases}$$

$x > 280\mathrm{mm}$,按T形截面计算。

当剪弯比符合下列条件之一时,可不进行抗剪弯承载力计算:

$$\frac{V_{\mathrm{d}}}{M_{\mathrm{d}}} \leqslant \frac{V_{\mathrm{pd}}}{\phi_{\mathrm{f}} N_{\mathrm{spd,f}} (h_{\mathrm{spd,f}} - a_{\min})}$$

$$\frac{V_{\mathrm{d}}}{M_{\mathrm{d}}} \geqslant \frac{0.17 \phi_{\mathrm{j}} f_{\mathrm{cd}} [b h_{\mathrm{e}} + (b'_{\mathrm{f,s}} - b)] + V_{\mathrm{pd}}}{\phi_{\mathrm{f}} N_{\mathrm{spd,f}} \left(h_{\mathrm{spd,f}} - \frac{h_{\mathrm{e}}}{2}\right)}$$

其中T形截面剪压区最小时压力合力作用点至截面受压边缘的距离为 $a_{\min}$。

$$a_{\min} = \frac{N_{\mathrm{spd,f}}}{2bf_{\mathrm{cd}}} + h'_{\mathrm{f}}\frac{b'_{\mathrm{f}} - b}{b}\left(\frac{b'_{\mathrm{f}}h'_{\mathrm{f}}f_{\mathrm{cd}}}{2N_{\mathrm{spd,f}}} - 1\right) = 745.60\mathrm{mm}$$

$$\frac{V_{\mathrm{d}}}{M_{\mathrm{d}}} = 7.97 \times 10^{-5}\mathrm{mm}^{-1}$$

$$\frac{V_{\mathrm{pd}}}{\phi_{\mathrm{f}} N_{\mathrm{spd,f}}(h_{\mathrm{spd,f}} - a_{\min})} = 3.91 \times 10^{-5}\mathrm{mm}^{-1}$$

$$\frac{0.17\phi_{\mathrm{j}}f_{\mathrm{cd}}[bh_{\mathrm{e}} + (b'_{\mathrm{f,s}} - b)] + V_{\mathrm{pd}}}{\phi_{\mathrm{f}} N_{\mathrm{spd,f}}\left(h_{\mathrm{spd,f}} - \frac{h_{\mathrm{e}}}{2}\right)} = 2.26 \times 10^{-4}\mathrm{mm}^{-1}$$

需要进行抗剪弯承载力计算。

联立下式求解 τ_{c}、σ_{c}、x。

$$N_{\mathrm{spd,f}} = \sigma_{\mathrm{c}}[bx + (b'_{\mathrm{f}} - b)h'_{\mathrm{f}}]$$

$$\frac{\tau_{\mathrm{c}}}{f_{\mathrm{cd}}} = \phi_{\mathrm{j}}\sqrt{0.009 + 0.095\frac{\sigma_{\mathrm{c}}}{f_{\mathrm{cd}}} - 0.104\left(\frac{\sigma_{\mathrm{c}}}{f_{\mathrm{cd}}}\right)^2}$$

$$\frac{V_{\mathrm{d}}}{M_{\mathrm{d}}} = \frac{0.95\tau_{\mathrm{c}}[bx + (b'_{\mathrm{f,s}} - b)h'_{\mathrm{f}}] + V_{\mathrm{pd}}}{\phi_{\mathrm{f}}\left\{\sigma_{\mathrm{c}}\left[bx\left(h_0 - \frac{x}{2}\right) + (b'_{\mathrm{f}} - b)h'_{\mathrm{f}}\left(h_0 - \frac{h'_{\mathrm{f}}}{2}\right)\right] - N_{\mathrm{spd,f}}(h_0 - h_{\mathrm{spd,f}})\right\}}$$

其中截面受拉区纵向连续普通钢筋和体内预应力钢筋的合力点至受压区边缘的距离 $h_0 = 3192\mathrm{mm}$。

通过迭代求解得：

$$\begin{cases} \tau_{\mathrm{c}} = 3.62\mathrm{MPa} \\ \sigma_{\mathrm{c}} = 12.46\mathrm{MPa} \\ x = 1143.87\mathrm{mm} \end{cases}$$

抗剪承载力应满足下列公式要求：

$$\gamma_0 V_{\mathrm{d}} \leq 0.95\tau_{\mathrm{c}}[bx + (b'_{\mathrm{f,s}} - b)h'_{\mathrm{h}}] + V_{\mathrm{pd}}$$

$$\gamma_0 M_d \leqslant \phi_f \left\{ \sigma_c \left[bx \left(h_0 - \frac{x}{2} \right) + (b'_f - b) h'_f \left(h_0 - \frac{h'_f}{2} \right) \right] - N_{spd,f} (h_0 - h_{spd,f}) \right\}$$

$$\gamma_0 V_d = 1.02 \times 10^7 \text{N}$$

$$0.95 \tau_c [bx + (b'_{f,s} - b) h'_f] + V_{pd} = 1.38 \times 10^7 \text{N}$$

满足要求。

$$\gamma_0 M_d = 1.28 \times 10^{11} \text{N} \cdot \text{mm}$$

$$\phi_f \left\{ \sigma_c \left[bx \left(h_0 - \frac{x}{2} \right) + (b'_f - b) h'_f \left(h_0 - \frac{h'_f}{2} \right) \right] - N_{spd,f} (h_0 - h_{spd,f}) \right\} =$$

$$1.73 \times 10^{11} \text{N} \cdot \text{mm}$$

满足要求。

②采用剪-压复合强度分段割线简化计算。

假定截面为矩形截面,进行试算。

取 $i = 2$,根据本指南表 5.1-9,取 $a_i = 0.067, b_i = 0.141$。

$$x = \frac{\phi_f h_0 N_{spd,f} V_d - M_d \left(0.95 \phi_j a_i N_{spd,f} \frac{b'_{f,s}}{b'_f} + V_{pd} \right) - \phi_f N_{spd,f} V_d (h_0 - h_{spd,f})}{0.95 \phi_j f_{cd} b'_f b_i M_d + \phi_f N_{spd,f} \frac{V_d}{2}}$$

$$= 431.77 \text{mm}$$

此时 $\frac{\sigma_c}{f_{cd}} = \frac{N_{spd,f}}{f_{cd} b'_f x} = 0.39$,处于 $i = 2$ 的适用区间 $[0.2, 0.5]$,所得的解有效。

因 $x > 280 \text{mm}$,故按 T 形截面计算。

当剪弯比符合下列条件之一时,可不进行抗剪弯承载力计算:

$$\frac{V_d}{M_d} \leqslant \frac{V_{pd}}{\phi_f N_{spd,f} (h_{spd,f} - a_{\min})}$$

$$\frac{V_d}{M_d} \geqslant \frac{0.17 \phi_j f_{cd} [b h_e + (b'_{f,s} - b)] + V_{pd}}{\phi_f N_{spd,f} \left(h_{spd,f} - \frac{h_e}{2} \right)}$$

其中 T 形截面剪压区最小时压力合力作用点至截面受压边缘的距离为 $a_{\min}$。

$$a_{\min} = \frac{N_{\mathrm{spd,f}}}{2bf_{\mathrm{cd}}} + h'_{\mathrm{f}}\frac{b'_{\mathrm{f}}-b}{b}\left(\frac{b'_{\mathrm{f}}h'_{\mathrm{f}}f_{\mathrm{cd}}}{2N_{\mathrm{spd,f}}} - 1\right) = 745.60\mathrm{mm}$$

$$\frac{V_{\mathrm{d}}}{M_{\mathrm{d}}} = 7.97 \times 10^{-5}\mathrm{mm}^{-1}$$

$$\frac{V_{\mathrm{pd}}}{\phi_{\mathrm{f}}N_{\mathrm{spd,f}}(h_{\mathrm{spd,f}} - a_{\min})} = 3.91 \times 10^{-5}\mathrm{mm}^{-1}$$

$$\frac{0.17\phi_{\mathrm{j}}f_{\mathrm{cd}}[bh_{\mathrm{e}} + (b'_{\mathrm{f,s}} - b)] + V_{\mathrm{pd}}}{\phi_{\mathrm{f}}N_{\mathrm{spd,f}}\left(h_{\mathrm{spd,f}} - \dfrac{h_{\mathrm{e}}}{2}\right)} = 2.26 \times 10^{-4}\mathrm{mm}^{-1}$$

需要进行抗剪弯承载力计算。

取 $i=2$，根据本指南表 5.1-9，取 $a_i = 0.067$, $b_i = 0.141$。

剪压区高度 x 可按下式计算：

$$Ax^2 + Bx + C = 0$$

其中，

$A_i = 0.95\phi_{\mathrm{j}}a_i M_{\mathrm{d}}N_{\mathrm{spd,f}} = 4.23 \times 10^{17}$

$C_i = 0.95\phi_{\mathrm{j}}b_i f_{\mathrm{cd}}M_{\mathrm{d}} = 3.23 \times 10^{11}$

$A = b(bC_i + 0.5\phi_{\mathrm{f}}N_{\mathrm{spd,f}}V_{\mathrm{d}}) = 2.67 \times 10^{17}$

$B = b[A_i + C_i h'_{\mathrm{f}}(b'_{\mathrm{f}} - b) + C_i h'_{\mathrm{f}}(b'_{\mathrm{f,s}} - b) - \phi_{\mathrm{f}}h_{\mathrm{spd,f}}N_{\mathrm{spd,f}}V_{\mathrm{d}} + M_{\mathrm{d}}V_{\mathrm{pd}}]$
$\quad = 1.07 \times 10^{21}$

$C = h'_{\mathrm{f}}(b'_{\mathrm{f,s}} - b)[A_i + h'_{\mathrm{f}}C_i(b'_{\mathrm{f}} - b)] + h'_{\mathrm{f}}(b'_{\mathrm{f}} - b)[M_{\mathrm{d}}V_{\mathrm{pd}} +$
$\quad \phi_{\mathrm{f}}N_{\mathrm{spd,f}}V_{\mathrm{d}}(0.5h'_{\mathrm{f}} - h_{\mathrm{spd,f}})] = -1.89 \times 10^{24}$

可得解：

$$x = \frac{-B + \sqrt{B^2 - 4AC}}{2A} = 1326.83\mathrm{mm}$$

此时$\dfrac{\sigma_c}{f_{cd}} = \dfrac{N_{spd,f}}{f_{cd}[bx+(b'_f-b)h'_f]} = 0.496$，处于$i=2$的适用区间$[0.2,0.5]$，所得的解有效。

$$\sigma_c = \dfrac{N_{spd,f}}{bx+(b'_f-b)h'_f} = 12.1\text{MPa}$$

$$\tau_c = \phi_j(a_i\sigma_c + b_i f_{cd}) = 3.61\text{MPa}$$

抗剪承载力应满足下列公式要求：

$$\gamma_0 V_d \leqslant 0.95\tau_c[bx+(b'_{f,s}-b)h'_h] + V_{pd}$$

$$\gamma_0 M_d \leqslant \phi_f\left\{\sigma_c\left[bx\left(h_0-\dfrac{x}{2}\right)+(b'_f-b)h'_f\left(h_0-\dfrac{h'_f}{2}\right)\right]-N_{spd,f}(h_0-h_{spd,f})\right\}$$

$$\gamma_0 V_d = 1.02\times 10^7\text{N}$$

$$0.95\tau_c[bx+(b'_{f,s}-b)h'_f] + V_{pd} = 1.44e\times 10^7\text{N}$$

满足要求。

$$\gamma_0 M_d = 1.28\times 10^{11}\text{N}\cdot\text{mm}$$

$$\phi_f\left\{\sigma_c\left[bx\left(h_0-\dfrac{x}{2}\right)+(b'_f-b)h'_f\left(h_0-\dfrac{h'_f}{2}\right)\right]-N_{spd,f}(h_0-h_{spd,f})\right\} = 1.71\times 10^{11}\text{N}\cdot\text{mm}$$

满足要求。

由上可以看出采用剪-压复合强度分段割线简化计算方法求得的截面抗剪弯承载能力近似解较数学迭代计算方法求得的精确解有一定差异，但误差均在5%以内，简化计算规避了方程式的复杂性与大量迭代计算，只需求解一元二次方程得到接缝截面剪压区高度x，再依次求解σ_c、τ_c，代入抗剪弯承载力验算公式即可，便于工程应用，读者可根据工程需要采用合适的计算方法。

5）正常使用极限状态验算

（1）挠度验算

根据有限元计算结果，活载作用下，主梁最大挠度为7.64mm。考虑长期影响系数和接缝影响后挠度为:$8.3 \times 1.4 \times 1.1 = 12.8 \text{mm} < L/600 = 100 \text{mm}$,故主梁挠度计算满足规范要求。

(2)抗裂验算

根据《规范》5.5.8条,节段预制拼装预应力混凝土构件的接缝位置应按下列规定进行抗裂验算。

①接缝截面边缘混凝土的拉应力:

$$\sigma_{st} - 0.8 \sigma_{pc} \leq 0$$

有限元分析中,将作用频遇组合和预应力作用以1和0.8的组合系数进行组合。接缝截面边缘混凝土的拉应力计算结果见表5.3-20。构件上、下缘受力状态良好,没有出现拉应力,满足要求。

接缝截面边缘混凝土的拉应力计算结果　　表5.3-20

接缝截面		15′	14′	13′	12′	11′	10′	9′
$\sigma_{st} - 0.8\sigma_{pc}$（MPa）顶板	I	-2.1	-2.2	-2.4	-2.4	-2.6	-2.9	-2.8
	J	-2.0	-2.2	-2.3	-2.2	-2.6	-2.9	-2.8
$\sigma_{st} - 0.8\sigma_{pc}$（MPa）底板	I	-3.8	-4.0	-4.3	-4.6	-4.0	-3.7	-3.8
	J	-3.6	-3.6	-3.8	-4.2	-4.0	-3.7	-3.8
接缝截面		7′	6′	5′	4′	3′	2′	1′
$\sigma_{st} - 0.8\sigma_{pc}$（MPa）顶板	I	-3.3	-4.0	-4.3	-4.0	-4.2	-3.2	-0.1
	J	-3.3	-2.7	-3.6	-4.1	-3.3	-3.3	-1.6
$\sigma_{st} - 0.8\sigma_{pc}$（MPa）底板	I	-4.5	-5.2	-5.9	-4.3	-4.5	-4.1	-3.8
	J	-5.7	-5.6	-6.0	-6.2	-5.6	-5.6	-6.4

②接缝截面混凝土的主拉应力:

$$\sigma_{tp} \leq 0.4 f_{tk}$$

有限元分析计算结果显示除端部外,最不利位置出现在支座位置,1′截面位置。此处 $\sigma_{tp} = 0.758 \text{MPa}$, $\sigma_{tp} \leq 0.4 f_{tk} = 1.10 \text{MPa}$,满足要求。

(3)持久状况构件应力验算

根据《规范》5.6.3条,使用阶段作用标准值组合下,节段预制拼装预应力混凝土构件接缝位置混凝土的压应力应满足：

①接缝截面混凝土的最大压应力：

$\sigma_{cc} \leqslant 0.5 f_{ck}$

有限元分析计算结果显示最不利位置出现在支座附近,3′截面位置。此处$\sigma_{cc}=13.4\mathrm{MPa}$,$\sigma_{cc} \leqslant 0.5 f_{ck}=17.75\mathrm{MPa}$,满足要求。

②接缝位置混凝土的最大主压应力：

$\sigma_{cp} \leqslant 0.6 f_{ck}$

有限元分析计算结果显示最不利位置出现在支座附近,3′截面位置。此处$\sigma_{cp}=13.4\mathrm{MPa}$,$\sigma_{cp} \leqslant 0.6 f_{ck}=21.30\mathrm{MPa}$,满足要求。

本章参考文献

[1] 鄢芳华.体外预应力混凝土桥梁的试验研究[D].上海:同济大学,2003.

[2] 陈少珍.体外预应力混凝土连续梁抗弯承载力试验研究[D].上海:同济大学,2004.

[3] 冷金荣,李国平,沈殷,等.体外预应力混凝土简支梁弯曲试验研究[J].结构工程师,2005增刊:192-196.

[4] 李国平,张国泉,沈殷,等.山区公路高架桥新结构和施工方法研究——节段施工体外预应力桥梁设计与施工技术研究[R],上海:同济大学混凝土桥梁研究室,2008.

[5] 李国平,张国泉.体外预应力混凝土连续梁弯曲性能试验研究[J].土木工程学报,2007,40(2):53-68.

[6] 沈殷,李国平,陈艾荣.体外预应力混凝土梁的非线性有限元建模分析[C].中国土木工程学会桥梁与结构工程分会第十五届全国桥梁学术会议论文集,上海:同济大学出版社,2002:251-256.

[7] 李国平,沈殷.体外预应力筋极限应力和有效高度计算方法[J].土木工程学报,2007,40(2):47-52.

[8] 袁国干.钢筋混凝土与预应力混凝土梁斜截面抗剪强度分析[R].交通部第三铁路设计院标准设计管理处,1973.

[9] 抗剪强度专题研究组.钢筋混凝土受弯构件的截面限制条件及预应力对斜截面抗剪强度的影响[J].建筑结构,1978(4):3-8.

[10] 郑绍珪.《公路钢筋混凝土及预应力混凝土桥涵设计规范》编制情况介绍(上)[J].重庆交通大学学报(自然科学版),1985,4(2):92-96.

[11] 邵容光.结构设计原理[M].北京:人民交通出版社,1987.

[12] 袁国干.配筋混凝土结构设计原理[M].上海:同济大学出版社,1990.

[13] 唐小林.受弯构件抗剪承载力上限值试验研究[D].上海:同济大学,2020.

[14] 佚名.预应力及高厚比对截面限制条件的影响的实验研究[J].东南大学学报(自然科学版),1978(2):59-70.

[15] 王命平,王新堂.小剪跨比钢筋混凝土梁的抗剪强度计算[J].建筑结构学报,1996(05):73-78.

[16] 李平先,丁自强,赵广田.有腹筋钢筋砼短梁抗剪强度的试验研究[J].郑州工学院学报,1993(1):1-11.

[17] WANG W,JIANG D H. Shear Strength of Reinforced Concrete Deep Beams[J]. Journal of Structural Engineering,1993,119(8).

[18] TAVIO. Discussion of "Interactive Mechanical Model for Shear Strength of Deep Beams" by C Y Tang and K H Tan[J]. Journal of Structural Engineering 2004,132(5).

[19] TANG C Y, TAN K H. Interactive Mechanical Model for Shear Strength of Deep Beams[J]. Journal of Structural Engineering,2006,132(5).

[20] YANG K H,CHUNG H S,LEE E T,et al. Shear characteristics of

high-strength concrete deep beams without shear reinforcements[J]. Engineering Structures,2003,25(10).

[21] KHALED M, AHMED S F, BRAHIM B. Effect of Vertical and Horizontal Web Reinforcement on the Strength and Deformation of Concrete Deep Beams Reinforced with GFRP Bars[J]. Journal of Structural Engineering,2017,143(8).

[22] SANAD A, SAKA M P. Prediction of Ultimate Shear Strength of Reinforced-Concrete Deep Beams Using Neural Networks[J]. Journal of Structural Engineering,2001,127(7).

[23] AHMAD S H, XIE Y, YU T. Shear ductility of reinforced lightweight concrete beams of normal strength and high strength concrete[J]. Cement and Concrete Composites,1995,17(2).

[24] ZHANG N, TAN K H. Size effect in RC deep beams: Experimental investigation and STM verification[J]. Engineering Structures,2007,29(12).

[25] EL-SAYED A K, SHURAIM A B. Size effect on shear resistance of high strength concrete deep beams[J]. Materials and Structures,2016,49(5).

[26] KAMARAN S I. Shear Behaviour of Reinforced Concrete Deep Beams[D]. The University of Sheffield, 2016.

[27] 李国平,唐小林,范彩霞.关于混凝土梁抗剪承载力上限值的讨论[C].中国土木工程学会桥梁与结构工程分会第二十四届全国桥梁学术会议论文集,北京:人民交通出版社,2020:757-764.

[28] EN 1992-2:2005,Eurocode2:Design of concrete structures. part 2: Concrete bridges-Design and detailing rules[S],2005.

[29] AASHTO. AASHTO LRFD Bridge Design Specifications[S], SI Units,Third Edition(2004). American Association of State Highway

and Transportation Officials:Washington USA,2018.

[30] 杨晔.体外预应力混凝土桥梁抗剪承载力试验研究[D].上海:同济大学,2004

[31] 沈殷,杨晔,李国平.无腹筋体外预应力混凝土梁抗剪试验研究[C].中国土木工程学会桥梁与结构工程分会第十六届全国桥梁学术会议论文集,北京:人民交通出版社,2004:787-792.

[32] 沈殷.体外预应力混凝土桥梁抗剪承载力研究[D].上海:同济大学,2004.

[33] 李阳.节段式体外预应力混凝土梁抗剪性能试验研究[D].上海:同济大学桥,2005.

[34] 李阳,沈殷,牛长彦,等.节段式体外预应力梁抗剪性能试验研究[J].结构工程师,2005增刊:283-288.

[35] 牛长彦,李国平,沈殷,等.整体式体外预应力混凝土简支梁抗剪试验研究[J].结构工程师,2005增刊:110-114.

[36] 李国平.体外预应力混凝土简支梁剪切性能试验研究[J].土木工程学报,2007,40(2):58-63.

[37] 李国平,沈殷.体外预应力混凝土简支梁抗剪承载力计算方法[J].土木工程学报,2007,40(2):64-69.

[38] LI G P, ZHANG CH L, NIU CH Y. Experimental Study on Shear Behavior in Negative Moment Regions of Segmental Externally Prestressed Concrete Continuous Beams [J]. Journal of Bridge Engineering, ASCE,2013,Vol.18(4):328-338.

[39] SHEN Y, LI G P. Truss-arch Model for Shear Bearing Capacity of Externally Prestressed Concrete Beams[A].4th International Specialty Conference on The Conceptual Approach to Structural Design[C], Universitas IUAV di Venezia,Italy,June 2007.627-631.

[40] 雷宇.节段式体外预应力混凝土梁接缝剪切性能试验研究[D].同

济大学桥梁工程系,2007

[41] 李国平.预制节段式预应力混凝土梁接缝截面抗剪承载力计算方法[C].第十一届后张预应力学术交流会论文集,2011:128-134.

[42] LI G P, Yang D H, LEI Y. Combined Shear and Bending Behavior of Joints in Precast Concrete Segmental Beams with External Tendons [J]. Journal of Bridge Engineering, ASCE, 2013, Vol. 18(10): 1042-1052.

[43] 李国平,李梁,王嘉祺,等.节段预制拼装盖梁试验及受力性能分析[R],上海:同济大学混凝土桥梁研究室,2019.

[44] 项目课题组.铁路节段预制胶接拼装箱梁成套技术研究[R],西安:中铁第一勘察设计院集团有限公司,2014.

[45] 朱玉,丁德豪.预制混凝土梁湿接缝环形钢筋搭接长度研究[J].公路,2015(12):89-93.

[46] RYU H, KIM Y, CHANG S. Experimental study on static and fatigue strength of loop joints[J]. Engineering Structures. 2007, 29(2): 145-162.

[47] ZALESOV A S, KIRILLOV A P, RUBIN O D, et al. Calculation of the strength and design of welding loops and linear anchor joints in combined precast-in situ reinforced concrete members [J]. Hydrotechnical Construction. 1989,23(2): 120-124.

[48] ONG K C G. Flexural Behavior of Precast Joints with Horizontal Loop Connections[J]. Aci Structural Journal. 2006, 103(5): 664-671.

[49] GORDON, ROSS S. Joints for precast decks in steel concrete composite bridges[J]. Heriot-Watt University. 2006.

[50] JOERGENSEN H B, HOANG L C. Tests and limit analysis of loop connections between precast concrete elements loaded in tension[J]. Engineering Structures. 2013, 52: 558-569.

[51] JOERGENSEN H B, HOANG L C. Strength of Loop Connections between Precast Bridge Decks Loaded in Combined Tension and Bending[J]. Structural Engineering International. 2018, 25(1): 71-80.

[52] ONG K C G, HAO J B, PARAMASIVAM P. A strut-and-tie model for ultimate loads of precast concrete joints with loop connections in tension[J]. Construction and Building Materials. 2006, 20(3): 169-176.

[53] MA Z J, CAO Q, CHAPMAN C E, et al. Longitudinal Joint Details with Tight Bend Diameter U-Bars[J]. Aci Structural Journal. 2012, 109(6): 815-824.

[54] 李国平,等.桥面板横向连接缝荷载试验及试验结果分析[R],同济大学混凝土桥梁研究室,2019.

[55] 董夏鑫,李国平,易道远,等.基于剪摩擦理论的U形筋接缝强度计算方法[J].中国市政工程,2019(2):84-88.

[56] MATTOCK A H. Effectiveness of Loop Anchorages for Reinforcement in Precast Concrete Members[J]. Pci Journal. 1994, 39(6): 54-68.

第6章 下部结构设计与计算

6.1 基本原理

受压构件接缝位置正截面计算的基本假定、截面受压区应力分布的等效图形及高度应符合《规范》第5.3.4、5.3.5条的规定。节段预制拼装混凝土受压构件作用效应分析时正截面抗弯刚度与偏心受压构件的接缝位置正截面相对界限受压区高度的取值应按《桥规》的有关规定取用。

6.1.1 接缝对构件抗压承载能力的影响

偏心受压混凝土构件接缝截面抗压承载力计算的基本假定、计算图式均与无接缝段截面的规定一致,试验和理论研究表明,偏心受压构件的接缝对截面承载力存在不可忽略的不利影响,因此在进行承载能力极限状态计算、正常使用极限状态计算以及构件应力计算时,均应计入接缝对受力性能的影响。同济大学试验结果表明:在压-弯-剪共同作用下,由于受到接缝的构造和接缝界面材料强度等因素的影响,受压构件在接缝截面消压后会集中开裂,接缝一旦开展到一定高度后,附近的斜裂缝就不再发展,最终接缝将发展成为破坏裂缝,且破坏时接缝受压区的应力分布和量值与偏心受压构件有所不同,承载力也低于相应无接缝的构件。体外预应力钢筋因在破坏时应力增量很小、总应力达不到名义屈服强度,偏安全地取其永存应力作为极限应力设计值。由于大偏心受压构件的接缝开裂开展特征、破坏形态与受弯构件相似,接缝对大偏心受压构件抗压弯承载力的影响系数也取0.95。

因此,受压构件接缝位置正截面抗压弯承载力应满足《规范》要求。

6.4.4 矩形、T形及I形截面受压构件的接缝位置,抗压弯承载力计算应满足式(6.4.4-1)、式(6.4.4-2)的要求:

$$\gamma_0 N_d \leqslant \phi_c N_{ud} \qquad (6.4.4\text{-}1)$$

$$\gamma_0 N_d e \leqslant \phi_c M_{ud} \qquad (6.4.4\text{-}2)$$

式中：N_d——截面轴向压力设计值(N)；

ϕ_c——接缝对抗压承载力的折减系数：大偏心受压时取0.95，其他情况取1.0；

N_{ud}、M_{ud}——受压构件的截面抗压承载力设计值(N)、抗弯承载力设计值(N·mm)，按现行《公路钢筋混凝土及预应力混凝土桥涵设计规范》(JTG 3362)的相关规定计算，计算时仅计入跨接缝的纵向钢筋，采用体外预应力钢筋时应力设计值取$\sigma_{pe,e}$；

e——轴向压力作用点至截面受拉侧或受压较小侧的纵向连续普通钢筋和体内预应力钢筋合力点的距离(mm)。

6.1.2 圆形、环形接缝截面抗压弯承载力计算

随着离心法预制的混凝土空心管柱在装配式桥墩中应用的逐步推广，设计对该类构件设计计算方法需求很迫切，但《桥规》没有相应的条文规定，更无接缝对该类构件承载力的影响规定。《规范》根据环形截面受压构件的截面受力原理及假定条件、受压构件接缝截面的破坏特征，导出了接缝截面抗压弯承载力的计算公式，同样接缝对大偏心受压构件抗压弯承载力的影响系数也取0.95。当环形截面的受压区为弓形时，承载力计算公式与圆形截面一致，因此相应的公式也适用于圆形截面。当然，圆形截面受压构件承载力计算在《桥规》中已有相关计算规定，设计时可以按该规定计算承载力后再乘以0.95。

1) 设计计算公式

6.4.5 受压区为弓形的圆形和环形截面偏心受压构件接缝位置(图6.4.5)，抗压承载力应满足式(6.4.5-1)、式(6.4.5-2)的要求：

$$\gamma_0 N_d \leqslant \phi_c \left[\alpha_a f_{cd} A_c \left(1 - \frac{\sin 2\pi \alpha_c}{2\pi \alpha_c} \right) + N_{spd,cc} \right] \qquad (6.4.5\text{-}1)$$

$$\gamma_0 N_d \eta e_0 \leqslant \phi_c \left(f_{cd} A_c r \frac{2 \sin^3 \pi \alpha_c}{3\pi} + M_{spd,cc} \right) \qquad (6.4.5\text{-}2)$$

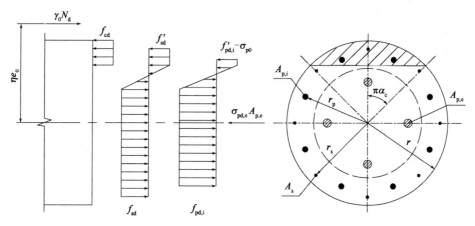

图 6.4.5 受压区为弓形的圆形和环形截面偏心受压构件接缝截面抗压承载力计算图式

其中 α_c 应按式(6.4.5-3)计算：

$$\eta e_0 = \frac{f_{cd}A_c r \dfrac{2\sin^3\pi\alpha_c}{3\pi} + M_{spd,cc}}{\alpha_a f_{cd}A_c \left(1 - \dfrac{\sin 2\pi\alpha_c}{2\pi\alpha_c}\right) + N_{spd,cc}} \qquad (6.4.5\text{-}3)$$

$$N_{spd,cc} = \alpha_c(f_{sd}A_s + f'_{pd,i}A_{p,i}) - \alpha_{tc}[f_{sd}A_s + (f_{pd,i} - \sigma_{p0,i})A_{p,i}] - \sigma_{p0,i}A_{p,i} - \sigma_{pd,e}A_{p,e} \qquad (6.4.5\text{-}4)$$

$$M_{spd,cc} = (f_{sd}A_s r_s + f'_{pd,i}A_{p,i}r_p)\frac{\sin\pi\alpha_c}{\pi} +$$

$$[f_{sd}A_s r_s + (f_{pd,i} - \sigma_{p0,i})A_{p,i}r_p]\frac{\sin\pi\alpha_{tc}}{\pi} \qquad (6.4.5\text{-}5)$$

$$\alpha_{tc} = 1.25 - 2\alpha_c \qquad (6.4.5\text{-}6)$$

$$\sigma_{p0,i} = \sigma_{pe,i} + \alpha_{EP}\sigma_{pc} \qquad (6.4.5\text{-}7)$$

式中：α_c——对应截面受压区混凝土的圆心角(rad)与 2π 的比值；

A_c——圆形截面的面积(mm^2)，当计算环形截面时取 $A_c = \pi r^2$；

$N_{spd,cc}$——圆形截面受压构件全部纵向连续普通钢筋和预应力钢筋合力设计值(N)；

147

r——圆形截面的半径或环形截面的外半径(mm);

$M_{spd,cc}$——圆形截面受压构件全部纵向连续普通钢筋和预应力钢筋合力产生的抗弯力矩设计值(N·mm);

A_s——圆形或环形截面全部纵向连续普通钢筋的截面面积(mm^2),沿周边均布且不应少于6根钢筋;

$A_{p,i}$——圆形或环形截面全部体内预应力钢筋的截面面积(mm^2),沿周边均布且不应少于6根;

α_{tc}——圆形截面受压构件受拉纵向连续普通钢筋和体内预应力钢筋的截面面积与全部纵向连续普通钢筋和体内预应力钢筋的截面面积之比,当$\alpha_c > 0.625$时取$\alpha_{tc} = 0$;

$\sigma_{p0,i}$——圆形或环形截面体内预应力钢筋合力点处混凝土正应力等于零时的体内预应力钢筋的应力(MPa);

$A_{p,e}$——圆形或环形截面全部体外预应力钢筋的截面面积(mm^2),合力应位于圆心;

r_s——圆形或环形截面纵向连续普通钢筋所在圆周线的半径(mm);

r_p——圆形或环形截面体内预应力钢筋所在圆周线的半径(mm);

$\sigma_{pe,i}$——圆形或环形截面体内预应力钢筋的永存应力(MPa);

σ_{pc}——圆形或环形截面全部预应力钢筋在体内预应力钢筋合力点产生的预压应力(MPa)。

6.4.6 受压区非弓形的环形截面偏心受压构件接缝位置(图6.4.6),抗压承载力应满足式(6.4.6-1)、式(6.4.6-2)的要求:

$$\gamma_0 N_d \leqslant \phi_c (\alpha_c f_{cd} A_c + N_{spd,cr}) \quad (6.4.6\text{-}1)$$

$$\gamma_0 N_d \eta e_0 \leqslant \phi_c \left[0.5 f_{cd} A_c (r_1 + r_2) \frac{\sin \pi \alpha_c}{\pi} + M_{spd,cr} \right] \quad (6.4.6\text{-}2)$$

其中α_c应按式(6.4.6-3)计算:

$$\eta e_0 = \frac{0.5 f_{cd} A_c (r_1 + r_2) \dfrac{\sin \pi \alpha_c}{\pi} + M_{spd,cr}}{\alpha_c f_{cd} A_c + N_{spd,cr}} \quad (6.4.6\text{-}3)$$

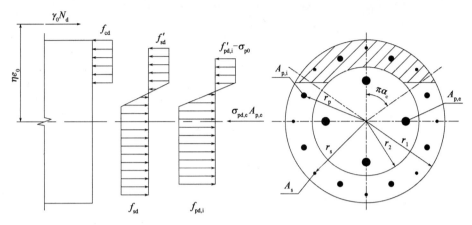

图 6.4.6 受压区非弓形的环形截面偏心受压构件接缝截面抗压承载力计算图式

$$N_{spd,cr} = \alpha_c(f_{sd}A_s + f'_{pd,i}A_{p,i}) - \alpha_{tr}[f_{sd}A_s + (f_{pd,i} - \sigma_{p0,i})A_{p,i}] - \sigma_{p0,i}A_{p,i} - \sigma_{pd,e}A_{p,e}$$
(6.4.6-4)

$$M_{spd,cr} = (f_{sd}A_s r_s + f'_{pd,i}A_{p,i}r_p)\frac{\sin\pi\alpha_c}{\pi} + [f_{sd}A_s r_s + (f_{pd,i} - \sigma_{p0,i})A_{p,i}r_p]\frac{\sin\pi\alpha_{tr}}{\pi}$$
(6.4.6-5)

$$\alpha_{tr} = 1 - 1.5\alpha_c \quad (6.4.6-6)$$

当 $\alpha_c < \arccos[2r_2/(r_1 + r_2)]/\pi$ 时,抗压承载力应按本规范第6.4.5条的规定计算。

式中:A_c——环形截面的面积(mm^2);

$N_{spd,cr}$——环形截面受压构件全部纵向连续普通钢筋和预应力钢筋的合力设计值(N);

r_1、r_2——环形截面的外、内半径(mm),$r_2/r_1 \geqslant 0.5$;

$M_{spd,cr}$——环形截面受压构件全部纵向连续普通钢筋和预应力钢筋合力产生的抗弯力矩设计值(N·mm);

α_{tr}——环形截面受压构件受拉纵向连续普通钢筋和体内预应力钢

筋的截面面积与全部纵向连续普通钢筋和体内预应力钢筋的截面面积之比，当 $\alpha_c > 0.667$ 时取 $\alpha_{tr} = 0$。

2) 设计计算公式的使用方法

由于圆形和环形截面大偏心受压构件接缝截面的抗压弯承载力计算公式，属于非线性关联的超越函数方程组，建议采用计算机软件直接求解或数学迭代计算方法求解。下面介绍一种穷举法及数学迭代方法。

因无法预先知道环形截面的剪压区为弓形还是不完整环形，需要先假定其是弓形截面开始试算，若计算得到的 $\alpha_c \geqslant \arccos[2r_2/(r_1 + r_2)]/\pi$，则应按《规范》第 6.4.6 条的规定进行计算。

(1) 基本方程

①受压区为弓形的圆形和环形截面。

由《规范》式(6.4.5-3)整理后可得到如下方程：

$$f(\alpha_c) = \eta e_0 - \frac{f_{cd} A_c r \dfrac{2\sin^3 \pi\alpha_c}{3\pi} + M_{spd,cc}}{\alpha_a f_{cd} A_c \left(1 - \dfrac{\sin 2\pi\alpha_c}{2\pi\alpha_c}\right) + N_{spd,cc}} = 0 \quad (6.1\text{-}1)$$

②受压区非弓形的环形截面。

由《规范》式(6.4.6-3)整理后可得到如下方程：

$$f(\alpha_c) = \eta e_0 - \frac{0.5 f_{cd} A_c (r_1 + r_2) \dfrac{\sin \pi\alpha_c}{\pi} + M_{spd,cr}}{\alpha_a f_{cd} A_c + N_{spd,cr}} = 0 \quad (6.1\text{-}2)$$

(2) 穷举法计算步骤

①受压区为弓形的圆形和环形截面。

截面受压区混凝土的圆心角从 $\alpha = 1°$ 开始，按一定间隔计算 $\alpha = 1° \rightarrow 360°$，计算如下各式：

$$\alpha_c = \frac{\alpha}{2\pi}$$

$$\alpha_{tc} = 1.25 - 2\alpha_c$$

第6章 下部结构设计与计算

$$M_{\mathrm{spd,cc}} = (f_{\mathrm{sd}}A_{\mathrm{s}}r_{\mathrm{s}} + f'_{\mathrm{pd,i}}A_{\mathrm{p,i}}r_{\mathrm{p}})\frac{\sin\pi\alpha_{\mathrm{c}}}{\pi} + [f_{\mathrm{sd}}A_{\mathrm{s}}r_{\mathrm{s}} + (f_{\mathrm{pd,i}} - \sigma_{\mathrm{p0,i}})A_{\mathrm{p,i}}r_{\mathrm{p}}]\frac{\sin\pi\alpha_{\mathrm{tc}}}{\pi}$$

$$N_{\mathrm{spd,cc}} = \alpha_{\mathrm{c}}(f_{\mathrm{sd}}A_{\mathrm{s}} + f'_{\mathrm{pd,i}}A_{\mathrm{p,i}}) - \alpha_{\mathrm{tc}}[f_{\mathrm{sd}}A_{\mathrm{s}} + (f_{\mathrm{pd,i}} - \sigma_{\mathrm{p0,i}})A_{\mathrm{p,i}}] - \sigma_{\mathrm{p0,i}}A_{\mathrm{p,i}} - \sigma_{\mathrm{pd,e}}A_{\mathrm{p,e}}$$

找到 $f(\alpha_{\mathrm{c}})$ 最接近 0 的解:

$$f(\alpha_{\mathrm{c}}) = \eta e_0 - \frac{f_{\mathrm{cd}}A_{\mathrm{c}}r\dfrac{2\sin^3\pi\alpha_{\mathrm{c}}}{3\pi} + M_{\mathrm{spd,cc}}}{\alpha_{\mathrm{a}}f_{\mathrm{cd}}A_{\mathrm{c}}\left(1 - \dfrac{\sin 2\pi\alpha_{\mathrm{c}}}{2\pi\alpha_{\mathrm{c}}}\right) + N_{\mathrm{spd,cc}}} \approx 0$$

最后,用《规范》式(6.4.5-1)和式(6.4.5-2)验算截面承载力。

②受压区为非弓形的环形截面。

截面受压区混凝土的圆心角从 $\alpha = 1°$ 开始,按一定间隔计算 $\alpha = 1° \to 360°$,计算如下各式:

$$\alpha_{\mathrm{c}} = \frac{\alpha}{2\pi}$$

$$\alpha_{\mathrm{tc}} = 1 - 1.5\alpha_{\mathrm{c}}$$

$$M_{\mathrm{spd,cr}} = (f_{\mathrm{sd}}A_{\mathrm{s}}r_{\mathrm{s}} + f'_{\mathrm{pd,i}}A_{\mathrm{p,i}}r_{\mathrm{p}})\frac{\sin\pi\alpha_{\mathrm{c}}}{\pi} + [f_{\mathrm{sd}}A_{\mathrm{s}}r_{\mathrm{s}} + (f_{\mathrm{pd,i}} - \sigma_{\mathrm{p0,i}})A_{\mathrm{p,i}}r_{\mathrm{p}}]\frac{\sin\pi\alpha_{\mathrm{tr}}}{\pi}$$

$$N_{\mathrm{spd,cr}} = \alpha_{\mathrm{c}}(f_{\mathrm{sd}}A_{\mathrm{s}} + f'_{\mathrm{pd,i}}A_{\mathrm{p,i}}) - \alpha_{\mathrm{tr}}[f_{\mathrm{sd}}A_{\mathrm{s}} + (f_{\mathrm{pd,i}} - \sigma_{\mathrm{p0,i}})A_{\mathrm{p,i}}] - \sigma_{\mathrm{p0,i}}A_{\mathrm{p,i}} - \sigma_{\mathrm{pd,e}}A_{\mathrm{p,e}}$$

找到 $f(\alpha_{\mathrm{c}})$ 最接近 0 的解:

$$f(\alpha_{\mathrm{c}}) = \eta e_0 - \frac{0.5f_{\mathrm{cd}}A_{\mathrm{c}}(r_1 + r_2)\dfrac{\sin\pi\alpha_{\mathrm{c}}}{\pi} + M_{\mathrm{spd,cr}}}{\alpha_{\mathrm{a}}f_{\mathrm{cd}}A_{\mathrm{c}} + N_{\mathrm{spd,cr}}} \approx 0$$

最后,用《规范》式(6.4.6-1)和式(6.4.6-2)验算截面承载力。

(3)弦截法计算步骤

①受压区为弓形的圆形和环形截面。

a. 根据 $\alpha_c \leq 0.625$ 或 $\alpha_c > 0.625$，分别寻找 α_{c1}、α_{c2} 并满足如下条件的初始值：

$$f(\alpha_{c1})f(\alpha_{c2}) < 0$$

以此作为 α_c 解可能出现的区间，记为 $[\alpha_{c1}, \alpha_{c2}]_1$。

b. 采用弦截法迭代求解 α_c。

步骤一：计算

$$\alpha_{c3} = \alpha_{c2} - \frac{\alpha_{c2} - \alpha_{c1}}{f(\alpha_{c2}) - f(\alpha_{c1})} f(\alpha_{c2})$$

再由式(6.1-1)计算 $f(\alpha_{c3})$，若 $|f(\alpha_{c3})| < 10^{-2}$（或其他值）则 $f(\alpha_{c3})$ 对应的 α_{c3} 即为所求的解 α_c；

步骤二：选取与 $f(\alpha_{c3})$ 异号的 $f(\alpha_{c1})$ 或 $f(\alpha_{c2})$，将其对应的 α_c 点定义新的 $[\alpha_{c1}, \alpha_{c2}]_2$；

步骤三：返回步骤一，将 $[\alpha_{c1}, \alpha_{c2}]_2$ 定义为新的 $[\alpha_{c1}, \alpha_{c2}]_1$ 后按步骤一、步骤二重新计算。

由于函数(6.1-1)可能有多解，在 $\alpha_c \leq 0.625$ 和 $\alpha_c > 0.625$ 区间内也都可能分别存在解，因此需要在 $0.0 < \alpha_c < 1.0$ 且 $0.0 < \sigma_c/f_{cd} < 1.0$ 内判断合理解。

最后，用《规范》式(6.4.5-1)或式(6.4.5-2)验算截面承载力。

②受压区非弓形的环形截面。

受压区非弓形的环形截面的计算步骤与受压区为弓形的圆形和环形截面相似，只要对其中进行如下修改即可：不等式中的 0.625 改为 0.667；式(6.1-1)改为式(6.1-2)；《规范》式(6.4.5-1)和式(6.4.5-2)分别改为式(6.4.6-1)和式(6.4.6-2)。

6.1.3 大偏心受压构件接缝截面抗剪弯承载力计算

尽管墩柱是偏心受压构件，但其弯矩主要是由横向作用引起的，仅受轴向压力和弯矩而无剪力的大偏心受压构件在桥墩中是不存在的,而在剪力和弯矩共同作用下,相对薄弱的接缝截面消压后开裂,破坏裂缝在接缝截面快速发展,最终出现剪弯压的耦合破坏。虽然这种破坏以正截面破坏形态出现,与理论上的大偏心受压构件正截面破坏相似,但截面相应的抗压和抗弯承载力却低于大偏心受压构件正截面的抗压和抗弯承载力,故其受力特点很容易被忽视。同济大学的缩尺模型试验结果表明,由于实际墩柱构件的轴压比不大,接缝截面破坏时的受力状态和受弯构件接缝截面存在明显的相似性,剪力对剪压区混凝土的作用不可忽略,剪压区也将在剪应力和压应力共同作用下达到其极限强度。在缩尺模型试验的基础上,同济大学进行的4个足尺钢筋混凝土墩柱承载力试验,也得到了与缩尺模型试验一致的结论。

与受弯构件剪弯段接缝截面受力性能类似,剪力对大偏心受压构件接缝截面混凝土强度的影响已不能不计,混凝土的破坏强度服从二维应力强度准则,且不能预先获得。

1) 公式推导及验证

基于试验获得的大偏心受压构件接缝截面明确的破坏形态及性能特征,通过截取破坏截面脱离体建立平衡方程,是一种给出承载力计算方法的合理有效手段。为此,提出与受弯构件一样的假定条件:

(1) 不计截面受拉区混凝土的受力作用;

(2) 剪压区混凝土的压应力和剪应力服从二维强度准则(图5.1-8);

(3) 剪压区混凝土的压应力和剪应力均为均匀分布,等效作用截面相同;

(4) 不计截面对体内钢筋的直接剪切作用。

截取破坏截面脱离体形成如图6.1-1所示的计算图式,由截面剪力、弯矩及轴向力作用方向的平衡条件,得到如下方程式:

$$N = \sigma_c bx - N_{sp} \quad (6.1\text{-}3)$$

$$V = \tau_c bx \quad (6.1\text{-}4)$$

$$M = \sigma_c bx \frac{h-x}{2} + N_{sp}\left(h_{sp} - \frac{h}{2}\right) \qquad (6.1\text{-}5)$$

其中

$$N_{sp} = \sigma_s A_s + \sigma_{p,i} A_{p,i} + \sigma_{p,e} A_{p,e} - \sigma'_s A'_s + \sigma'_{p,i} A'_{p,i} \qquad (6.1\text{-}6)$$

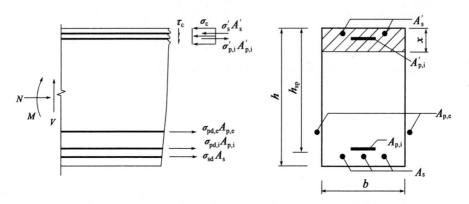

图 6.1-1 大偏心受压构件接缝截面抗剪弯承载力计算图式

剪压区混凝土的正应力和剪应力服从如下二维强度准则：

$$\frac{\tau_c}{f_c} = \sqrt{0.009 + 0.095 \frac{\sigma_c}{f_c} - 0.104 \left(\frac{\sigma_c}{f_c}\right)^2} \qquad (6.1\text{-}7)$$

在试验加载过程中，截面轴力是已知量，而剪力和弯矩服从如下关系：

$$\frac{V}{M} = \frac{\tau_c bx}{\sigma_c bx \dfrac{h-x}{2} + N_{sp}\left(h_{sp} - \dfrac{h}{2}\right)} \qquad (6.1\text{-}8)$$

上述式中：　　N——截面的轴力；

σ_c——剪压区混凝土的压应力；

b——矩形截面的宽度；

x——截面剪压区的高度；

N_{sp}——纵向连续普通钢筋和预应力钢筋的合力在截面法向的分力；

V——截面的剪力；

第6章 下部结构设计与计算

τ_c——剪压区混凝土的剪应力；

M——与 V 工况对应的弯矩；

h——矩形截面的高度；

h_{sp}——N_{sp} 的作用点至截面受压边缘的距离；

σ_s——截面受拉区纵向连续普通钢筋的应力；

A_s——截面受拉区纵向连续普通钢筋的截面面积；

$\sigma_{p,i}$、$\sigma_{p,e}$——截面受拉区体内、体外预应力钢筋的应力；

$A_{p,i}$、$A_{p,e}$——截面受拉区体内、体外预应力钢筋的截面面积。

σ'_s——截面受压区纵向连续普通钢筋的应力；

A'_s——截面受压区纵向连续普通钢筋的截面面积；

$\sigma'_{p,i}$——截面受压区体内预应力钢筋的应力；

$A'_{p,i}$——截面受压区体内预应力钢筋的截面面积。

为了验证以上公式的可靠性，同济大学采用缩尺墩柱试件的承载力试验值与公式的计算值进行对比，对比结果见表 6.1-1。

试验值与公式计算值的对比结果(1) 表 6.1-1

试件编号	剪跨比	N_{test} (kN)	V_{test} (kN)	M_{test} (kN·m)	V (kN)	M (kN·m)	V_{test}/V	M_{test}/M
RC-1	1.3	745	658	559	562	477	1.17	1.17
RC-2	3.3	759	261	562	265	569	0.98	0.99
RC-3	4.3	756	207	580	205	575	1.01	1.01
RC-4	5.3	732	187	645	166	573	1.13	1.13
PC-1	3.3	781	346	744	325	699	1.06	1.06
PC-2	4.3	789	274	767	253	710	1.08	1.08
PC-3	5.3	799	230	793	211	716	1.09	1.11
PS-1	1.3	787	268	751	247	691	1.09	1.09
PS-2	3.3	785	327	915	279	781	1.17	1.17
PS-3	4.3	787	393	1099	342	959	1.15	1.15

续上表

试件编号	剪跨比	N_{test} (kN)	V_{test} (kN)	M_{test} (kN·m)	V (kN)	M (kN·m)	V_{test}/V	M_{test}/M
PB-1	1.3	783	331	926	269	753	1.23	1.23
PB-2	3.3	789	358	1 003	324	906	1.10	1.11
V_{test}/V	平均值 μ		1.11	标准差 σ		0.07	变异系数 C_v	0.06
M_{test}/M	平均值 μ		1.11	标准差 σ		0.07	变异系数 C_v	0.06

注：V_{test}、M_{test} 为剪力和弯矩的试验值；V、M 为剪力和弯矩的计算值。

由表6.1-1可见，公式计算值与试验值的变异系数和标准差均较小，除试件 RC-2 外公式计算值均小于试验值，表明公式能很好符合试验规律且偏于安全。由于试件在恒定轴力、剪力和弯矩按固定比值的作用下发生破坏，最后剪力和弯矩的计算值与试验值具有相同的统计结果，这也说明式(6.1-8)反映了试件破坏时剪力和弯矩相对关系。

对于钢筋采用套筒连接的预制装配墩柱足尺模型，试验结果与计算公式的对比结果见表6.1-2。

试验值与公式计算值的对比(2)　　表6.1-2

编号	V_{test} (kN)	M_{test} (kN·m)	V (kN)	M (kN·m)	V_{test}/V	M_{test}/M
2号	531	4 063	480	3 671	1.11	1.11

对比结果表明，计算公式与足尺试验结果吻合良好且偏安全。

2)设计计算公式

与受弯构件剪弯段接缝截面承载力计算一样，当大偏心受压构件接缝位置发生剪弯破坏时，破坏裂缝集中在接缝截面，接缝界面混凝土及其连接质量必将影响承载力，所以需要计入其对混凝土强度的折减；体外预应力钢筋的极限应力增量较小，故偏安全地将其极限应力设计值取为其永存应力；这些公式也忽略了剪压区体内配筋截面的直接抗剪作用。另外，构件破坏是在轴力、剪力和弯矩共同作用下产生的，三者之间及其与内力设计值应有比例上的关联性,在计算公式中应反映出来。最后,在取用材料分项系数和受力模式不确定系数后,得到《规范》第 6.4.7 条~6.4.10 条的受压构件抗剪弯承载力计算规定。

6.4.7 剪压区为矩形的大偏心受压构件接缝截面(图 6.4.7),抗剪弯承载力应满足式(6.4.7-1)、式(6.4.7-2)的要求:

$$\gamma_0 V_d \leqslant 0.95 \tau_c b'_{f,s} x \quad (6.4.7\text{-}1)$$

$$\gamma_0 N_d e \leqslant \phi_c \left[\sigma_c b'_f x \left(h_0 - \frac{x}{2} \right) - N_{spd,c}(h_0 - h_{spd,c}) \right] \quad (6.4.7\text{-}2)$$

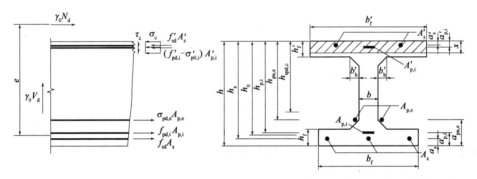

图 6.4.7 剪压区为矩形的大偏心受压构件接缝截面抗剪弯承载力计算图式

其中 τ_c、σ_c、x 应按式(6.4.7-3)和式(6.4.7-4)及式(5.4.9-6)计算:

$$\frac{V_d}{N_d} = \frac{0.95 \tau_c b'_{f,s} x}{\phi_c (\sigma_c b'_f x - N_{spd,c})} \quad (6.4.7\text{-}3)$$

$$e = \frac{\sigma_c b'_f x \left(h_0 - \frac{x}{2} \right) - N_{spd,c}(h_0 - h_{spd,c})}{\sigma_c b'_f x - N_{spd,c}} \quad (6.4.7\text{-}4)$$

$$N_{spd,c} = f_{sd} A_s + f_{pd,i} A_{p,i} + \sigma_{pd,e} A_{p,e} - f'_{sd} A'_s - (f'_{pd,i} - \sigma'_{p0,i}) A'_{p,i}$$
$$(6.4.7\text{-}5)$$

式中:x——受压构件接缝截面剪压区的高度(mm),当 $x > h_0$ 时取 h_0;

N_d——与 V_d 对应工况的轴向压力设计值(N);

h_0——截面受拉区纵向连续普通钢筋和体内预应力钢筋的合力点至受压边缘的距离(mm);

$N_{spd,c}$——受压构件纵向连续普通钢筋和预应力钢筋的合力设计值（N）；

$h_{spd,c}$——$N_{spd,c}$的作用点至截面受压边缘的距离(mm)；

$\sigma_{pd,e}$——受压构件抗剪承载力计算时体外预应力钢筋的极限应力设计值(MPa)，取$\sigma_{pe,e}$。

6.4.8 剪压区为T形的大偏心受压构件接缝截面(图6.4.8)，抗剪弯承载力应满足式(6.4.8-1)、式(6.4.8-2)的要求：

$$\gamma_0 V_d \leq 0.95\tau_c [bx + (b'_{f,s} - b)h'_f] \quad (6.4.8-1)$$

$$\gamma_0 N_d e \leq \phi_c \left\{ \sigma_c \left[bx \left(h_0 - \frac{x}{2}\right) + (b'_f - b)h'_f \left(h_0 - \frac{h'_f}{2}\right) \right] - N_{spd,c}(h_0 - h_{spd,c}) \right\}$$

$$(6.4.8-2)$$

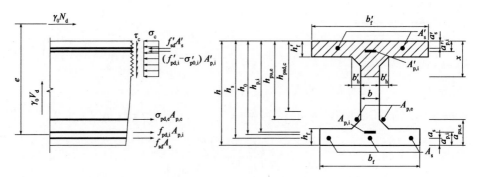

图6.4.8 剪压区为T形的大偏心受压构件接缝截面抗剪弯承载力计算图式

其中τ_c、σ_c、x应按式(6.4.8-3)、式(6.4.8-4)及式(5.4.9-6)计算：

$$\frac{V_d}{N_d} = \frac{0.95\tau_c [bx + (b'_{f,s} - b)h'_f]}{\phi_c \{\sigma_c [bx + (b'_f - b)h'_f] - N_{spd,c}\}} \quad (6.4.8-3)$$

$$e = \frac{\sigma_c \left[bx \left(h_0 - \frac{x}{2}\right) + (b'_f - b)h'_f \left(h_0 - \frac{h'_f}{2}\right) \right] - N_{spd,c}(h_0 - h_{spd,c})}{\sigma_c [bx + (b'_f - b)h'_f] - N_{spd,c}}$$

$$(6.4.8-4)$$

第6章 下部结构设计与计算

6.4.9 剪压区为弓形的圆形和环形截面大偏心受压构件接缝截面（图 6.4.9），抗剪弯承载力应满足式(6.4.9-1)、式(6.4.9-2)的要求：

$$\gamma_0 V_d \leq 0.95 \alpha_c \tau_c A_c \left(1 - \frac{\sin 2\pi\alpha_c}{2\pi\alpha_c}\right) \quad (6.4.9\text{-}1)$$

$$\gamma_0 N_d \eta e_0 \leq \phi_c \left(\sigma_c A_c r \frac{2\sin^3 \pi\alpha_c}{3\pi} + M_{spd,cc}\right) \quad (6.4.9\text{-}2)$$

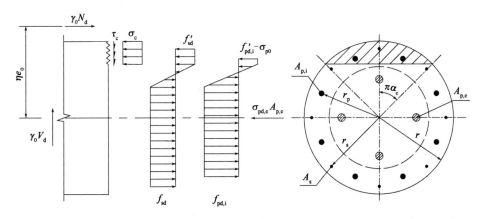

图 6.4.9 剪压区为弓形的圆形和环形截面大偏心受压构件接缝截面抗剪弯承载力计算图式

其中 τ_c、σ_c、α_c 应按式(6.4.9-3)、式(6.4.9-4)及式(5.4.9-6)计算：

$$\frac{V_d}{N_d} = \frac{0.95 \alpha_c \tau_c A_c \left(1 - \dfrac{\sin 2\pi\alpha_c}{2\pi\alpha_c}\right)}{\phi_c \left[\alpha_c \sigma_c A_c \left(1 - \dfrac{\sin 2\pi\alpha_c}{2\pi\alpha_c}\right) + N_{spd,cc}\right]} \quad (6.4.9\text{-}3)$$

$$\eta e_0 = \frac{\sigma_c A_c r \dfrac{2\sin^3 \pi\alpha_c}{3\pi} + M_{spd,cc}}{\alpha_c \sigma_c A_c \left(1 - \dfrac{\sin 2\pi\alpha_c}{2\pi\alpha_c}\right) + N_{spd,cc}} \quad (6.4.9\text{-}4)$$

6.4.10 剪压区非弓形的环形截面大偏心受压构件接缝截面（图 6.4.10），抗剪弯承载力应满足式(6.4.10-1)、式(6.4.10-2)的要求：

$$\gamma_0 V_d \leq 0.95 \alpha_c \tau_c A_c \quad (6.4.10\text{-}1)$$

$$\gamma_0 N_d \eta e_0 \leqslant \phi_c \left[0.5\sigma_c A_c (r_1 + r_2) \frac{\sin\pi\alpha_c}{\pi} + M_{\text{spd,cr}} \right]$$

(6.4.10-2)

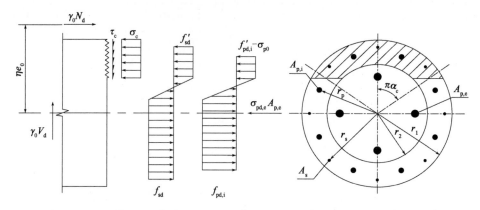

图 6.4.10 剪压区非弓形的环形截面大偏心受压构件接缝截面抗剪弯承载力计算图式

其中 τ_c、σ_c、α_c 应按式(6.4.10-3)、式(6.4.10-4)及式(5.4.9-6)计算:

$$\frac{V_d}{N_d} = \frac{0.95\alpha_c \tau_c A_c}{\phi_c (\alpha_c \sigma_c A_c + N_{\text{spd,cr}})}$$

(6.4.10-3)

$$\eta e_0 = \frac{0.5\sigma_c A_c (r_1 + r_2) \dfrac{\sin\pi\alpha_c}{\pi} + M_{\text{spd,cr}}}{\alpha_c \sigma_c A_c + N_{\text{spd,cr}}}$$

(6.4.10-4)

当 $\alpha_c < \arccos[2r_2/(r_1+r_2)]/\pi$ 时,抗剪弯承载力应按本规范第6.4.9条的规定计算。

3)设计计算公式的使用方法

《规范》中矩形和T形截面的大偏心受压构件接缝截面抗剪弯承载力计算公式之间存在非线性关联,建议采用数学迭代计算方法或采用计算机软件直接求解方程组;圆形和环形截面的大偏心受压构件接缝截面抗剪弯承载力计算公式,属于非线性关联的超越函数方程组,建议采用计算机软件直接求解或数学迭代计算方法求解。

本指南对于矩形和T形截面,介绍一种将混凝土剪-压复合强度准则曲线用分段割线替换偏安全的简化计算方法；对于圆形和环形截面，可采用穷举法将受压区圆心角按 $1°\sim360°$ 依照一定的间隔逐个进行计算找到最优解，同时也介绍了一种将混凝土剪-压复合强度准则曲线和超越函数组合在一起的迭代计算方法。

(1) 剪压区为矩形截面

因无法预先知道剪压区为矩形截面还是 T 形截面，需要先假定其是矩形截面开始试算，若计算得到的 $x>h'_f$，则应按《规范》第 6.4.8 条剪压区为 T 形截面的规定进行计算。

同受弯构件一样，将《规范》式(5.4.9-6)表示的混凝土剪-压复合强度准则曲线替换为分段割线，见本指南式(5.1-15)和表 5.1-9。

假定本指南式(5.1-15)的适用区间（首次计算取 $i=2$ 或 3 对应区间），与《规范》式(6.4.7-3)和式(6.4.7-4)联立可得：

$$Ax^2 + Bx + C = 0 \qquad (6.1\text{-}9)$$

其中，

$A = 0.5b'_f C_i$

$B = b'_f C_i (e - h_0) + 0.5b'_f N_{spd,c} V_d$

$C = b'_f N_{spd,c} V_d (e - h_0) - N_{spd,c} (b'_f V_d - A_i)(e - h_0 + h_{spd,c})$

$A_i = 0.95(\phi_j/\phi_c) a_i b'_{f,s} N_d, C_i = 0.95(\phi_j/\phi_c) b_i b'_{f,s} f_{cd} N_d$

可得解：

$$x = \frac{-B + \sqrt{B^2 - 4AC}}{2A} \qquad (6.1\text{-}10)$$

将式(6.1-10)的解代入《规范》式(6.4.7-3)，整理后得：

$$\frac{\sigma_c}{f_{cd}} = \frac{C_i x + N_{spd,c} V_d}{f_{cd} x (b'_f V_d - A_i)} \qquad (6.1\text{-}11)$$

判断 σ_c/f_{cd} 是否在假定的适用区间内，不在时更换 a_i、c_i($i=1\sim5$) 重新用式(6.1-10)计算 x。若在假定区间内，用本指南式(5.1-15)计算剪应力设计值。

最后用《规范》式(6.4.7-1)和式(6.4.7-2)验算截面承载力。

当构件的受压构件纵向连续普通钢筋和预应力钢筋的合力设计值$N_{spd,c}=0$时,即受拉钢筋与受压钢筋的拉力与压力在接缝法向相互抵消时,《规范》式(6.4.7-4)中的$h_{spd,c}$将无法在这种特殊情况下进行计算。为此,可以将《规范》式(6.4.7-4)表示为:

$$e = \frac{\sigma_c b'_f x \left(h_0 - \dfrac{x}{2}\right) - N_{spd,c} h_0 - N_{spd,c} h_{spd,c}}{\sigma_c b'_f x - N_{spd,c}}$$

其中的$N_{spd,c} h_{spd,c}$又可表示为:

$$N_{spd,c} h_{spd,c} = N_{spd,c} \frac{M_{spd,c}}{N_{spd,c}} = M_{spd,c}$$

式中:$M_{spd,c}$——受压构件与接缝截面相交全部纵向连续的普通钢筋和预应力钢筋对截面受压边缘的力矩设计值(N)。

于是,《规范》式(6.4.7-4)改为:

$$e = \frac{\sigma_c b'_f x \left(h_0 - \dfrac{x}{2}\right) + M_{spd,c} - N_{spd,c} h_0}{\sigma_c b'_f x - N_{spd,c}}$$

相应地,求解x方程的系数改为:

$A = 0.5 b'_f C_i$
$B = b'_f C_i (e - h_0) + 0.5 b'_f N_{spd,c} V_d$
$C = b'_f N_{spd,c} V_d (e - h_0) - (b'_f V_d - A_i)[N_{spd,c}(e - h_0) + M_{spd,c}]$

其他计算公式和要求不变。

(2)剪压区为T形截面

对于剪压区为T形截面的情况,同样也假定本指南式(5.1-15)的适用区间(首次计算取$i=2$或3对应区间),然后与《规范》式(6.4.8-3)和式(6.4.8-4)联立可得:

$$Ax^3 + Bx^2 + Cx + D = 0 \quad (6.1\text{-}12)$$

其中,

$A = 0.5b^2 C_i$

$B = b^2 C_i e - b^2 C_i h_0 + 0.5b[C_i h_f'(b_{f,s}' - b) + N_{spd,c} V_d]$

$C = b[C_i e h_f'(b_f' - b) + C_i h_f'(b_{f,s}' - b)(e - h_0) - h_0 N_{spd,c} V_d + A_i e N_{spd,c} - C_i h_f'(b_f' - b)(h_0 - 0.5h_f') + N_{spd,c}(h_0 - h_{spd,c})(V_d - A_i)]$

$D = [eh_f'(b_f' - b) - h_f'(b_f' - b)(h_0 - 0.5h_f')][C_i h_f'(b_{f,s}' - b) + N_{spd,c} V_d] + N_{spd,c}(h_0 - h_{spd,c} - e)[h_f' V_d(b_f' - b) - A_i h_f'(b_{f,s}' - b)]$

$A_i = 0.95(\phi_j/\phi_c) a_i N_d, C_i = 0.95(\phi_j/\phi_c) b_i f_{cd} N_d$

采用牛顿法迭代求解：

$$x_{j+1} = x_j - \frac{Ax_j^3 + Bx_j^2 + Cx_j + D}{3Ax_j^2 + 2Bx_j + C} \quad (j = 0,1,2\cdots) \quad (6.1\text{-}13)$$

初始值 x_0 满足如下条件：

$$|3Ax_0^2 + 2Bx_0 + C|^2 > \left|\frac{3Ax_0^2 + 2Bx_0 + C}{2}\right| \cdot |Ax_0^3 + Bx_0^2 + Cx_0 + D|$$

$$3Ax_0^2 + 2Bx_0 + C \neq 0$$

若求得的 x_{j+1} 不满足精度要求,可令 $x_j = x_{j+1}$ 代入式(6.1-13)继续迭代,直至收敛。若迭代不能收敛,建议用计算机软件求解。

求解收敛后,令 $x = x_{j+1}$,与本指南式(5.1-15)一起代入《规范》式(6.4.8-3),整理后得：

$$\frac{\sigma_c}{f_{cd}} = \frac{C_i bx + C_i(b_{f,s}' - b)h_f' + V_d N_{spd,c}}{f_{cd}[bx(V_d - A_i) + V_d(b_f' - b)h_f' - A_i(b_{f,s}' - b)h_f']}$$

(6.1-14)

判断 σ_c/f_{cd} 是否在假定的适用区间内,不在时更换 a_i、$b_i (i = 1 \sim 5)$ 重新用式(6.1-13)计算 x。若在假定区间内,用本指南式(5.1-15)计算剪应力设计值。

最后用《规范》式(6.4.8-1)和式(6.4.8-2)验算截面承载力。

同样,当构件的 $N_{\text{spd},c}=0$ 时,《规范》式(6.4.8-4)中的 $h_{\text{spd},c}$ 将无法计算。为此,可将《规范》式(6.4.8-4)改写为

$$e = \frac{\sigma_c\left[bx\left(h_0-\dfrac{x}{2}\right)+(b_f'-b)h_f'\left(h_0-\dfrac{h_f'}{2}\right)\right]+M_{\text{spd},c}-N_{\text{spd},c}h_0}{\sigma_c[bx+(b_f'-b)h_f']-N_{\text{spd},c}}$$

求解 x 相应方程的系数改为:

$A = 0.5b^2 C_i$

$B = b^2 C_i e - b^2 C_i h_0 + 0.5b[C_i h_f'(b_{f,s}'-b) + N_{\text{spd},c}V_d]$

$C = b\{C_i e h_f'(b_f'-b) + C_i h_f'(b_{f,s}'-b)(e-h_0) - h_0 N_{\text{spd},c} V_d + A_i e N_{\text{spd},c} -$
$\qquad C_i h_f'(b_f'-b)(h_0-0.5h_f') + (N_{\text{spd},c}h_0 - M_{\text{spd},c})(V_d - A_i)\}$

$D = [eh_f'(b_f'-b) - h_f'(b_f'-b)(h_0-0.5h_f')][C_i h_f'(b_{f,s}'-b) + N_{\text{spd},c}V_d] +$
$\qquad [N_{\text{spd},c}(h_0-e) - M_{\text{spd},c}][h_f'V_d(b_f'-b) - A_i h_f'(b_{f,s}'-b)]$

其他计算公式和要求不变。

(3) 剪压区为弓形的圆形和环形截面

因无法预先知道环形截面的剪压区为弓形还是不完整环形,需要先假定其是弓形截面开始试算,若计算得到的 $\alpha \geqslant \arccos[2r_2/(r_1+r_2)]/\pi$,则应按《规范》第6.4.10条的规定进行计算。

① 基本方程。

由《规范》式(6.4.9-3)、式(6.4.9-4)及式(5.4.9-6),整理后得到如下方程:

$$f(\alpha_c, \sigma_c) = \frac{N_d}{V_d} - \frac{\phi_c\left[\alpha_c \sigma_c A_c\left(1-\dfrac{\sin 2\pi\alpha_c}{2\pi\alpha_c}\right) + N_{\text{spd},cc}\right]}{0.95\tau_c A_c\left(\alpha_c - \dfrac{\sin 2\pi\alpha_c}{2\pi}\right)} = 0$$

(6.1-15)

$$\sigma_c = \frac{M_{\text{spd},cc} - \eta N_{\text{spd},cc} e_0}{\eta A_c e_0\left(\alpha_c - \dfrac{\sin 2\pi\alpha_c}{2\pi}\right) - \phi_c A_c r \dfrac{2\sin^3 \pi\alpha_c}{3\pi}}$$

(6.1-16)

②穷举法计算步骤。

截面受压区混凝土的圆心角从 $\alpha = 1°$ 开始，按一定间隔计算 $\alpha = 1° \rightarrow 360°$ 的如下各式：

$$\alpha_c = \frac{\alpha}{2\pi}$$

$$\alpha_{tc} = 1.25 - 2\alpha_c$$

$$M_{spd,cc} = (f_{sd}A_s r_s + f'_{pd,i}A_{p,i}r_p)\frac{\sin\pi\alpha_c}{\pi} + [f_{sd}A_s r_s + (f_{pd,i} - \sigma_{p0,i})A_{p,i}r_p]\frac{\sin\pi\alpha_{tc}}{\pi}$$

$$N_{spd,cc} = \alpha_c(f_{sd}A_s + f'_{pd,i}A_{p,i}) - \alpha_{tc}[f_{sd}A_s + (f_{pd,i} - \sigma_{p0,i})A_{p,i}] - \sigma_{p0,i}A_{p,i} - \sigma_{pd,e}A_{p,e}$$

$$\sigma_c = \frac{M_{spd,cc} - \eta N_{spd,cc} e_0}{\eta A_c e_0 \left(\alpha_c - \frac{\sin 2\pi\alpha_c}{2\pi}\right) - A_c r \frac{2\sin^3\pi\alpha_c}{3\pi}}$$

$$\tau_c = \phi_j f_{cd} \sqrt{0.009 + 0.095\frac{\sigma_c}{f_{cd}} - 0.104\left(\frac{\sigma_c}{f_{cd}}\right)^2}$$

找到 $f(\alpha_c, \sigma_c)$ 最接近 0 的解：

$$f(\alpha_c, \sigma_c) = \frac{N_d}{V_d} - \frac{\phi_c\left[\alpha_c\sigma_c A_c\left(1 - \frac{\sin 2\pi\alpha_c}{2\pi\alpha_c}\right) + N_{spd,cc}\right]}{0.95\tau_c A_c \left(\alpha_c - \frac{\sin 2\pi\alpha_c}{2\pi}\right)} \approx 0$$

最后，用《规范》式(5.4.9-6)计算剪应力设计值，再用《规范》式(6.4.9-1)和式(6.4.9-2)验算截面承载力。

③弦截法计算步骤。

a. 根据 $\alpha_c \leq 0.625$ 或 $\alpha_c > 0.625$ 对应的式(6.1-15)和式(6.1-16)，采用式(6.1-16)寻找两组 (α_{c1}, σ_1)、(α_{c2}, σ_2) 并满足如下条件的初始值：

$$0 < \left(\frac{\sigma_{c1}}{f_{cd,j}}, \frac{\sigma_{c2}}{f_{cd,j}}\right) < 1$$

$$f(\alpha_{c1}, \sigma_{c1}) f(\alpha_{c2}, \sigma_{c2}) < 0$$

以此作为 α_c 解可能出现的区间,记为 $[\alpha_c 1, \alpha_c 2]_1$。

建议先利用计算机将式(6.1-15)的曲线画出来,找到解的大致位置以便加快求解并避免迭代发散。

b. 采用弦截法迭代求解 α_c。

步骤一:计算

$$\alpha_{c3} = \alpha_{c2} - \frac{\alpha_{c2} - \alpha_{c1}}{f(\alpha_{c2}, \sigma_2) - f(\alpha_{c1}, \sigma_1)} f(\alpha_{c2}, \sigma_2)$$

再由式(6.1-16)和式(6.1-15)计算 σ_3 和 $f(\alpha_{c3}, \sigma_3)$,若 $|f(\alpha_{c3}, \sigma_3)| < 10^{-2}$(或其他值)则 $f(\alpha_{c3}, \sigma_3)$ 对应的 α_{c3} 即为所求的解 α_c;

步骤二:选取与 $f(\alpha_{c3}, \sigma_3)$ 异号的 $f(\alpha_{c1}, \sigma_1)$ 或 $f(\alpha_{c2}, \sigma_2)$,将其对应的 α_c 点定义新的 $[\alpha_{c1}, \alpha_{c2}]_2$;

步骤三:返回步骤一,将 $[\alpha_{c1}, \alpha_{c2}]_2$ 定义为新的 $[\alpha_{c1}, \alpha_{c2}]_1$ 后按步骤一、步骤二重新计算。

由于函数(6.1-15)可能有多解,在 $\alpha_c \leq 0.625$ 和 $\alpha_c > 0.625$ 内也都可能分别存在解,因此需要在 $0.0 < \alpha_c < 1.0$ 且 $0.0 < \sigma_c/f_{cd} < 1.0$ 内判断合理解。

最后,用《规范》式(5.4.9-6)计算剪应力设计值,再用《规范》式(6.4.9-1)和式(6.4.9-2)验算截面承载力。

(4)剪压区非弓形的环形截面

由《规范》式(6.4.10-3)、式(6.4.10-4)及式(5.4.9-6),整理后得到如下方程组:

$$f(\alpha_c, \sigma_c) = \frac{N_d}{V_d} - \frac{\phi_c(\alpha_c \sigma_c A_c + N_{spd,cr})}{0.95 \alpha_c \tau_c A_c} = 0 \qquad (6.1\text{-}17)$$

$$\sigma_{c} = \frac{M_{spd,cr} - \eta N_{spd,cr} e_{0}}{\alpha_{c}\eta A_{c} e_{0} - 0.5\phi_{c} A_{c}(r_{1}+r_{2})\dfrac{\sin\pi\alpha_{c}}{\pi}} \qquad (6.1\text{-}18)$$

①穷举法计算步骤。

截面受压区混凝土的圆心角从 $\alpha = 1°$ 开始,按一定间隔计算 $\alpha = 1° \to 360°$ 的如下各式:

$$\alpha_{c} = \frac{\alpha}{2\pi}$$

$$\alpha_{tc} = 1 - 1.5\alpha_{c}$$

$$M_{spd,cc} = (f_{sd}A_{s}r_{s} + f'_{pd,i}A_{p,i}r_{p})\frac{\sin\pi\alpha_{c}}{\pi} + [f_{sd}A_{s}r_{s} + (f_{pd,i} - \sigma_{p0,i})A_{p,i}r_{p}]\frac{\sin\pi\alpha_{tc}}{\pi}$$

$$N_{spd,cc} = \alpha_{c}(f_{sd}A_{s} + f'_{pd,i}A_{p,i}) - \alpha_{tc}[f_{sd}A_{s} + (f_{pd,i} - \sigma_{p0,i})A_{p,i}] - \sigma_{p0,i}A_{p,i} - \sigma_{pd,e}A_{p,e}$$

$$\sigma_{c} = \frac{M_{spd,cr} - \eta N_{spd,cr} e_{0}}{\alpha_{c}\eta A_{c} e_{0} - 0.5 A_{c}(r_{1}+r_{2})\dfrac{\sin\pi\alpha_{c}}{\pi}}$$

$$\tau_{c} = \phi_{j}f_{cd}\sqrt{0.009 + 0.095\frac{\sigma_{c}}{f_{cd}} - 0.104\left(\frac{\sigma_{c}}{f_{cd}}\right)^{2}}$$

找到 $f(\alpha_{c},\sigma_{c})$ 最接近 0 的解:

$$f(\alpha_{c},\sigma_{c}) = \frac{N_{d}}{V_{d}} - \frac{\phi_{c}(\alpha_{c}\sigma_{c}A_{c} + N_{spd,cr})}{0.95\alpha_{c}\phi_{j}\tau_{c}A_{c}} \approx 0$$

最后,用《规范》式(5.4.9-6)计算剪应力设计值,再用《规范》式(6.4.10-1)和式(6.4.10-2)验算截面承载力。

②弦截法计算步骤。

弦截法计算步骤与剪压区为弓形的圆形和环形截面相似,只要对其中进行如下修改即可:不等式中的 0.625 改为 0.667;式(6.1-15)和式(6.1-16)分别改为式(6.1-17)和式(6.1-18);《规范》式(6.4.9-1)和式(6.4.9-2)分别改为《规范》式(6.4.10-1)和式(6.4.10-2)。

6.1.4 钢筋混凝土构件接缝截面裂缝宽度验算

装配式钢筋混凝土构件接缝截面最大裂缝宽度的计算方法还有待研究,国外规范也没有可参考的规定。同济大学与上海市政工程设计研究总院和上海市城市建设设计研究总院为此进行了力学模型和足尺钢筋混凝土墩柱的抗裂和承载力试验。研究中发现,在相同的外荷载作用下,砂浆填充接缝处的裂缝宽度均大于无接缝的整体式墩柱,且裂缝宽度约为无接缝墩柱的1.3~1.6倍。虽然该次试验的试件数量有限,数据没有纳入《规范》,但在环境类别Ⅲ类以上的地区,若采用砂浆填充接缝应采取相应的构造和防护措施。

6.1.5 圆形管墩-承台承插式连接设计要点

圆形管墩-承台承插式连接构造要点包括:①灌浆料采用高强水泥基灌浆料;②墩柱承插段设有墩柱键槽;③承台预留承插孔以冷弯波纹钢管成孔;④承台预留承插孔周边设有U形抗冲切钢筋;⑤承台底板伸入管墩内腔的环形抗剪钢筋。

承插式连接需要分别关注墩柱构件、连接面和承台构件,强震区应确保连接面和承台构件满足能力保护的设计原则,非强震区宜确保连接面和承台构件满足能力保护的设计原则。因此,墩柱的力学性能是圆形管墩-承台承插式连接设计的基础,承插深度需要根据墩柱的超强弯矩、超强剪力进行计算,可满足连接节点强度大于构件强度的设计原则。连接面尚不能给出计算公式,通过构造规定实现能力保护状态。承台构件分别关注预留承插孔后的抗冲切性能及对承台整体性的削弱,分别见《规范》附录C.0.4和C.0.5,鉴于承台尺寸较大及试验结果,暂未给出承台水平向配筋设计原则。

灌浆料在承台的约束下,不符合材料力学连续性的基本假设(几何相容条件,即变形后的固体既不引起"空隙"也不产生"挤入"现象),力学原理较为复杂,目前灌浆料采用高强水泥基灌浆料规避该处复杂的力学分析问题,目前不建议采用宽接缝+可振捣的普通混凝土。

灌浆料内侧墩柱段设有墩柱键槽,外侧由冷弯波纹钢管成孔形成承台键槽,实现双侧均含剪力键的构造措施。当仅单侧设有剪力键时,另外一侧可能形成结构受力的薄弱面,效果与双侧均不设剪力键基本一致,故强调灌浆料两侧必须都有剪力构造措施。

U形抗冲切钢筋在研究阶段假设灌浆料破坏后的极端情形下,要避免承台出现冲切破坏。该连接方式若承台出现冲切破坏,后果是极为严重的,建议材料采用标准值计算时,承台底板抗冲切能力和U形钢筋抗冲切能力两部分之和不小于冲切荷载。

承台底板伸入管墩内腔的环形抗剪钢筋,在墩底与承台发生水平相对变形时可提供剪力,能增强连接的整体性,目前建议设置。

最后因为采用管墩-承台承插式连接装配式桥墩工程实践不多,尚未准确判明结构的破坏机理,未形成连接部承载力计算公式,建议通过有限元模拟或试验研究验证设计,应满足《规范》附录C.0.2条规定。

6.2 计算内容

装配式桥梁下部结构需进行承载能力极限状态验算和正常使用极限状态验算。

6.2.1 构件计算

节段预制拼装混凝土受压构件的计算,应符合《桥规》的规定。

6.2.2 接缝计算

节段预制拼装混凝土受压构件接缝位置应进行持久状况承载能力极限状态计算、持久状况正常使用极限状态计算、持久状况和短暂状况应力计算。接缝区截面计算内容见表6.2-1。

接缝区截面计算内容 表 6.2-1

	计 算 内 容	《规范》条文
持久状况承载能力极限状态计算	正截面抗压弯承载能力	6.4.4~6.4.6
	截面抗剪弯承载能力	6.4.7~6.4.10
持久状况正常使用极限状态计算	接缝截面的抗裂计算	6.5.3、6.5.5
	接缝的裂缝宽度计算	6.5.6
持久状况和短暂状况应力计算	使用阶段接缝截面混凝土最大压应力	6.6.1、6.6.3
	使用阶段接缝截面混凝土的最大主压应力	
	使用阶段预应力钢筋的最大拉应力	
	短暂状况接缝截面边缘混凝土的最大压应力	6.6.2、6.6.4
	短暂状况接缝截面边缘混凝土的最大拉应力	
	短暂状况中性轴处接缝位置混凝土的主拉应力	

下部结构节段预制拼装混凝土受弯构件的计算,应符合《规范》第5.3~5.6节的规定。

6.2.3 结构刚度计算

节段预制拼装混凝土受压构件应按持久状况正常使用极限状态要求,参照《桥规》的相关条款对结构进行挠度验算,结构截面刚度应乘以折减系数0.9。

6.3 连 接 要 求

6.3.1 灌浆套筒连接和机械连接接头的性能要求

预制构件连接的关键是实现钢筋的连接。钢筋的灌浆套筒连接是在金属套筒中插入单根带肋钢筋并注入灌浆料拌合物,通过拌合物硬化形成整体并实现传力的钢筋对接连接。为了达到钢筋连接的目的,需对灌浆套筒连接接头的性能提出要求,分别为强度要求和变形性能要求。

1)强度要求

灌浆套筒连接接头的抗拉强度不应小于连接钢筋的抗拉强度标准

值,且破坏时应断于接头外钢筋。连接接头的抗拉强度为极限强度,按连接钢筋公称截面面积计算。目前,灌浆套筒连接在桥梁工程中较常用在预制立柱与承台的连接,在连接截面实现了钢筋100%的连接,考虑到钢筋可靠连接的重要性,为防止采用灌浆套筒连接的混凝土构件发生不利破坏,《规范》提出了连接接头抗拉试验应断于接头外钢筋的要求,即不允许发生断于接头或发生连接钢筋与灌浆套筒拉脱的现象。

2) 变形性能要求

不仅需要对单向拉伸的残余变形和最大力下的总伸长率提出要求,同时要求灌浆套筒连接接头能经受规定的高应力和大变形反复拉压循环检验,且在经历拉压循环后,其抗拉强度仍应能满足强度的要求,即接头的抗拉强度不应小于连接钢筋的抗拉强度标准值,且破坏时应断于接头外钢筋。

对于单向拉伸,其加载制度为 $0 \to 0.6f_{yk} \to 0$(测量残余变形)→最大拉力(记录极限抗拉强度)→破坏(测定最大力下总伸长率),其中 f_{yk} 为钢筋屈服强度标准值。当钢筋直径小于或等于32mm时,要求单向拉伸的残余变形要小于0.10mm,最大力下总伸长率大于6.0%;当钢筋直径大于32mm时,要求单向拉伸的残余变形要小于0.14mm,最大力下总伸长率大于6.0%。

对于高应力反复拉压,其加载制度为 $0 \to (0.9f_{yk} \to -0.5f_{yk})$ 反复20次→破坏。要求高应力反复拉压下,残余变形要小于或等于0.3mm。

对于大变形反复拉压,其加载制度为 $0 \to (2\varepsilon_{yk} \to -0.5f_{yk})$ 反复4次→$(5\varepsilon_{yk} \to -0.5f_{yk})$ 反复4次→破坏,ε_{yk} 为钢筋应力为屈服强度标准值时的应变。要求4次拉压后的残余变形小于或等于0.3mm,要求8次拉压后的残余变形小于或等于0.6mm。

机械连接接头的性能也应满足上述要求。

6.3.2 灌浆套筒连接的钢筋锚固长度

灌浆套筒的作用是将一根钢筋的力传递至另一根钢筋,因此在工厂预制安装部分可采用现场灌浆连接或者直接采用机械连接。全灌浆套筒指一端为预制安装端,另一端为现场拼装端,套筒中间应设置钢筋限位挡板,套筒下端应设置压浆口,套筒上端应设置出浆口,如图6.3-1a)所示。半灌浆套筒指钢筋机械连接端为预制安装端,另一端为现场拼装端,现场拼装端下端应设置压浆口,上端应设置出浆口,如图6.3-1b)所示。

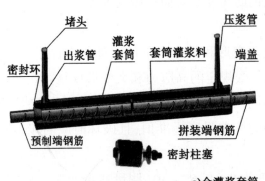

a) 全灌浆套筒

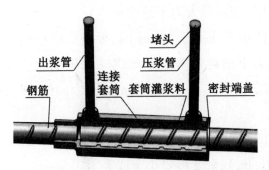
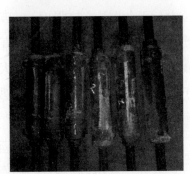

b) 半灌浆套筒

图 6.3-1 灌浆套筒

根据HRB400钢筋接头试验研究,对于全灌浆套筒,为保证钢筋、灌浆料及套筒体系可靠,套筒一端钢筋锚固长度不能小于$10d_s$(d_s为被连接纵向钢筋直径);为保证压浆质量,压浆顺序应由下至上,并保证在压浆口下缘布置一道箍筋,因此,压浆口下缘与端部净距应大于30mm,不应大于50mm;由于全灌浆套筒分现场拼装端和预制安装端,安装时应特别注意。

对于HRB500及以上热轧钢筋,应进行连接方式和锚固长度的专项研究。对于半灌浆套筒,为保证钢筋、灌浆料及套筒体系可靠,现场灌浆拼接端钢筋锚固长度不能小于$10d_s$(d_s为被连接纵向钢筋直径)。

6.3.3 灌浆波纹钢管连接的钢筋锚固长度

根据试验研究,为确保灌浆波纹钢管连接可靠,《规范》对波纹管的长度、直径、肋高等作了一系列的规定。《桥规》及现行《公路桥梁抗震设计规范》(JTG/T 2231-01)(以下简称"《抗规》")对受拉直筋锚固于强度等级大于C40的混凝土时,建议锚固长度大于$30d_s$,考虑抗震影响,建议增加$10d_s$。考虑到预制立柱中灌浆波纹钢管灌浆料强度可达100MPa,可将波纹管中钢筋的锚固长度适当缩短,参考国内外已有的试验成果,可缩短至$24d_s$。考虑到抗震构造要求,波纹管预埋在盖梁或承台中时,应在$24d_s$的基础上增加$10d_s$。如果盖梁或承台混凝土强度低于C40,应通过试验研究确定锚固长度。

6.3.4 承插式连接的构造要求

承插式连接构造是将预制墩身插入基础的预留孔内,桥墩与基础之间没有钢筋连接,底部铺设一定厚度的砂浆,基础可以是现浇的,也可以是预制的。承插式连接施工精度要求较低,且施工工序简单,现场作业量少(现浇承台方式现场浇筑作业量略多),但构造略显复杂,国内外也开展了相应的研究。

2006年,意大利Paolo Riva等研究了承插式连接和灌浆套筒连接的抗震性能。试验包括6组试件,第一组为现浇试件,第二组为承插式连接试件,后4组为灌浆套筒连接试件,均采用4个灌浆套筒连接。试验结果表明,承插式连接试件滞回响应较稳定,没有发现明显的强度退化现象。与其他试件相比,承插式连接试件在墩底的弯曲裂缝开展现象更为明显,裂缝长度与墩柱尺寸几乎相等。

2013年,华盛顿大学Haraldsson、Janes等人在FHWA资助下研究了预制桥墩与现浇基础的承插式连接构造的抗震性能。该连接构造与传统现浇连接相比,有两个突出的特点:①桥墩与承台之间没有钢筋穿过;②桥墩的纵筋在墩底没有向外弯出并延伸至现浇基础内,而是采用锚固头(headed anchors)的构造形式。研究表明,传统的向外弯出钢筋的锚固形式,主要依靠弯钩处钢筋与混凝土的黏结作用来提供锚固力,传力效果不好。而与之相比,采用锚固头的钢筋构造形式,在节点处的传力更为直接和有效。此外,从施工的角度讲,后者也更易于浇筑、运输和安装。

为了获得承插式连接的构造要求,编制组也开展了承插式连接的试验研究,研究结论表明墩柱与承台接缝之间的剪力键和底部钢筋可以提供比较可靠的竖向传力路径,通过界面之间的剪力键及底部钢筋提供相当于设计轴压比30%左右的竖向力。基于此,给出了承插式连接的构造要求,即预制墩柱插入承台的深度应大于插入段纵向钢筋最小锚固长度要求,同时插入段与承插孔壁之间需要设置适当的剪力键,以保证墩柱与承台之间的抗剪要求,同时承插孔底板需要按照冲切进行验算,并配置适当的钢筋,以满足冲剪的要求。

6.3.5 插槽式连接的构造要求

插槽式连接是将桥墩钢筋插入盖梁的预留孔内,插孔由钢波纹管和顶底面的钢筋构成,盖梁安装就位后,在孔内浇筑混凝土。该构造已在国内外一些桥梁工程中得到应用,主要用于墩身与盖梁、桩与承台处的连接。

与灌浆套筒、灌浆金属波纹管等连接构造相比,该连接构造优点是施工精度要求较低。不足之处在于该连接构造需要在现场浇筑一定量的混凝土,约等待2d才可以进行后续施工。

2011年,Eric E. Matsumoto等对采用插槽式连接构造的桥墩进行了拟静力试验分析。试验包含3个试件:1号试件为现浇试件,作为后两个试件的参考;2号试件为完全延性插槽式连接(CPFD),3号试件为有限延性插槽式连接(CPLD)，即在2号试件的基础上去掉了所有与节点相关的箍筋，仅保留与2号试件相同的钢波纹管，更便于施工。试验结果表明：①CPFD试件延性较好，漂移比可以达到4.3%，力-位移响应显示其滞回性能良好，没有发生明显的强度退化。②CPLD试件的响应主要表现为靠近盖梁处桥墩的塑性转动以及节点处的剪切裂缝和变形。在延性方面，该体系表现出超过预期的性能，且滞回性能良好，没有发生明显的强度退化。试件最终失效是由于两根桥墩钢筋发生屈曲和断裂，而不是由于节点失效，这些特性均与完全延性试件(CPFD)相似。

2013年，David Van Zanen采用拉-压杆模型模拟了插槽式和现浇试件。分别采用计算机辅助压杆拉杆模型设计软件(computer-aided strut-and-tie, CAST)和SAP2000结构有限元软件建立二维和三维拉-压杆模型。将拉-压杆模型分析结果与梁理论计算结果和实际试验结果作对比，发现梁理论的计算值与实际试验结果相差较大，相比之下STM模型(尤其是三维STM模型)能更加准确地计算梁柱节点的受力情况。

为了获得插槽式连接的构造要求，编制组也开展了插槽式连接的试验研究，研究过程中发现墩柱柱底接缝张开比较明显，混凝土开裂和压碎主要发生在接缝附近，在节点区域，斜裂缝扩展范围较小，说明插槽内的钢波纹管起到了一定的约束作用。因此，对于插槽式连接规定插槽孔壁可通过设置钢波纹管加强。

6.4 计算示例

6.4.1 算例一：矩形截面预制墩柱计算

1)构造形式及典型尺寸

某桥跨径布置为$4 \times 32m$，设计为双向六车道，上部结构为预制小箱梁，下部结构为双柱式大悬臂盖梁桥墩，采用预制装配法施工，墩柱与盖梁、承台之间采用灌浆套筒连接，其中墩柱高18m，截面尺寸为$2m \times 2m$，截面横桥向配置9根直径40mm的钢筋，纵桥向配置8根直径40mm

(1根由于刻槽截断);箍筋采用直径12mm的6肢箍,墩底及墩顶区(各2m范围)箍筋均间距100mm布置,其余位置箍筋间距150mm布置。墩柱钢筋布置如图6.4-1所示。

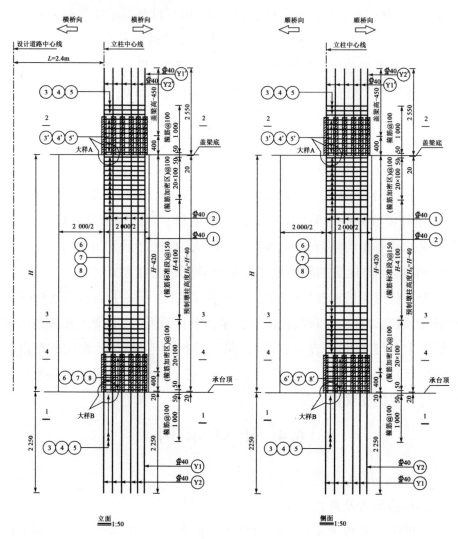

图 6.4-1

第6章 下部结构设计与计算

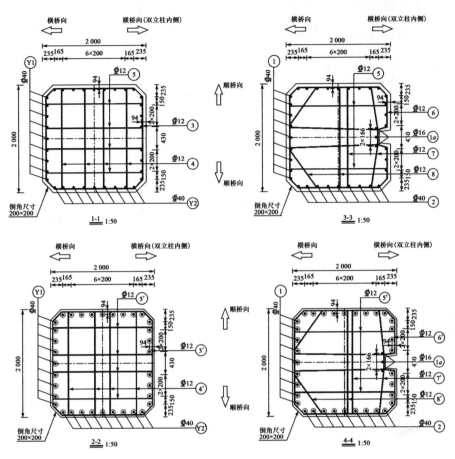

图 6.4-1 墩柱钢筋布置图(尺寸单位:mm)

2)设计资料

(1)材料参数

①混凝土。

墩柱采用 C40 混凝土,主要力学性能见表 6.4-1。

C40 混凝土材料参数 表 6.4-1

强度等级	f_{ck}(MPa)	f_{tk}(MPa)	f_{cd}(MPa)	f_{td}(MPa)	E_c(MPa)
C40	26.8	2.40	18.4	1.65	3.25×10^4

②普通钢筋。

普通钢筋采用 HRB400 热轧带肋钢筋,抗拉、抗压强度设计值为 330MPa,弹性模量取 200GPa。

(2)荷载

①恒载。

钢筋混凝土重度取 $26kN/m^3$,沥青混凝土重度取 $24kN/m^3$。基础变位按桥梁桩基整体最大沉降量为 7mm 考虑。

②活载。

汽车荷载按《公路桥涵设计通用规范》(JTG D60—2015)取值,采用公路—Ⅰ级,考虑多车道折减及冲击力、制动力。

③温度作用。

均匀升、降温作用取有效温度标准值 ±30℃。

3)承载能力极限状态验算

(1)抗压弯承载力验算

根据计算,该联桥 0~2 号墩基本组合下接缝截面内力见表 6.4-2。

基本组合作用下墩柱接缝截面内力　　表 6.4-2

墩号	最大轴力 (kN)	最小轴力 (kN)	纵向弯矩 (kN·m)	横向弯矩 (kN·m)	水平剪力 (kN)
0 号墩	21 966	5 262	5 987	4 632	318
1 号墩	23 694	6 705	5 375	4 476	339
2 号墩	23 152	6 373	2 061	4 476	119

取 0 号墩接缝截面最小轴力工况为例进行计算:

根据《桥规》第 5.3.9 条:

墩柱长细比为:

$l_0/i = 18\ 000/577 = 31.2$

初始偏心距为:

$e_0 = 5\ 987/5\ 262 = 1.137\ 8\text{m} > \max(20, 2\ 000/30)\text{mm}$

荷载偏心率对截面曲率的影响系数为：

$\zeta_1 = 0.2 + 2.7 \times 1137.8/1906 = 1.81 > 1.0$，取 $\zeta_1 = 1.0$

构件长细比对截面曲率的影响系数为：

$\zeta_2 = 1.15 - 0.01 \times 18000/2000 = 1.06 > 1.0$，取 $\zeta_2 = 1.0$

偏心距增大系数为：

$$\eta = 1 + \frac{1}{1300 \times (1137.8/1906)} \times (18000/2000)^2 \times 1.0 \times 1.0 = 1.104$$

轴向力作用点至截面受拉边纵筋合力点的距离为：

$e_s = e = \eta e_0 + h/2 - a = 1.104 \times 1137.8 + 2000/2 - 94 = 2162.1 \text{mm}$

轴向力作用点至截面受压边纵筋合力点的距离为：

$e'_s = h/2 - \eta e_0 - a' = 2000/2 - 1.104 \times 1137.8 - 94 = -350.1 \text{mm}$

假设为大偏压，则对轴压力作用点力矩平衡可得：

$18.4 \times 2000x(2162.1 - 1906 + x/2) = 330 \times 11304 \times 2162.1 + 330 \times 11304 \times (-350.1)$

解得：$x = 401.9 \text{mm}$，混凝土受压区高度 $2a'_s = 192 \text{mm} < x < \zeta_b h_0 = 1010 \text{mm}$，则构件承载力为：

$\gamma_0 N_d \leq 0.95 \times (18.4 \times 2000 \times 401.9 + 330 \times 11304 - 330 \times 11304) = 14045 \text{kN}$

$\gamma_0 N_d e \leq 0.95 \times [18.4 \times 2000 \times 405 \times (1906 - 405/2) + 330 \times 11304 \times (1906 - 94)] = 30355 \text{kN} \cdot \text{m}$

由上述计算可知，0 号墩最小轴力工况接缝正截面压弯承载力满足规范要求。

(2) 抗剪弯承载力验算

取 1 号墩接缝截面最小轴力工况为例进行计算：

参考 0 号墩计算过程，计算得到 1 号墩偏心距增大系数：$\eta = 1.148$

$e = 1.148 \times 5375/6705 + 2000/2 - 94 = 1.826 \text{m} = 1826 \text{mm}$

假设拉压区普通钢筋均屈服，即 $\sigma_{sd} = \sigma'_{sd} = 330 \text{MPa}$，

$$N_{spd,c} = f_{sd}A_s + f_{pd,i}A_{p,i} + \sigma_{pd,e}A_{p,e} - f'_{sd}A'_s - (f'_{pd,i} - \sigma'_{p0,i})A'_{p,i} = 0$$

采用将混凝土剪-压复合强度准则曲线用分段割线替换偏安全的简化计算方法,假设式(5.1-15)适用区间取 $i=5$ 对应区间,查表 5.1-9 得 $a_i = -1.459, b_i = 1.459$。取 $\phi_j = 0.6$,与《规范》式(6.4.7-3)和式(6.4.7-4)联立可得:

$$Ax^2 + Bx + C = 0$$

其中,

$$A_i = 0.95(\phi_j/\phi_c)a_ib'_{f,s}N_d = 0.95 \times 0.85/0.95 \times (-1.459) \times$$
$$2\,000 \times 6\,705\,000 = -1.174 \times 10^{10}$$

$$C_i = 0.95(\phi_j/\phi_c)b_ib'_{f,s}f_{cd}N_d = 0.95 \times 0.85/0.95 \times 1.459 \times 2\,000 \times$$
$$18.4 \times 6\,705\,000 = 2.160 \times 10^{11}$$

$$A = 0.5b'_fC_i = 0.5 \times 2\,000 \times 3.0267 \times 10^{11} = 2.160 \times 10^{14}$$

$$B = b'_fC_i(e - h_0) + 0.5b'_fN_{spd,c}V_d = 2\,000 \times 3.026\,7 \times 10^{11} \times$$
$$(1\,826 - 1\,906) + 0 = -3.456 \times 10^{16}$$

$$C = b'_fN_{spd,c}V_d(e - h_0) - (b'_fV_d - A_i)[N_{spd,c}(e - h_0) + M_{spd,c}]$$
$$= 0 - (2\,000 \times 339\,000 + 1.174 \times 10^{10}) \times (0 + 6.759 \times 10^9)$$
$$= -8.393 \times 10^{19}$$

计算受压区高度 x 如下:

$$x = \frac{-B + \sqrt{B^2 - 4AC}}{2A} = 708\,\text{mm}$$

此时受压区钢筋应力为:

$\sigma'_{sd} = 2 \times 10^5 \times 0.003 \times (708/0.8 - 94)/(708/0.8) = 536\,\text{MPa}$,此时受压区纵筋已屈服,故取 $\sigma'_{sd} = 330\,\text{MPa}$,满足前述拉压区纵筋均达到屈服的假设。

$$\frac{\sigma_c}{f_{cd}} = \frac{C_ix + N_{spd,c}V_d}{f_{cd}x(b'_fV_d - A_i)} = \frac{215\,999\,697\,600 \times 708}{18.4 \times 708 \times (2\,000 \times 339\,000 + 11\,739\,114\,000)}$$
$$= 0.95$$,满足前述 σ_c/f_{cd} 位于区间(0.95,1)范围内的假定。

$\sigma_c = 0.95 \times 18.4 = 17.40 \text{MPa}$

$\tau_c = \phi_j \left(a_i \dfrac{\sigma_c}{f_{cd}} + b_i \right) \times f_{cd} = 0.6 \times (-1.459 \times 0.95 + 1.459)$

$= 0.879 \text{MPa}$

$V_u = 0.95 \tau_c b'_{f,s} x = 0.95 \times 0.879 \times 2\,000 \times 708 = 1\,183.9 \text{kN} > 339 \text{kN}$

故接缝抗剪承载力满足要求。

$M_u = 0.95 \times [17.40 \times 2\,000 \times 708 \times (1\,906 - 708/2) - 0 \times 1\,906 +$

$6.759 \times 10^9] = 42\,757 \text{kN} \cdot \text{m} > 5\,375 \text{kN} \cdot \text{m}$

故接缝的抗弯承载力满足要求。

$N_u = \phi_c(\sigma_c b'_f x - N_{spd,c}) = 0.95 \times 17.40 \times 2\,000 \times 708$

$= 23\,416 \text{kN} > 6\,705 \text{kN}$

故接缝的抗压承载力满足要求。

由上述计算可知,1 号墩轴力最小工况下接缝正截面抗压弯剪承载力满足规范要求。

4)正常使用极限状态验算

(1)裂缝宽度验算

0 号墩接缝截面在荷载频遇组合及准永久组合下的内力见表6.4-3。

0 号墩接缝截面内力   表6.4-3

荷载效应组合	轴力(kN)	纵向弯矩(kN·m)
频遇组合	10 446	4 821
准永久组合	8 946	4 087

根据《桥规》第6.4.3 条计算接缝面的裂缝宽度,计算过程如下:

钢筋表面形状系数:$C_1 = 1.0$;

长期效应影响系数:$C_2 = 1 + 0.5 \times \dfrac{8\,946}{10\,446} = 1.428$;

与构件受力性质有关的系数:$C_3 = 0.9$;

由于$l_0/h \leq 14$,偏心距增大系数 $\eta_s = 1.0$;

轴向压力作用点至纵向受拉钢筋合力点的距离：

$e_s = \eta_s e_0 + y_s = 1.0 \times 4\ 821/10\ 446 \times 1\ 000 + 2\ 000/2 - 94 = 1\ 368\ \text{mm}$

纵向受拉钢筋合力点至截面受压区合力点的距离：

$z = [0.87 - 0.12 \times (1\ 906/1\ 368)^2] \times 1\ 906 = 1\ 214\ \text{mm} < 0.87 h_0 = 1\ 658\ \text{mm}$

偏心受压构件钢筋的拉应力为：

$\sigma_{ss} = 10\ 446\ 000 \times (1\ 368 - 1\ 214)/1\ 214/11\ 310 = 117\ \text{MPa}$

根据《桥规》第6.4.5条，纵向受拉钢筋有效配筋率为：

$0.01 < \rho_{te} = 11\ 310/2/94/2\ 000 = 0.03 < 0.1$

最终裂缝宽度计算值为：

$$\omega_{cr} = 1.0 \times 1.428 \times 0.9 \times \frac{117}{200\ 000} \times \left(\frac{40 + 40}{0.36 + 1.7 \times 0.03}\right) = 0.146\ \text{mm}$$

裂缝宽度满足《桥规》表6.4.2要求。

(2)持久状况构件应力验算

根据《规范》第6.6.3条，使用阶段作用标准值组合下，节段预制拼装预应力混凝土构件接缝位置混凝土的压应力应满足以下条件。

①接缝截面混凝土的最大压应力：

$\sigma_{cc} \leq 0.5 f_{ck}$

有限元分析计算结果显示最不利位置出现在墩底处。此处 $\sigma_{cc} = 9.135\ \text{MPa}$，$\sigma_{cc} \leq 0.5 f_{ck} = 13.4\ \text{MPa}$，满足要求。

②接缝截面混凝土的最大主压应力：

$\sigma_{cp} \leq 0.6 f_{ck}$

有限元分析计算结果显示最不利位置出现在墩底处。此处 $\sigma_{cp} = 9.147\ \text{MPa}$，$\sigma_{cp} \leq 0.6 f_{ck} = 16.08\ \text{MPa}$，满足要求。

6.4.2 算例二：圆形截面预制墩柱计算

1)构造形式及典型尺寸

某桥独柱圆形花瓶墩采用预制装配法施工，墩柱计算长度20m，圆形截面直径为2m，墩柱与承台之间采用灌浆套筒连接。截面沿着周向配置

32根直径32mm的钢筋,箍筋采用直径14mm的圆形箍筋,墩底及墩顶区箍筋均间距100mm布置,其余位置箍筋间距150mm布置,截面配筋如图6.4-2所示。

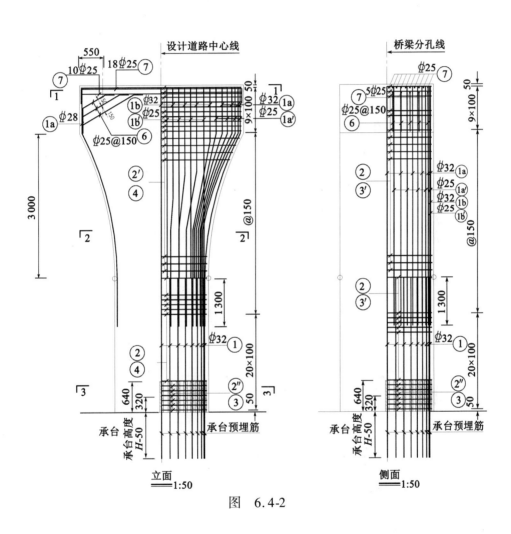

图 6.4-2

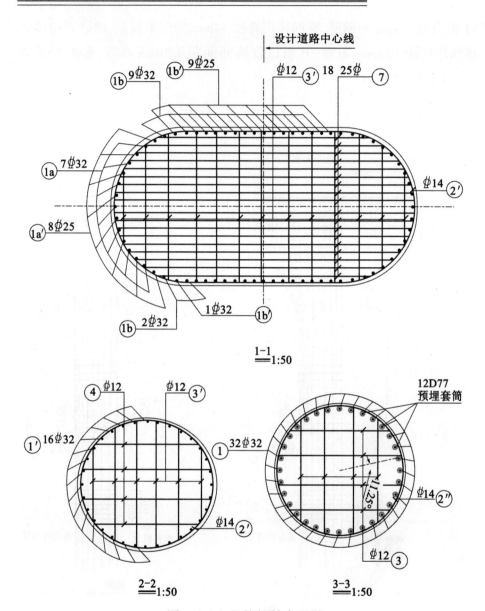

图 6.4-2 立柱钢筋布置图

2)设计资料

(1)材料参数

①混凝土。

墩柱采用 C40 混凝土,主要力学性能见表 6.4-4。

C40 混凝土材料参数　　　　　　　表 6.4-4

强度等级	f_{ck}(MPa)	f_{tk}(MPa)	f_{cd}(MPa)	f_{td}(MPa)	E_c(MPa)
C40	26.8	2.40	18.4	1.65	3.25×10^4

②普通钢筋。

普通钢筋采用 HRB400 热轧带肋钢筋,抗拉、抗压强度设计值为 330MPa,弹性模量取 200GPa。

(2)荷载

①恒载。

钢筋混凝土重度取 26kN/m³,沥青混凝土重度取 24kN/m³。

②活载。

汽车荷载按《公路桥涵设计通用规范》(JTG D60—2015)取值,采用公路—Ⅰ级,考虑多车道折减及冲击力、制动力。

③温度作用。

均匀升、降温作用取有效温度标准值±30℃。

3)承载能力极限状态验算

(1)抗压弯承载力验算

根据计算,该桥墩基本组合下接缝截面内力见表 6.4-5。

墩柱接缝截面内力　　　　　　　表 6.4-5

轴力(kN)	弯矩(kN·m)	水平剪力(kN)
5 262	1 862	318

根据《桥规》第 5.3.9 条:

墩柱长细比为:

$l_0/i = 20\ 000/1\ 000 = 20$

初始偏心距为:

$e_0 = 1\ 862/5\ 262 = 0.354\text{m} > \max(20, 2\ 000/30)\text{mm}$

荷载偏心率对截面曲率的影响系数为:

$\zeta_1 = 0.2 + 2.7 \times 354/1\,936 = 0.694 < 1.0$

构件长细比对截面曲率的影响系数为：

$\zeta_2 = 1.15 - 0.01 \times 20\,000/2\,000 = 1.05 > 1.0$，取 $\zeta_2 = 1.0$

偏心距增大系数为：

$$\eta = 1 + \frac{1}{1\,300 \times (354/1\,936)} \times (20\,000/2\,000)^2 \times 0.694 \times 1.0 = 1.292$$

根据《规范》第6.4.5条按以下步骤进行抗压弯承载力验算。

截面受压区混凝土的圆心角 $\alpha = 1° \to 360°$，从 $\alpha = 1°$ 开始计算；

计算 $\alpha_c = \alpha/(2\pi)$

计算 $\alpha_{tc} = 1.25 - 2\alpha_c$，当 $\alpha_c > 0.625$，$\alpha_{tc} = 0$

计算 $M_{spd,cc}$：

$$M_{spd,cc} = (f_{sd}A_s r_s + f'_{pd,i}A_{p,i}r_p)\frac{\sin\pi\alpha_c}{\pi} + [f_{sd}A_s r_s + (f_{pd,i} - \sigma_{p0,i})A_{p,i}r_p]\frac{\sin\pi\alpha_{tc}}{\pi}$$

计算 $N_{spd,cc}$：

$$N_{spd,cc} = \alpha_c(f_{sd}A_s + f'_{pd,i}A_{p,i}) - \alpha_{tc}[f_{sd}A_s + (f_{pd,i} - \sigma_{p0,i})A_{p,i}] - \sigma_{p0,i}A_{p,i} - \sigma_{pd,e}A_{p,e}$$

计算 $f(\alpha_c)$：

$$f(\alpha_c) = \eta e_0 - \frac{f_{cd}A_c r \dfrac{2\sin^3\pi\alpha_c}{3\pi} + M_{spd,cc}}{\alpha_c f_{cd}A_c \left(1 - \dfrac{\sin 2\pi\alpha_c}{2\pi\alpha_c}\right) + N_{spd,cc}} = 0$$

计算过程数据见表6.4-6。

墩柱接缝截面参数计算过程　　表6.4-6

α	α_c	α_{tc}	$M_{spd,cc}(\text{N}\cdot\text{mm})$	$N_{spd,cc}(\text{N})$	$f(\alpha_c)$
180	0.500	0.250	4.58×10^9	2.12×10^6	-85.70
181	0.503	0.244	4.55×10^9	2.19×10^6	-77.82
182	0.506	0.239	4.51×10^9	2.26×10^6	-70.02
183	0.508	0.233	4.48×10^9	2.33×10^6	-62.29

续上表

α	α_c	α_{tc}	$M_{spd,cc}(N \cdot mm)$	$N_{spd,cc}(N)$	$f(\alpha_c)$
184	0.511	0.228	4.44×10^9	2.41×10^6	-54.65
185	0.514	0.222	4.41×10^9	2.48×10^6	-47.08
186	0.517	0.217	4.37×10^9	2.55×10^6	-39.59
187	0.519	0.211	4.33×10^9	2.62×10^6	-32.18
188	0.522	0.206	4.29×10^9	2.69×10^6	-24.84
189	0.525	0.200	4.25×10^9	2.76×10^6	-17.57
190	0.528	0.194	4.21×10^9	2.83×10^6	-10.36
191	0.531	0.189	4.17×10^9	2.90×10^6	-3.23
192	0.533	0.183	4.13×10^9	2.97×10^6	3.83
193	0.536	0.178	4.09×10^9	3.04×10^6	10.83
194	0.539	0.172	4.04×10^9	3.11×10^6	17.76
195	0.542	0.167	4.00×10^9	3.18×10^6	24.63
196	0.544	0.161	3.96×10^9	3.25×10^6	31.43
197	0.547	0.156	3.91×10^9	3.32×10^6	38.17
198	0.550	0.150	3.87×10^9	3.40×10^6	44.85
199	0.553	0.144	3.82×10^9	3.47×10^6	51.47
200	0.556	0.139	3.78×10^9	3.54×10^6	58.03

由表6.4-6可知，$\alpha = 191°$时，$f(\alpha_c)$最接近0。

根据《规范》式(6.4.5-1)、式(6.4.5-2)可得：

$$\gamma_0 N_d \leq \phi_c \left[\alpha_\alpha f_{cd} A_c \left(1 - \frac{\sin 2\pi\alpha_c}{2\pi\alpha_c} \right) + N_{spd,cc} \right] = 33\ 543 \text{kN}$$

$$\gamma_0 N_d \eta e_0 \leq \phi_c \left(f_{cd} A_c r \frac{2 \sin^3 \pi\alpha_c}{3\pi} + M_{spd,cc} \right) = 15\ 449 \text{kN} \cdot \text{m}$$

由上述计算可知，桥墩接缝正截面压弯承载力满足规范要求。

(2)抗剪弯承载力验算

根据计算，该桥墩基本组合下接缝截面内力见表6.4-5。

按如下步骤计算：

截面受压区混凝土的圆心角 $\alpha = 1° \to 360°$，从 $\alpha = 1°$ 开始计算；

计算 $\alpha_c = \alpha/(2\pi)$

计算 $\alpha_{tc} = 1.25 - 2\alpha_c$，当 $\alpha_c > 0.625$，$\alpha_{tc} = 0$

计算 $M_{spd,cc}$：

$$M_{spd,cc} = (f_{sd}A_s r_s + f'_{pd,i}A_{p,i}r_p)\frac{\sin\pi\alpha_c}{\pi} + [f_{sd}A_s r_s + (f_{pd,i} - \sigma_{p0,i})A_{p,i}r_p]\frac{\sin\pi\alpha_{tc}}{\pi}$$

计算 $N_{spd,cc}$：

$$N_{spd,cc} = \alpha_c(f_{sd}A_s + f'_{pd,i}A_{p,i}) - \alpha_{tc}[f_{sd}A_s + (f_{pd,i} - \sigma_{p0,i})A_{p,i}] - \sigma_{p0,i}A_{p,i} - \sigma_{pd,e}A_{p,e}$$

计算 σ_c：

$$\sigma_c = \frac{M_{spd,cc} - \eta N_{spd,cc} e_0}{\eta A_c e_0 \left(\alpha_c - \frac{\sin 2\pi\alpha_c}{2\pi}\right) - A_c r \frac{2\sin^3 \pi\alpha_c}{3\pi}}$$

计算 τ_c：

$$\frac{\tau_c}{f_{cd}} = \phi_j \sqrt{0.009 + 0.095\frac{\sigma_c}{f_{cd}} - 0.104\left(\frac{\sigma_c}{f_{cd}}\right)^2}$$

计算 $f(\alpha_c, \sigma_c)$：

$$f(\alpha_c, \sigma_c) = \frac{N_d}{V_d} - \frac{\phi_c\left[\alpha_c\sigma_c A_c\left(1 - \frac{\sin 2\pi\alpha_c}{2\pi\alpha_c}\right) + N_{spd,cc}\right]}{0.95\tau_c A_c\left(\alpha_c - \frac{\sin 2\pi\alpha_c}{2\pi}\right)}$$

取 $\phi_j = 0.6$，计算过程数据见表 6.4-7。

墩柱接缝截面参数计算过程　　　　　表 6.4-7

α	α_c	α_{tc}	$M_{spd,cc}$ (N·mm)	$N_{spd,cc}$ (N)	σ_c (MPa)	τ_c (MPa)	$f(\alpha_c, \sigma_c)$
189	0.525	0.200	3.99×10^9	2.76×10^6	16.79	1.05	-3.99
189.1	0.525	0.199	3.99×10^9	2.77×10^6	16.65	1.09	-3.10
189.2	0.526	0.199	3.99×10^9	2.77×10^6	16.51	1.13	-2.31

续上表

α	α_c	α_{tc}	$M_{\mathrm{spd,cc}}$ (N·mm)	$N_{\mathrm{spd,cc}}$ (N)	σ_c (MPa)	τ_c (MPa)	$f(\alpha_c,\sigma_c)$
189.3	0.526	0.198	3.98×10^9	2.78×10^6	16.38	1.17	-1.60
189.4	0.526	0.198	3.98×10^9	2.79×10^6	16.25	1.20	-0.97
189.5	0.526	0.197	3.97×10^9	2.80×10^6	16.11	1.23	-0.39
189.6	0.527	0.197	3.97×10^9	2.80×10^6	15.98	1.26	0.13
189.7	0.527	0.196	3.97×10^9	2.81×10^6	15.85	1.29	0.61
189.8	0.527	0.196	3.96×10^9	2.82×10^6	15.73	1.32	1.05
189.9	0.528	0.195	3.96×10^9	2.82×10^6	15.60	1.34	1.46
190	0.528	0.194	3.96×10^9	2.83×10^6	15.47	1.37	1.84

由表6.4-7可知，$\alpha=189.6°$时，$f(\alpha_c,\sigma_c)$最接近0。

验算此时接缝面抗剪承载力：

$$V_u = 0.95\alpha_c\tau_c A_c\left(1-\frac{\sin 2\pi\alpha_c}{2\pi\alpha_c}\right) = 0.95\times0.527\times1.26\times3\,141\,593\times$$

$$\left[1-\frac{\sin(2\pi\times0.527)}{2\pi\times0.527}\right] = 2\,083\mathrm{kN} > 318\mathrm{kN}$$

验算此时接缝面抗弯承载力：

$$M_u = \phi_c\left(\sigma_c A_c r\frac{2\sin^3\pi\alpha_c}{3\pi}+M_{\mathrm{spd,cc}}\right) = 0.95\times\Bigg[(15.98\times3\,141\,593\times$$

$$1\,000\times\frac{2\sin^3(\pi\times0.527)}{3\pi}+3\,970\,212\,341\Bigg]$$

$$= 13\,784\mathrm{kN\cdot m} > 1\,862\mathrm{kN\cdot m}$$

由上述计算可知，桥墩接缝抗剪弯承载力满足规范要求。

4）正常使用极限状态验算

（1）裂缝宽度验算

桥墩接缝截面在荷载频遇组合及准永久组合下的内力见表6.4-8。

墩柱接缝截面内力 表6.4-8

荷载效应组合	轴力(kN)	纵向弯矩(kN·m)
频遇组合	4 562	1 514
准永久组合	4 023	1 365

根据《桥规》第6.4.3条计算接缝面的裂缝宽度,计算过程如下:

钢筋表面形状系数: $C_1 = 1.0$;

长期效应影响系数: $C_2 = 1 + 0.5 \times \dfrac{4\ 023}{4\ 562} = 1.441$;

与构件受力性质有关的系数: $C_3 = 0.75$;

初始偏心距为: $e_0 = 1\ 862/5\ 262 = 0.354 \text{m} > \max(20, 2\ 000/30) \text{mm}$;

由于 $l_0/2r = 20\ 000/2\ 000 = 10 \leqslant 14$,偏心距增大系数为: $\eta_s = 1.0$;

偏心受压构件钢筋的拉应力为:

$$\sigma_{ss} = \dfrac{0.6 \times (1.3 \times 354/1\ 000 - 0.1)^3}{\left(0.45 + 0.26 \times \dfrac{932}{1\ 000}\right)(1.0 \times 354/1\ 000 + 0.2)^2} \times \dfrac{4\ 562\ 000}{25\ 736} =$$

8.21MPa

根据《桥规》第6.4.5条,纵向受拉钢筋配筋率为: $\rho = 25\ 736/3\ 140\ 000 = 0.008\ 2$

构件纵向受拉钢筋对裂缝贡献的系数为:

$$\beta = (0.4 + 2.5 \times 0.008\ 2)\left[1 + 0.354 \times \left(\dfrac{1.0 \times 354}{1\ 000}\right)^{-2}\right] = 1.605$$

纵向受拉钢筋的有效配筋率为:

$0.01 < \rho_{te} = 1.605 \times 25\ 736/3.14/(2\ 000^2 - 1\ 864^2) = 0.015\ 9 < 0.1$

最终裂缝宽度计算值为:

$$\omega_{cr} = 1.0 \times 1.441 \times 0.75 \times \dfrac{8.21}{200\ 000} \times \left(\dfrac{52 + 32}{0.36 + 1.7 \times 0.051\ 9}\right) =$$

0.008 3mm

裂缝宽度满足《桥规》表6.4.2要求。

(2)持久状况构件应力验算

根据《规范》第6.6.3条,使用阶段作用标准值组合下,节段预制拼装预应力混凝土构件接缝位置混凝土的压应力应满足:

①接缝截面混凝土的最大压应力:

$$\sigma_{cc} \leq 0.5 f_{ck}$$

有限元分析计算结果显示最不利位置出现在墩底处。此处σ_{cc} = 8.632MPa,$\sigma_{cc} \leq 0.5 f_{ck}$ = 13.4MPa,满足要求。

②接缝截面混凝土的最大主压应力:

$$\sigma_{cp} \leq 0.6 f_{ck}$$

有限元分析计算结果显示最不利位置出现在墩底处。此处σ_{cp} = 8.705MPa,$\sigma_{cp} \leq 0.6 f_{ck}$ = 16.08MPa,满足要求。

6.4.3 算例三:环形截面预制墩柱计算

1)构造形式及典型尺寸

某桥空心管墩采用预制装配法施工,墩柱计算长度10m,环形截面直径为1.4m,壁厚0.25m。截面外侧沿着周向配置22根直径36mm的钢筋,截面内侧沿着周向配置11根直径16mm的钢筋;箍筋采用直径10mm的圆形箍筋,墩底及墩顶区箍筋均间距60mm布置,其余位置箍筋间距100mm布置,截面配筋如图6.4-3所示。

2)设计资料

(1)材料参数

①混凝土。

墩柱采用C70混凝土,主要力学性能见表6.4-9。

C70混凝土材料参数 表6.4-9

强度等级	f_{ck}(MPa)	f_{tk}(MPa)	f_{cd}(MPa)	f_{td}(MPa)	E_c(MPa)
C70	44.5	3.00	30.5	2.07	3.70×10^4

②普通钢筋。

普通钢筋采用HRB400热轧带肋钢筋,抗拉、抗压强度设计值为330MPa,弹性模量取200GPa。

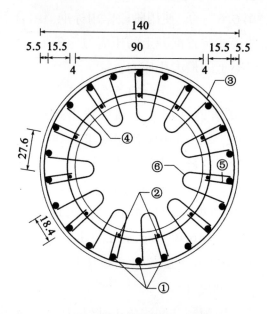

图 6.4-3 墩柱钢筋布置图(尺寸单位:cm)

(2)荷载

已知在荷载作用基本组合下接缝截面内力效应值如下。

弯矩的基本组合:$M_d = 2\ 558.2\text{kN}\cdot\text{m}$

轴力的基本组合:$N_d = 7\ 094\text{kN}$

剪力的基本组合:$V_d = 270.3\text{kN}$

在荷载频遇组合及准永久组合下的内力效应值如下:

弯矩的频遇组合:$M_s = 1\ 641\text{kN}\cdot\text{m}$

轴力的频遇组合:$N_s = 4\ 758.4\text{kN}$

3)承载能力极限状态验算

(1)抗压弯承载力验算

半径 $r = 700\text{mm}$,壁厚 250mm。

混凝土的面积 $A = \pi r^2 = \pi \times (700^2 - 450^2) = 903\ 208\text{mm}^2$。

第6章 下部结构设计与计算

直径 $d_{s1} = 36$ mm、$d_{s2} = 16$ mm,根数 $n_1 = 22$、$n_2 = 11$ 根,钢筋重心所在圆周半径 $r_{s1} = 650$、$r_{s2} = 490$ mm,钢筋面积为 $A_s = 0.25\pi d_s^2 n = 0.25 \times \pi \times 36^2 \times 22 + 0.25 \times \pi \times 16^2 \times 11 = 24\,592.48$ mm^2。

截面高度为 $h = 2r = 2 \times 700 = 1\,400.0$ mm,截面有效高度为:$h_0 = r + r_{s1} = 700 + 650 = 1\,350.0$ mm,纵向钢筋配筋率为:$\rho = \dfrac{A_s}{\pi r^2} = \dfrac{24\,592.48}{\pi \times 700^2} \times 100\% = 1.598\%$。基本组合下的初始偏心距为:$e_0 = \dfrac{M_d}{N_d} = 1\,000 \times \dfrac{2\,558.2}{7\,094} = 360.6$ mm,$i = 0.5 \times r = 0.5 \times 700 = 350.0$ mm。

根据《桥规》第5.3.9条:墩柱长细比为:$l_0/i = 10.0 \times 1\,000/350.0 = 28.57 > 17.5$。

所以要考虑偏心距增大系数的影响。

计算偏心距系数时,$e_0 = \max\left(360.6, \dfrac{1\,000.0}{30}, 20\right) = 360.6$ mm。

荷载偏心率系数为:$\zeta_1 = 0.2 + 2.7 \dfrac{e_0}{h_0} = 0.2 + 2.7 \times \dfrac{360.6}{1\,350.0} = 0.921\,2$,且需满足 $\zeta_1 \leq 1.0$,所以 $\zeta_1 = 0.921\,2$。

长细比系数为:$\zeta_2 = 1.15 - 0.01 \dfrac{l_0}{h} = 1.15 - 0.01 \times \dfrac{1\,500.0}{1\,000.0} = 1.14$,且需满足 $\zeta_2 \leq 1.0$,所以 $\zeta_2 = 1.000\,0$。

偏心距增大系数为:$\eta = 1 + \dfrac{1}{1\,300\,e_0/h_0}\left(\dfrac{l_0}{h}\right)^2 \zeta_1 \zeta_2 = 1 + \dfrac{1}{1\,300 \times 360.6/1\,350.0}\left(\dfrac{10.00 \times 1\,000.0}{1\,000.0}\right)^2 \times 0.921\,2 \times 1.000\,0 = 1.19$

假定受压区为弓形截面,根据《规范》第6.4.5条进行抗压弯承载力验算:

截面受压区混凝土的圆心角 $\alpha = 1° \rightarrow 360°$,从 $\alpha = 1°$ 开始计算;

计算 $\alpha_c = \alpha/(2\pi)$

计算 $\alpha_{tr} = 1.25 - 2\alpha_c$,当 $\alpha_c > 0.625$,$\alpha_{tr} = 0$

计算 $M_{spd,cr}$:

$$M_{spd,cr} = (f_{sd}A_s r_s + f'_{pd,i}A_{p,i}r_p)\frac{\sin\pi\alpha_c}{\pi} + [f_{sd}A_s r_s + (f_{pd,i} - \sigma_{p0,i})A_{p,i}r_p]\frac{\sin\pi\alpha_{tr}}{\pi}$$

计算 $N_{spd,cr}$:

$$N_{spd,cr} = \alpha_c(f_{sd}A_s + f'_{pd,i}A_{p,i}) - \alpha_{tr}[f_{sd}A_s + (f_{pd,i} - \sigma_{p0,i})A_{p,i}] - \sigma_{p0,i}A_{p,i} - \sigma_{pd,e}A_{p,e}$$

计算 $f(\alpha_c)$:

$$f(\alpha_c) = \eta e_0 - \frac{f_{cd}A_c r \dfrac{2\sin^3\pi\alpha_c}{3\pi} + M_{spd,cc}}{\alpha_c f_{cd}A_c\left(1 - \dfrac{\sin 2\pi\alpha_c}{2\pi\alpha_c}\right) + N_{spd,cc}} = 0$$

计算过程数据见表6.4-10。

墩柱接缝截面按受压区为弓形计算过程　　表6.4-10

α	α_c	α_{tr}	$M_{spd,cr}(\text{N}\cdot\text{mm})$	$N_{spd,cr}(\text{N})$	$f(\alpha_c)$
161	0.447	0.356	3.17×10^9	7.44×10^5	-81.43
162	0.450	0.350	3.15×10^9	8.12×10^5	-73.97
163	0.453	0.344	3.14×10^9	8.79×10^5	-66.64
164	0.456	0.339	3.13×10^9	9.47×10^5	-59.42
165	0.458	0.333	3.12×10^9	1.01×10^6	-52.31
166	0.461	0.328	3.11×10^9	1.08×10^6	-45.30
167	0.464	0.322	3.09×10^9	1.15×10^6	-38.41
168	0.467	0.317	3.08×10^9	1.22×10^6	-31.61
169	0.469	0.311	3.06×10^9	1.28×10^6	-24.91
170	0.472	0.306	3.05×10^9	1.35×10^6	-18.30
171	0.475	0.300	3.03×10^9	1.42×10^6	-11.79
172	0.478	0.294	3.02×10^9	1.49×10^6	-5.36
173	0.481	0.289	3.00×10^9	1.56×10^6	0.99

续上表

α	α_c	α_{tr}	$M_{spd,cr}(\text{N}\cdot\text{mm})$	$N_{spd,cr}(\text{N})$	$f(\alpha_c)$
174	0.483	0.283	2.98×10^9	1.62×10^6	7.25
175	0.486	0.278	2.96×10^9	1.69×10^6	13.43
176	0.489	0.272	2.95×10^9	1.76×10^6	19.54
177	0.492	0.267	2.93×10^9	1.83×10^6	25.57
178	0.494	0.261	2.91×10^9	1.89×10^6	31.52
179	0.497	0.256	2.89×10^9	1.96×10^6	37.41
180	0.500	0.250	2.87×10^9	2.03×10^6	43.23

由表 6.4-10 可知，$\alpha=173°$ 时，$f(\alpha_c)$ 最接近 0。

此时 $\alpha_c > \arccos[2r_2(r_1+r_2)]/\pi$，假定不成立。受压区应为非弓形，根据《规范》第 6.4.6 条按以下步骤进行抗压弯承载力计算：

截面受压区混凝土的圆心角 $\alpha=1°\to 360°$，从 $\alpha=1°$ 开始计算；

计算 $\alpha_c = \alpha/(2\pi)$

计算 $\alpha_{tr}=1-1.5\alpha_c$，当 $\alpha_c>0.667$，$\alpha_{tr}=0$

计算 $M_{spd,cr}$：

$$M_{spd,cr} = (f_{sd}A_s r_s + f'_{pd,i}A_{p,i}r_p)\frac{\sin\pi\alpha_c}{\pi} + [f_{sd}A_s r_s + (f_{pd,i}-\sigma_{p0,i})A_{p,i}r_p]\frac{\sin\pi\alpha_{tr}}{\pi}$$

计算 $N_{spd,cr}$：

$$N_{spd,cr} = \alpha_c(f_{sd}A_s + f'_{pd,i}A_{p,i}) - \alpha_{tr}[f_{sd}A_s + (f_{pd,i}-\sigma_{p0,i})A_{p,i}] - \sigma_{p0,i}A_{p,i} - \sigma_{pd,e}A_{p,e}$$

计算 $f(\alpha_c)$：

$$f(\alpha_c) = \eta e_0 - \frac{0.5f_{cd}A_c(r_1+r_2)\dfrac{\sin\pi\alpha_c}{\pi} + M_{spd,cr}}{\alpha_c f_{cd}A_c + N_{spd,cc}} = 0$$

计算过程数据见表 6.4-11。

墩柱接缝截面按受压区为非弓形计算过程　　表 6.4-11

α	α_c	α_{tr}	$M_{spd,cr}(\text{N}\cdot\text{mm})$	$N_{spd,cr}(\text{N})$	$f(\alpha_c)$
186	0.517	0.225	2.767×10^9	2.367×10^6	-40.96
187	0.519	0.221	2.750×10^9	2.423×10^6	-36.02
188	0.522	0.217	2.732×10^9	2.480×10^6	-31.12
189	0.525	0.213	2.713×10^9	2.536×10^6	-26.26
190	0.528	0.208	2.695×10^9	2.592×10^6	-21.43
191	0.531	0.204	2.676×10^9	2.649×10^6	-16.63
192	0.533	0.200	2.657×10^9	2.705×10^6	-11.87
193	0.536	0.196	2.637×10^9	2.762×10^6	-7.15
194	0.539	0.192	2.618×10^9	2.818×10^6	-2.45
195	0.542	0.188	2.598×10^9	2.874×10^6	2.21
196	0.544	0.183	2.577×10^9	2.931×10^6	6.84
197	0.547	0.179	2.557×10^9	2.987×10^6	11.44
198	0.550	0.175	2.536×10^9	3.043×10^6	16.00
199	0.553	0.171	2.515×10^9	3.100×10^6	20.54
200	0.556	0.167	2.493×10^9	3.156×10^6	25.05
201	0.558	0.163	2.471×10^9	3.212×10^6	29.53
202	0.561	0.158	2.449×10^9	3.269×10^6	33.97
203	0.564	0.154	2.427×10^9	3.325×10^6	38.39
204	0.567	0.150	2.405×10^9	3.381×10^6	42.78
205	0.569	0.146	2.382×10^9	3.438×10^6	47.15

由表 6.4-11 可知，$\alpha = 195°$ 时，$f(\alpha_c)$ 最接近 0。

根据《规范》式(6.4.6-1)、式(6.4.6-2)可得：

$$\gamma_0 N_{\mathrm{d}} \leqslant \phi_{\mathrm{e}}[\alpha_{\mathrm{c}} f_{\mathrm{cd}} A_{\mathrm{c}} + N_{\mathrm{spd,cr}}] = 16\,899.0\,\mathrm{kN}$$

$$\gamma_0 N_{\mathrm{d}} \eta e_0 \leqslant \phi_{\mathrm{e}} \left[0.5 f_{\mathrm{cd}} A_{\mathrm{c}} (r_1 + r_2) \frac{\sin\pi\alpha_c}{\pi} + M_{\mathrm{spd,cr}} \right] = 7\,214.3\,\mathrm{kN \cdot m}$$

由上述计算可知,桥墩接缝正截面压弯承载力满足规范要求。

(2)抗剪弯承载力验算

假定剪压区为弓形,根据《规范》第6.4.9条,按如下步骤计算:

截面受压区混凝土的圆心角 $\alpha = 1° \to 360°$,从 $\alpha = 1°$ 开始计算;

计算 $\alpha_{\mathrm{c}} = \alpha / (2\pi)$

计算 $\alpha_{\mathrm{tc}} = 1.25 - 2\alpha_{\mathrm{c}}$,当 $\alpha_{\mathrm{c}} > 0.625$,$\alpha_{\mathrm{tc}} = 0$

计算 $M_{\mathrm{spd,cc}}$:

$$M_{\mathrm{spd,cc}} = (f_{\mathrm{sd}} A_{\mathrm{s}} r_{\mathrm{s}} + f'_{\mathrm{pd,i}} A_{\mathrm{p,i}} r_{\mathrm{p}}) \frac{\sin\pi\alpha_c}{\pi} + [f_{\mathrm{sd}} A_{\mathrm{s}} r_{\mathrm{s}} + (f_{\mathrm{pd,i}} - \sigma_{\mathrm{p0,i}}) A_{\mathrm{p,i}} r_{\mathrm{p}}] \frac{\sin\pi\alpha_{\mathrm{tc}}}{\pi}$$

计算 $N_{\mathrm{spd,cc}}$:

$$N_{\mathrm{spd,cc}} = \alpha_{\mathrm{c}} (f_{\mathrm{sd}} A_{\mathrm{s}} + f'_{\mathrm{pd,i}} A_{\mathrm{p,i}}) - \alpha_{\mathrm{tc}} [f_{\mathrm{sd}} A_{\mathrm{s}} + (f_{\mathrm{pd,i}} - \sigma_{\mathrm{p0,i}}) A_{\mathrm{p,i}}] - \sigma_{\mathrm{p0,i}} A_{\mathrm{p,i}} - \sigma_{\mathrm{pd,e}} A_{\mathrm{p,e}}$$

计算 σ_{c}:

$$\sigma_{\mathrm{c}} = \frac{M_{\mathrm{spd,cc}} - \eta N_{\mathrm{spd,cc}} e_0}{\eta A_{\mathrm{c}} e_0 \left(\alpha_{\mathrm{c}} - \frac{\sin 2\pi\alpha_c}{2\pi} \right) - A_{\mathrm{c}} r \frac{2\sin^3\pi\alpha_c}{3\pi}}$$

取 $\phi_{\mathrm{j}} = 0.85$,计算 τ_{c}:

$$\frac{\tau_{\mathrm{c}}}{f_{\mathrm{cd}}} = \phi_{\mathrm{j}} \sqrt{0.009 + 0.095 \frac{\sigma_{\mathrm{c}}}{f_{\mathrm{cd}}} - 0.104 \left(\frac{\sigma_{\mathrm{c}}}{f_{\mathrm{cd}}}\right)^2}$$

计算 $f(\alpha_{\mathrm{c}}, \sigma_{\mathrm{c}})$:

$$f(\alpha_{\mathrm{c}}, \sigma_{\mathrm{c}}) = \frac{N_{\mathrm{d}}}{V_{\mathrm{d}}} - \frac{\phi_{\mathrm{e}} \left[\alpha_{\mathrm{c}} \sigma_{\mathrm{c}} A_{\mathrm{c}} \left(1 - \frac{\sin 2\pi\alpha_c}{2\pi\alpha_c} \right) + N_{\mathrm{spd,cc}} \right]}{0.95 \tau_{\mathrm{c}} A_{\mathrm{c}} \left(\alpha_{\mathrm{c}} - \frac{\sin 2\pi\alpha_c}{2\pi} \right)}$$

计算过程数据见表6.4-12。

墩柱接缝截面按剪压区为弓形计算过程　　　表6.4-12

α	α_c	α_{tc}	$M_{spd,cc}$ (N·mm)	$N_{spd,cc}$ (N)	σ_c (MPa)	τ_c (MPa)	$f(\alpha_c,\sigma_c)$
172.9	0.480	0.289	3.00×10^9	1.55×10^6	30.392	0.517	-36.788
173	0.481	0.289	3.00×10^9	1.56×10^6	30.203	0.856	-11.606
173.1	0.481	0.288	3.00×10^9	1.56×10^6	30.015	1.091	-3.295
173.2	0.481	0.288	3.00×10^9	1.57×10^6	29.829	1.280	1.212
173.3	0.481	0.287	3.00×10^9	1.58×10^6	29.643	1.441	4.145
173.4	0.482	0.287	2.99×10^9	1.58×10^6	29.459	1.584	6.248
173.5	0.482	0.286	2.99×10^9	1.59×10^6	29.277	1.713	7.852
173.6	0.482	0.286	2.99×10^9	1.60×10^6	29.095	1.830	9.127
173.7	0.483	0.285	2.99×10^9	1.60×10^6	28.915	1.939	10.173
173.8	0.483	0.284	2.99×10^9	1.61×10^6	28.736	2.039	11.051
173.9	0.483	0.284	2.99×10^9	1.62×10^6	28.558	2.133	11.802
174	0.483	0.283	2.98×10^9	1.62×10^6	28.382	2.222	12.455
174.1	0.484	0.283	2.98×10^9	1.63×10^6	28.207	2.306	13.028
174.2	0.484	0.282	2.98×10^9	1.64×10^6	28.032	2.385	13.537
174.3	0.484	0.282	2.98×10^9	1.64×10^6	27.859	2.460	13.993
174.4	0.484	0.281	2.98×10^9	1.65×10^6	27.688	2.532	14.404
174.5	0.485	0.281	2.97×10^9	1.66×10^6	27.517	2.600	14.779
174.6	0.485	0.280	2.97×10^9	1.66×10^6	27.348	2.665	15.121
174.7	0.485	0.279	2.97×10^9	1.67×10^6	27.179	2.728	15.435
174.8	0.486	0.279	2.97×10^9	1.68×10^6	27.012	2.788	15.725
174.9	0.486	0.278	2.97×10^9	1.68×10^6	26.846	2.845	15.994

由表6.4-12可知,$\alpha=173.2°$时,$f(\alpha_c,\sigma_c)$最接近0。

此时$\alpha>\arccos[2r_2/(r_1+r_2)]/\pi$,假定不成立,剪压区应为非弓形,根据《规范》第6.4.10条按如下步骤计算:

截面受压区混凝土的圆心角$\alpha=1°\rightarrow360°$,从$\alpha=1°$开始计算;

第6章　下部结构设计与计算

计算 $\alpha_c = \alpha/(2\pi)$

计算 $\alpha_{tr} = 1 - 1.5\alpha_c$，当 $\alpha_c > 0.667$，$\alpha_{tr} = 0$

计算 $M_{spd,cr}$：

$$M_{spd,cr} = (f_{sd}A_s r_s + f'_{pd,i}A_{p,i} r_p)\frac{\sin\pi\alpha_c}{\pi} + [f_{sd}A_s r_s + (f_{pd,i} - \sigma_{p0,i})A_{p,i} r_p]\frac{\sin\pi\alpha_{tr}}{\pi}$$

计算 $N_{spd,cr}$：

$$N_{spd,cr} = \alpha_c(f_{sd}A_s + f'_{pd,i}A_{p,i}) - \alpha_{tr}[f_{sd}A_s + (f_{pd,i} - \sigma_{p0,i})A_{p,i}] - \sigma_{p0,i}A_{p,i} - \sigma_{pd,e}A_{p,e}$$

计算 σ_c：

$$\sigma_c = \frac{M_{spd,cr} - \eta N_{spd,cr} e_0}{\alpha_c \eta A_c e_0 - 0.5 A_c (r_1 + r_2)\dfrac{\sin\pi\alpha_c}{\pi}}$$

计算 τ_c：

$$\frac{\tau_c}{f_{cd}} = \phi_j \sqrt{0.009 + 0.095\frac{\sigma_c}{f_{cd}} - 0.104\left(\frac{\sigma_c}{f_{cd}}\right)^2}$$

计算 $f(\alpha_c, \sigma_c)$：

$$f(\alpha_c, \sigma_c) = \frac{N_d}{V_d} - \frac{\phi_c(\alpha_c \sigma_c A_c + N_{spd,cr})}{0.95 \alpha_c \tau_c A_c}$$

计算过程数据见 6.4-13。

墩柱接缝截面按剪压区为非弓形计算过程　　表 6.4-13

α	α_c	α_{tr}	$M_{spd,cr}$ (N·mm)	$N_{spd,cr}$ (N)	σ_c (MPa)	τ_c (MPa)	$f(\alpha_c, \sigma_c)$
194.6	0.541	0.189	2.61×10^9	2.85×10^6	30.364	0.580	-36.200
194.7	0.541	0.189	2.61×10^9	2.86×10^6	30.184	0.883	-14.548
194.8	0.541	0.188	2.60×10^9	2.86×10^6	30.004	1.103	-6.258
194.9	0.541	0.188	2.60×10^9	2.87×10^6	29.824	1.284	-1.561
195	0.542	0.188	2.60×10^9	2.88×10^6	29.646	1.439	1.562
195.1	0.542	0.187	2.60×10^9	2.88×10^6	29.469	1.577	3.831
195.2	0.542	0.187	2.60×10^9	2.89×10^6	29.292	1.702	5.576

续上表

α	α_c	α_{tr}	$M_{\text{spd,cr}}$ (N·mm)	$N_{\text{spd,cr}}$ (N)	σ_c (MPa)	τ_c (MPa)	$f(\alpha_c,\sigma_c)$
195.3	0.543	0.186	2.59×10^9	2.89×10^6	29.116	1.817	6.972
195.4	0.543	0.186	2.59×10^9	2.90×10^6	28.941	1.923	8.122
195.5	0.543	0.185	2.59×10^9	2.90×10^6	28.767	2.022	9.092
195.6	0.543	0.185	2.59×10^9	2.91×10^6	28.594	2.115	9.923
195.7	0.544	0.185	2.59×10^9	2.92×10^6	28.421	2.203	10.646
195.8	0.544	0.184	2.58×10^9	2.92×10^6	28.249	2.285	11.283
195.9	0.544	0.184	2.58×10^9	2.93×10^6	28.078	2.364	11.850
196	0.544	0.183	2.58×10^9	2.93×10^6	27.908	2.439	12.358
196.1	0.545	0.183	2.58×10^9	2.94×10^6	27.739	2.510	12.817
196.2	0.545	0.183	2.57×10^9	2.94×10^6	27.570	2.579	13.235
196.3	0.545	0.182	2.57×10^9	2.95×10^6	27.402	2.644	13.618
196.4	0.546	0.182	2.57×10^9	2.96×10^6	27.235	2.707	13.969
196.5	0.546	0.181	2.57×10^9	2.96×10^6	27.069	2.767	14.294
196.6	0.546	0.181	2.57×10^9	2.97×10^6	26.904	2.826	14.595

由表6.4-13可知,$\alpha=194.9°$时,$f(\alpha_c,\sigma_c)$最接近0。

验算此时接缝面抗剪承载力:

$V=0.95\alpha_c\tau_c A_c=596.6\text{kN}\geqslant1.1\times270.3=297.33\text{kN}$

验算此时接缝面抗弯承载力:

$M=\phi_c[M_{\text{spd,cr}}+0.5\sigma_c A_c(r_1+r_2)]=7\,115.1\text{kN}\cdot\text{m}\geqslant1.1\times1.65\times0.36\times7\,094=4\,635.22\text{kN}\cdot\text{m}$

由上述计算可知,桥墩接缝抗剪弯承载力满足规范要求。

4)正常使用极限状态验算

(1)裂缝宽度验算

根据《桥规》第6.4节计算接缝面的裂缝宽度,计算过程如下:

频遇组合下的初始偏心距

$$e_0 = \frac{M_s}{N_s} = 1\,000 \times \frac{1\,641}{4\,758.1} = 344.9 \text{mm}$$

$$\frac{e_0}{r} = \frac{344.9}{700.0} = 0.493 < 0.55$$

故不需要对裂缝进行验算。

(2)持久状况构件应力验算

根据《规范》第6.6.3条,使用阶段作用标准值组合下,节段预制拼装预应力混凝土构件接缝位置混凝土的压应力应满足以下条件。

①接缝截面混凝土的最大压应力:

$$\sigma_{cc} \leq 0.5 f_{ck}$$

有限元分析计算结果显示最不利位置出现在墩底处。此处$\sigma_{cc}=16.47\text{MPa}$,$\sigma_{cc} \leq 0.5 f_{ck} = 22.25\text{MPa}$,满足要求。

②接缝截面混凝土的最大主压应力:

$$\sigma_{cp} \leq 0.6 f_{ck}$$

有限元分析计算结果显示最不利位置出现在墩底处。此处$\sigma_{cp}=19.21\text{MPa}$,$\sigma_{cp} \leq 0.6 f_{ck} = 26.7\text{MPa}$,满足要求。

6.4.4 算例四:预制拼装盖梁计算

1)构造形式及典型尺寸

某大悬臂盖梁采用预制装配法施工,上部结构一联为$4 \times 32\text{m}$小箱梁,双向六车道。下部结构为双柱式大悬臂盖梁,墩高10m,墩柱与盖梁、承台之间采用灌浆套筒连接。

盖梁全长23.934m,分三段预制,接缝设置在靠近梁悬臂根部位置,节段之间通过剪力键配合环氧砂浆连接,盖梁详细构造如图6.4-4所示。预应力钢束竖向分三排布置,每排5根15~17-ϕ_S15.2钢绞线,两端张拉。上面两排钢束锚固在盖梁梁端,最下面一排锚固在盖梁底面,盖梁钢束布置如图6.4-5所示。盖梁上缘普通纵筋采用15ϕ28mm钢筋,在接缝处断开,下缘采用16ϕ28mm钢筋,也在接缝处断开。箍筋采用6肢ϕ20

钢筋,在梁端处间距 150mm 布置,靠近悬臂根部加密至 100mm 布置,盖梁钢筋布置如图 6.4-6 所示。

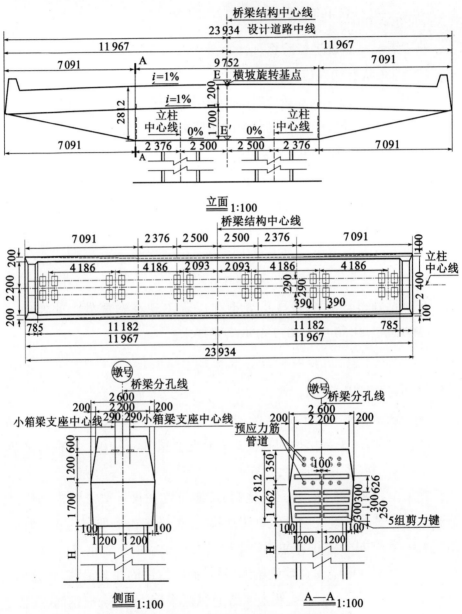

图 6.4-4 盖梁一般构造图(尺寸单位:mm)

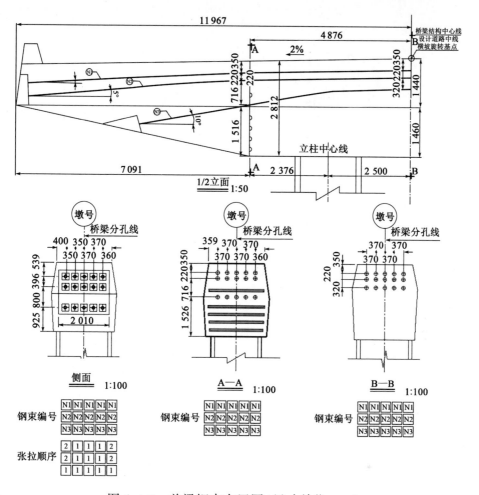

图 6.4-5　盖梁钢束布置图(尺寸单位:mm)

2) 设计资料

(1) 材料参数

① 混凝土。

盖梁采用 C50 混凝土,主要力学性能见表 6.4-14。

C50 混凝土材料参数　　表 6.4-14

强度等级	f_{ck}(MPa)	f_{tk}(MPa)	f_{cd}(MPa)	f_{td}(MPa)	E_c(MPa)
C50	32.4	2.65	22.4	1.83	3.4×10^4

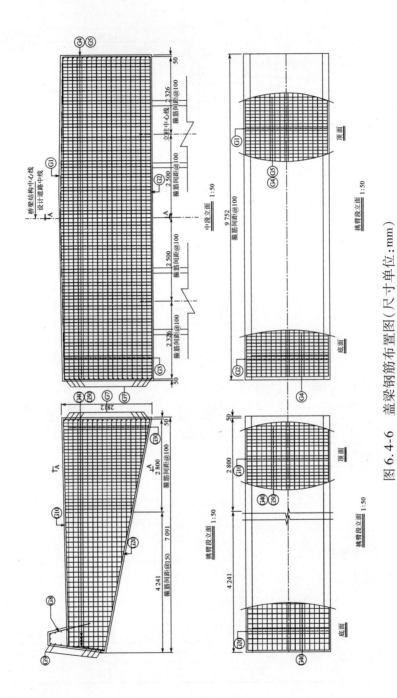

图 6.4-6 盖梁钢筋布置图（尺寸单位：mm）

②预应力钢绞线。

箱梁预应力钢筋采用 ϕ_s15.2 低松弛钢绞线,抗拉、抗压强度设计值1 860MPa,弹性模量 195GPa。

③普通钢筋。

普通钢筋采用 HRB400 热轧带肋钢筋,抗拉、抗压强度设计值为 330MPa,弹性模量取 200GPa。

(2)荷载

①恒载。

钢筋混凝土重度取 $26kN/m^3$,沥青混凝土重度取 $24kN/m^3$。基础变位按桥梁桩基整体最大沉降量为 7mm 考虑。

②活载。

汽车荷载按《公路桥涵设计通用规范》(JTG D60—2015)取值,采用公路—I级,考虑多车道折减及冲击力、制动力。

③温度作用。

均匀升、降温作用取有效温度标准值 ±30℃。

3)承载能力极限状态验算

(1)抗剪截面验算

根据计算,盖梁在基本组合下接缝截面内力如下:$V_d = 7\ 572.6kN$,$M_d = 28\ 028kN \cdot m$。

根据《规范》式(5.4.7-3),截面形状影响系数为:

$$\alpha_s = \left(\frac{b_t}{h_w}\right)^{0.14} = \left(\frac{2\ 200}{2\ 812}\right)^{0.14} = 0.966$$

根据《规范》式(5.4.7-4),计算弯起预应力钢筋的永存预加力在构件轴线垂直方向的分力为:

$$V_{pe} = 0.95(\sigma_{pe,i}A_{pb,i}\sin\theta_i + \sigma_{pe,e}A_{pb,e}\sin\theta_e)$$
$$= 0.95 \times (1\ 050 \times 2\ 100 \times \sin3° + 1\ 050 \times 2\ 380 \times \sin5° + 1\ 050 \times 2\ 380 \times \sin10°) \times 5$$
$$= 3\ 644.0kN$$

盖梁截面的有效宽度为:

$b_e = 2\ 200 - 5 \times 90/2 = 1\ 975\text{mm}$

根据《规范》式(5.4.7-2),计算截面抗剪承载力上限值为:

$$\overline{V}_{ud} = 0.23\alpha_s\phi_s f_{cd} b_e h_e + V_{pe}$$
$$= 0.23 \times 0.966 \times 0.9 \times 22.4 \times 1\ 975 \times 2\ 367 + 3\ 644\ 000$$
$$= 24\ 583.2\text{kN}$$

$\overline{V}_{ud} = 24\ 583.2\text{kN} > \gamma_0 V_d = 8\ 329.86\text{kN}$,故抗剪截面满足规范要求。

(2)斜截面抗剪承载力验算

根据《规范》式(5.4.8-3),计算截面受拉区纵向连续普通钢筋和预应力钢筋配筋率为:

$$P = 100\frac{A_s + A_{p,i} + A_{pb,i} + A_{p,e} + A_{pb,e}}{bh_e} = 100\frac{2\ 100 + 2\ 380 \times 2}{2\ 200 \times 2\ 367} \times 5 = 0.66$$

根据《规范》式(5.4.8-4),计算剪跨比为:

$$m = \frac{M_d}{h_e V_d} = \frac{28\ 028\ 000\ 000}{2\ 367 \times 7\ 572\ 600} = 1.564 > 1.5$$

斜截面水平投影长度为:

$$C = 0.6mh_e = 0.6 \times 1.564 \times 2\ 367 = 2\ 221.2\text{mm}$$

根据《规范》式(5.4.8-5),计算弯起预应力钢筋拉力设计值在与构件轴线垂直方向的分力为:

$$V_{pd} = 0.95(0.8f_{pe,i}A_{pb,i}\sin\theta_i + f_{pe,e}A_{pb,e}\sin\theta_e)$$
$$= 0.95 \times (0.8 \times 1\ 260 \times 2\ 100 \times \sin 3° + 1\ 260 \times 2\ 380 \times \sin 5° +$$
$$1\ 260 \times 2\ 380 \times \sin 10°) \times 5$$
$$= 3\ 498.2\text{kN}$$

根据《规范》式(5.4.8-1),计算斜截面抗剪承载力为:

$$V_u = 0.35\alpha_1\lambda\phi(0.11 + P)\frac{\sqrt{f_{cu,k}}}{m}b_t h_e + 0.45\frac{C}{s_v}f_{sv,d}A_{sv} + V_{pb,d}$$

$$= 0.35 \times 1.1 \times (0.11 + 0.66) \times \frac{\sqrt{50}}{1.564} \times 2\,200 \times 2\,367 +$$

$$0.45 \times \frac{2\,221.2}{100} \times 330 \times 6 \times 314 + 3\,644\,000$$

$$= 16\,837.8 \text{kN}$$

$\overline{V}_\text{ud} = 16\,837.8\text{kN} > \gamma_0 V_\text{d} = 8\,329.86\text{kN}$,故接缝截面斜截面抗剪承载力满足规范要求。

(3)抗剪弯承载力验算

根据《规范》式(5.4.9-10),计算矩形截面剪压区的最小高度为:

$$x_\text{min} = \frac{N_\text{spd,f}}{f_\text{cd} b'_\text{f}} = \frac{42\,915\,019.5}{22.4 \times 2\,200} = 870.84 \text{mm}$$

根据《规范》式(5.4.9-1)及(5.4.9-2)计算:

$$\frac{V_\text{d}}{M_\text{d}} = \frac{7\,572\,600}{28\,028\,000\,000} = 2.702 \times 10^{-4}$$

$$\frac{V_\text{pd}}{\phi_\text{f} N_\text{spd,f} \left(h_\text{spd,f} - \frac{x_\text{min}}{2}\right)} = \frac{3\,498\,200}{0.95 \times 42\,915\,019.5 \times \left(2\,367 - \frac{870.84}{2}\right)} = 4.442 \times 10^{-5}$$

$$\frac{0.17\phi_\text{j} f_\text{cd} b'_\text{f,s} h_\text{e} + V_\text{pd}}{\phi_\text{f} N_\text{spd,f} \left(h_\text{spd,f} - \frac{h_\text{e}}{2}\right)} = \frac{0.17 \times 0.85 \times 22.4 \times 2\,200 \times 2\,367 + 3\,498\,200}{0.95 \times 42\,915\,019.5 \times \left(2\,367 - \frac{2\,367}{2}\right)} = 4.22 \times 10^{-4}$$

$$\frac{V_\text{pd}}{\phi_\text{f} N_\text{spd,f} \left(h_\text{spd,f} - \frac{x_\text{min}}{2}\right)} \leq \frac{V_\text{d}}{M_\text{d}} \leq \frac{0.17\phi_\text{j} f_\text{cd} b'_\text{f,s} h_\text{e} + V_\text{pd}}{\phi_\text{f} N_\text{spd,f} \left(h_\text{spd,f} - \frac{h_\text{e}}{2}\right)}$$

故需要进行接缝截面抗剪弯承载力计算,计算可按照下述步骤进行:

①假定 $\sigma_\text{c} = \alpha f_\text{cd}$,从 $\alpha = 1$ 开始计算;

②根据《规范》式(5.4.9-5)求解 x,$x > h$ 后取 $x = h$;

③根据《规范》式(5.4.9-6)求解 τ_c;

④根据《规范》式(5.4.9-4)求解 M_u；

⑤根据《规范》式(5.4.9-3)求解 V_u；

⑥$\alpha = \alpha - 0.01$ 代入步骤①继续计算，当 $\alpha = 0$ 时终止计算；

⑦输出 (M_{u1}, V_{u1})，(M_{u2}, V_{u2})，……，(M_{un}, V_{un})，绘制接缝 M-V 的弯剪耦合承载力相关曲线。

⑧(M_d, V_d) 位于 M-V 承载力相关曲线以内，则验算通过，否则不通过。

上述求解结果见表 6.4-15。

接缝截面抗剪弯承载力计算过程　　　　表 6.4-15

σ_c/f_{cd}	σ_c (MPa)	x (mm)	τ_c (MPa)	M_u (kN·m)	V_u (kN)
1	22.4	870.8	0.00	78 749.09	3 498.20
0.99	22.2	879.6	0.64	78 569.78	4 669.45
0.98	22.0	888.6	0.90	78 386.81	5 163.70
0.97	21.7	897.8	1.09	78 200.07	5 549.36
0.96	21.5	907.1	1.26	78 009.44	5 880.00
0.95	21.3	916.7	1.40	77 814.79	6 176.27
0.94	21.1	926.4	1.52	77 616.00	6 448.76
0.93	20.8	936.4	1.64	77 412.94	6 703.71
0.92	20.6	946.6	1.74	77 205.46	6 945.20
0.91	20.4	957.0	1.84	76 993.42	7 176.06
0.9	20.2	967.6	1.93	76 776.68	7 398.37
0.89	19.9	978.5	2.01	76 555.06	7 613.67
0.88	19.7	989.6	2.09	76 328.40	7 823.20
0.87	19.5	1 001.0	2.17	76 096.53	8 027.93
0.86	19.3	1 012.6	2.24	75 859.27	8 228.66
0.85	19.0	1 024.5	2.30	75 616.43	8 426.06
0.84	18.8	1 036.7	2.36	75 367.81	8 620.69
0.83	18.6	1 049.2	2.42	75 113.19	8 813.04

续上表

σ_c/f_{cd}	σ_c(MPa)	x(mm)	τ_c(MPa)	M_u(kN·m)	V_u(kN)
0.82	18.4	1 062.0	2.48	74 852.36	9 003.54
0.81	18.1	1 075.1	2.53	74 585.10	9 192.56
0.8	17.9	1 088.6	2.59	74 311.15	9 380.43
0.79	17.7	1 102.3	2.63	74 030.27	9 567.47
0.78	17.5	1 116.5	2.68	73 742.19	9 753.95
0.77	17.2	1 131.0	2.73	73 446.62	9 940.12
0.76	17.0	1 145.8	2.77	73 143.27	10 126.22
0.75	16.8	1 161.1	2.81	72 831.84	10 312.48
0.74	16.6	1 176.8	2.85	72 511.99	10 499.12
0.73	16.4	1 192.9	2.88	72 183.37	10 686.33
0.72	16.1	1 209.5	2.92	71 845.63	10 874.31
0.71	15.9	1 226.5	2.95	71 498.37	11 063.26
0.7	15.7	1 244.1	2.98	71 141.19	11 253.37

注：上表未列出全部结果。

接缝 M-V 的弯剪耦合承载力相关曲线如图 6.4-7 所示。

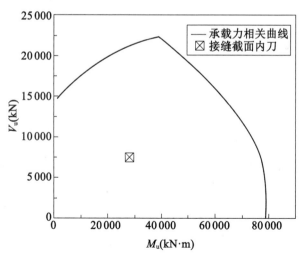

图 6.4-7 接缝截面承载力包络图

从图 6.4-7 可以看出,盖梁接缝截面内力落在剪弯耦合承载力相关曲线范围内,满足规范要求。

4)正常使用极限状态验算

(1)挠度验算

根据有限元计算结果,活载作用下,盖梁最大挠度为 7.64mm。考虑长期影响系数和接缝影响后挠度为:$7.64 \times 1.4 \times 1.1 = 11.77$mm $< L/300 = 28.22$mm,故盖梁挠度计算满足规范要求。

(2)持久状况构件应力验算

根据《规范》第 5.6.3 条,使用阶段作用标准值组合下,节段预制拼装预应力混凝土构件接缝位置混凝土的压应力应满足以下条件。

① 接缝截面混凝土的最大压应力:

$\sigma_{cc} \leq 0.5 f_{ck}$

有限元分析计算结果显示最不利位置出现在墩底处。此处 $\sigma_{cc} = 7.54$MPa,$\sigma_{cc} \leq 0.5 f_{ck} = 16.2$MPa,满足要求。

② 接缝位置混凝土的最大主压应力:

$\sigma_{cp} \leq 0.6 f_{ck}$

有限元分析计算结果显示最不利位置出现在墩底处。此处 $\sigma_{cp} = 7.58$MPa,$\sigma_{cp} \leq 0.6 f_{ck} = 19.44$MPa,满足要求。

6.4.5 算例五:圆形管墩-承台承插式连接计算

1)构造形式及典型尺寸

某工程为双向四车道高速公路,路基宽度 26m,桥梁抗震设防类别为 B 类,抗震设防烈度Ⅵ度,桥梁上部结构采用 30m 跨径桥面连续钢混组合梁,下构结构采用装配式桥墩。装配式桥墩构件含预制盖梁、预制管墩、现浇承台和预制管桩,其中预制管墩和现浇承台之间采用了承插式连接方案。桩基承台处构造如图 6.4-8 所示。

本项目墩高范围 8~12m,管墩外径 140cm,壁厚 25cm,混凝土强度等级 C70,内腔填筑 C40 补偿收缩混凝土。管墩纵向主筋采用 36 根直径

28mm 的 HRB400 钢筋；箍筋螺旋设置，间距 10cm、直径 10mm 的 HPB300 钢筋（本项目桥墩设计未考虑墩柱潜在塑性铰区进入塑性耗能状态，箍筋按静力配筋）。纵向主筋重心距构件外边缘 5.5cm，所在圆周的半径 64.5cm。

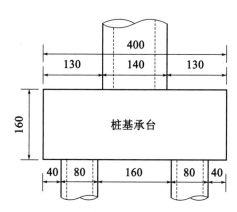

图 6.4-8　桩基承台处一般构造图（尺寸单位：cm）

承台预留承插孔拟采用的冷弯波纹钢管型号为 HXDD1500-2.7，因此预留承插孔最小直径为 1 500mm。

2）设计资料

（1）截面

管墩内腔填芯，偏安全取实心截面。

（2）材料参数

①混凝土

管墩采用 C70 混凝土，内腔填筑 C40 补偿收缩混凝土，偏安全取全截面 C70 混凝土，主要力学性能见表 6.4-16。

C70 混凝土材料参数　　表 6.4-16

强度等级	f_{ck}(MPa)	f_{tk}(MPa)	f_{cd}(MPa)	f_{td}(MPa)	E_c(MPa)
C70	44.5	3.00	30.5	2.07	3.70×10^4

②普通钢筋

纵向普通钢筋采用 HRB400 热轧带肋钢筋，抗拉强度标准值为

400MPa,抗拉、抗压强度设计值为330MPa,弹性模量取2×10^5MPa。

(3)荷载

墩底偏安全取本项目最大轴力7 740kN,墩高偏安全取本项目最小墩高8m。

3)最小承插深度估算

(1)管墩超强弯矩及对应剪力值计算

根据《抗规》第6.7.2条计算墩柱超强弯矩。采用材料强度标准值,本项目最不利轴力7 740kN,按《桥规》第5.3.8条计算:

当$N_{ud} = 7\ 740$kN时,$\alpha = 0.305\ 636$,$M_{ud} = 8\ 738.13$kN·m;

有$M_n = 10\ 485.8$kN·m,$V_{c0} = 2\ 621.5$kN。

(2)《规范》式(C.0.3-2)计算

承台混凝土强度等级C40,管墩混凝土强度等级C70,灌浆料满足《规范》第4.2.6条要求(28d抗压强度不小于100MPa),因此仅采用灌浆料与承台界面进行计算。

$f_{cd} = 18.4$MPa,$D_k = 1\ 500$mm;代入公式后得出$X_1 = 991.9$mm。

(3)《规范》式(C.0.3-3)计算

仅采用灌浆料与承台界面进行计算,$\tau_c = 0.148 f_{cd} = 2.72$MPa;其他各参数取值同上。代入公式后得出$X_2 = 1\ 037$mm。

(4)《规范》式(C.0.3-1)计算

代入公式后得出承插深度估算值$X = 1\ 037$mm。依托工程设计采用承插深度为1 020mm,并按《规范》第C.0.2条进行试验验证,对比试验结果该估算公式是偏安全的。

4)承台冲切验算

桩基承台底板主筋及U形抗冲切钢筋布置如图6.4-9所示。U形抗冲切钢筋共30根直径25mm的HRB400钢筋。

将圆形墩柱换算为边长等于0.8倍直径的方形截面墩柱,计算各参数值。

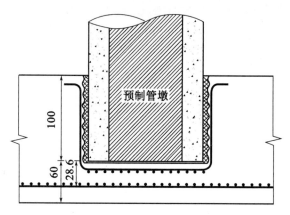

图 6.4-9 桩基承台底板主筋及 U 形抗冲切钢筋布置(尺寸单位:cm)

$h = 500\text{mm}$,直线内插可得 $\beta_h = 0.94$;承台 C40 混凝土 $f_{td} = 1.65\text{MPa}$;方形截面计算 $U_m = 5\,624\text{mm}$;$h_0 = 286\text{mm}$;U 形抗冲切钢筋抗拉强度设计值 $f_{sd} = 330\text{MPa}$;预留承插孔周边 U 形抗冲切钢筋总截面面积 $A_{su} = 2 \times 30 \times 490.9 = 29\,454\text{mm}^2$;管墩截面周长为圆形截面周长 $U = 4\,398\text{mm}$;抗冲切时双侧键槽剪应力设计值 $\tau_c = 0.08 \times f_{cd} = 0.08 \times 18.4 = 1.472\text{MPa}$。

其中:承台底板提供的抗冲切承载力设计值 $0.35\beta_h f_{td} U_m h_0 = 873.2\text{kN}$;U 形抗冲切钢筋提供的抗冲切承载力设计值 $0.75 f_{sd} A_{su} = 7\,289.9\text{kN}$;双侧剪力键提供的抗冲切承载力设计值为 $0.5 U X \tau_c = 3\,236.9\text{kN}$。

$\gamma_0 F_{ld} = 1.1 \times 7\,740 = 8\,514\text{kN} < 873.2 + 7\,289.9 + 3\,236.9 = 11\,400\text{kN}$,满足承台抗冲切的设计要求。

冲切试验中,剪力键槽未发生破坏,承台整体性良好,因此 U 形抗冲切钢筋提供的承载力仅反映了接缝界面微小的相对位移引起的荷载作用。《规范》中式(C.0.4)更多考虑灌浆料出现严重破坏的极端情况,在极端情况下应保证桥梁结构的安全性。对比试验结果该估算公式是偏安全的。

5)承台极限承载力验算

(1)桩作用于承台底面的最大竖向力设计值计算

根据《桥规》第 8.5.1 条计算桩作用于承台底面的最大竖向力设计

值。依托工程持久状况承载能力极限状态验算有 $F_d = 8\ 360\text{kN}$，$M_d = 5\ 205\text{kN}\cdot\text{m}$，顺桥向。

计算得 $N_{d\max} = 3\ 174.4\text{kN}$。

(2) 拉压杆模型修正

根据《规范》第 C.0.5 条对承台拉压杆模型进行修正，修正后的计算模型如图 6.4-10 所示。

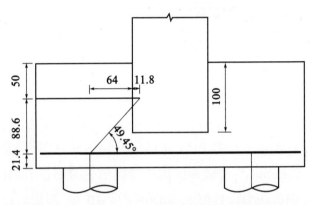

图 6.4-10　承台拉压杆修正模型(尺寸单位：cm)

(3) 斜压杆承载力验算

按单个桩反力计算，则

$b_s = 4\ 000/2 = 2\ 000\text{mm}$

$A_s = 39 \times 490.9/2 = 9\ 572.55\text{mm}^2$

$b = 0.8 \times 800 = 640\text{mm}$

$h_a = 214 + 6 \times 25 = 364\text{mm}$

$t = 640 \times \sin49.45 + 364 \times \cos49.45 = 722.94\text{mm}$

$T_d = 3\ 174.4/\tan49.45 = 2\ 715.99\text{kN}$

$$\varepsilon_1 = \frac{3\ 061.2 \times 10^3}{9\ 572.55 \times 2 \times 10^5} + \left(\frac{3\ 061.2 \times 10^3}{9\ 572.55 \times 2 \times 10^5} + 0.002\right)\cot^2 46.04$$

$= 4.945\ 8 \times 10^{-3}$

$f_{ce,d} = \dfrac{\beta_c f_{cd}}{0.8 + 170\varepsilon_1} = \dfrac{1.3 \times 18.4}{0.8 + 170 \times 4.945\ 8 \times 10^{-3}} = 14.578\text{MPa} \leqslant 0.85 \times$

$1.3 \times 18.4 = 20.332 \text{MPa}$

$\gamma_0 C_{i,d} = 1.1 \times \dfrac{3\,174.4}{\sin 49.45} = 4\,595.50 \text{kN}$

$tb_s f_{ce,d} = 722.94 \times 2\,000 \times 14.578/1\,000 = 21\,078.0 \text{kN}$

$\gamma_0 C_{i,d} \leqslant tb_s f_{ce,d}$,满足规范要求。

(4)拉杆承载力验算

$\gamma_0 T_{i,d} = 1.1 \times 2\,715.99 = 2\,987.59 \text{kN}$

$f_{sd} A_s = 330 \times 9\,572.55/1\,000 = 3\,158.95 \text{kN}$

2 987.59kN < 3 158.95kN,满足规范要求,对比试验结果该估算公式是偏安全的。

6)补充说明

本算例开展了1:2缩尺模型试验,试验结果均满足承载能力极限状态要求,构造相同时《规范》给出的估算公式是偏安全的。

从定性分析角度,承插式连接可使得破坏发生在连续墩柱的墩底塑性铰区域,连接及承台按能力保护原则进行设计,因此可适用于强震区。强震区框架墩横桥向应通过 pushover 计算墩柱最不利轴力,按最不利轴力进行设计;尚无进行双柱墩及全桥承插式连接的拟静力试验,强震区使用必须进行试验研究。

本章参考文献

[1] LI G P, HU H, ZHAO S H. Axial-Shear-Flexure Interaction Behavior of Joints in Precast Concrete Segmental Bridge Columns[J]. Journal of Bridge Engineering, 2018 23(10):04018071-1-14.

[2] 胡皓.节段预制拼装混凝土墩柱接缝静力性能与耐久性能的试验研究[D].上海:同济大学,2018.

[3] 李国平,覃忠余,曹素功,等.往复加载下预制承台-桩连接构造受力性能[J].土木工程学报,2021,54(1):106-115.

[4] 李国平,王嘉祺,范彩霞,等.预制拼装墩柱试验及受力性能分析[R],上海:同济大学混凝土桥梁研究室,2019.

[5] 李国平,王嘉祺,等.钢筋灌浆套筒连接试件轴向拉伸开裂机理分析及裂缝计算方法[R],上海:同济大学混凝土桥梁研究室,2021.

[6] 李国平,胡皓,任才,等.桥梁混凝土结构接缝的耐久性能[J].土木工程学报,2018,51(7):98-103.

[7] LI G P,TIAN F L,REN C. Salt Spray Testing on the Chloride Resistance of Jointed Concrete[J]. Journal of Asian Architecture and Building Engineering,2018 17(1):141-148.

[8] LI G P,HU H. Resistance of Segmental Joints to Carbonation[J]. ACI Materials Journal,January-February 2017,114(1):137-148.

[9] LI G P,HU H. Resistance of Segmental Joints to Chloride Ions[J]. ACI Materials Journal,July-August 2016,113(4):471-481.

第7章 抗震设计与计算

7.1 基本原理

7.1.1 装配式桥墩的地震损伤特性

1)采用灌浆套筒连接、灌浆波纹钢管的装配式桥墩

拟静力试验表明,采用灌浆套筒连接、灌浆波纹钢管的预制桥墩与整体现浇墩的损伤过程、破坏模式总体上接近,但节段装配式墩存在接缝张开现象,最大曲率集中于接缝附近。

现浇试件、灌浆套筒埋于承台试件和灌浆套筒埋于墩身试件的破坏形态(图7.1-1~图7.1-3)为:

(1)现浇试件墩底以上0.20m范围内核心混凝土压碎,并有纵筋屈曲、箍筋外鼓,试件失效。现浇试件塑性铰区域损伤严重。

(2)预制试件的破坏均表现为柱底与承台间的接缝完全张开,预制试件的破坏区域集中在接缝处。灌浆套筒埋于承台试件墩底以上0.15m范围内核心混凝土压碎,纵筋受压屈曲,立柱底和承台间的砂浆垫层压碎,核心混凝土完好。灌浆套筒埋于墩身试件保护层混凝土剥落主要集中在接缝上下,箍筋没有屈曲、外鼓,纵筋在接缝处发生局部屈曲,墩底接缝张开贯通整个截面。

图7.1-1 现浇试件　　图7.1-2 套筒埋于承台　　图7.1-3 套筒埋于墩身

通过对各试件所测拟静力循环加载水平荷载-侧移滞回曲线、曲率等参数的对比,现浇试件、套筒连接试件、波纹管连接试件的滞回环、骨架曲

线、等效刚度、滞回耗能、残余变形发展趋势基本一致,且峰值荷载相当。典型曲线及分析如下所示。

(1)滞回曲线

各试件滞回曲线如图7.1-4~图7.1-6所示。

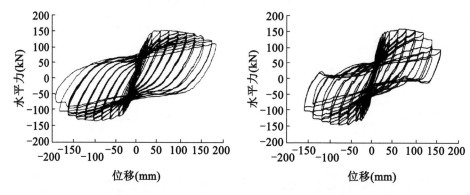

图7.1-4 现浇试件滞回曲线　　7.1-5 套筒埋于承台试件滞回曲线

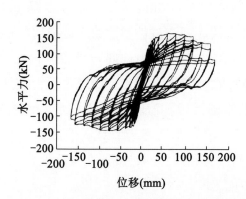

7.1-6 套筒埋于墩身试件滞回曲线

整体而言,3个试件均为弯曲破坏;现浇试件在整个试验过程中滞回环更为饱满;套筒埋于承台和套筒埋于墩身试件滞回环形状较为相似,套筒埋于墩身具有相对饱满的滞回环和较缓的强度退化。

(2)骨架曲线

各试件骨架曲线如图7.1-7所示。

3条骨架曲线形状大体上类似,预制试件屈服点和强度下降点更为明显,试件在屈服后仍具有一定的延性变形能力,但屈服后刚度较小。预制试件在临近破坏状态时承载力下降更为急剧。

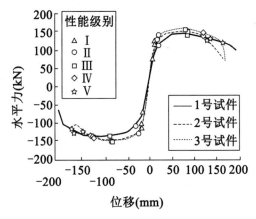

图 7.1-7　试件骨架曲线

根据骨架曲线计算的桥墩延性系数表明,预制试件在位移延性方面与现浇试件相比并无明显的不足,在合理的设计下采用套筒连接的预制桥墩可以用于地震区域。

(3) 曲率

预制试件的实测塑性铰区曲率分布如图 7.1-8、图 7.1-9 所示。

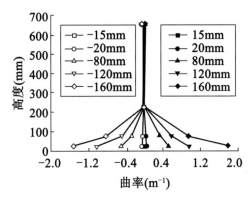

图 7.1-8　预制试件的实测塑性铰区曲率分布

由图 7.1-8、图 7.1-9 可知,在高位移等级时两者的曲率分布相似,在接缝附近位置较大,墩身分布很少,其原因在于预制试件的变形主要集中在接缝位置处。而套筒埋于墩身时,在接缝位置曲率更为集中,体现出套筒预埋在承台时墩底有少量塑性变形发生,预埋在墩身则使桥墩处具有相对较大的刚度,一定程度上约束了立柱的变形,但使接缝处变形更为剧烈。

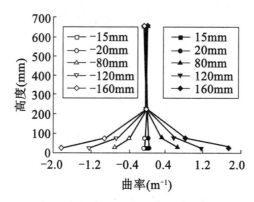

图 7.1-9 套筒埋于墩身试件的实测塑性铰区曲率分布

2)采用承插式连接的装配式桥墩

现浇试件和承插式试件的拟静力试验表明,两者的破坏形态均是以弯曲破坏为主的延性破坏:先钢筋屈服,后混凝土压碎。承插式构件最终破坏形态如图 7.1-10 所示。各试件在墩底截面均形成了较为充分的塑性铰(承插试件的后浇混凝土部分没有出现破坏,塑性铰仍然出现在墩柱上而非接缝处)。

图 7.1-10 承插式构件最终破坏形态

现浇试件和承插式试件的曲线特征对比如图 7.1-11~图 7.1-16。

分析结果表明,只要保证墩身具有足够的埋置深度,并在埋入部分墩身表面设置剪力键或进行凿毛等方法增大剪切摩擦承载力,承插式连接具有足够的强度,预制试件具有稳定、饱满的水平力-位移滞回曲线,足够的位移延性和耗能能力,塑性铰均出现在墩身,盖梁与承台基本无损伤,破坏模式与按延性设计的整体现浇桥墩一致,结构响应基本与传统现浇试件一致,因此可根据现有现浇桥墩的抗震设计方法进行设计。

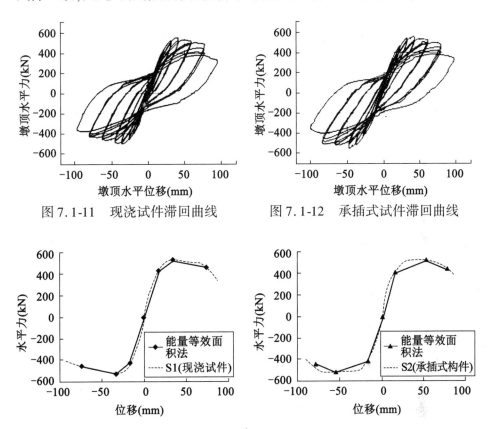

图 7.1-11　现浇试件滞回曲线　　　图 7.1-12　承插式试件滞回曲线

图 7.1-13　现浇试件骨架曲线　　　图 7.1-14　承插式试件骨架曲线

此外,现有试验墩身埋置深度取为 0.66~1.1 倍墩身截面高度,能够保证接缝具有足够的强度,破坏仅出现在墩身。

3)采用后张预应力连接的装配式桥墩

后张预应力连接的预制桥墩在拟静力循环加载试验下呈现不同的破坏形态,如图 7.1-17 所示。其特征曲线如图 7.1-18 ~ 图 7.1-20 所示。

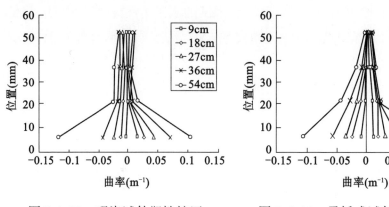

图 7.1-15 现浇试件塑性铰区曲率分布

图 7.1-16 承插式试件塑性铰区曲率分布

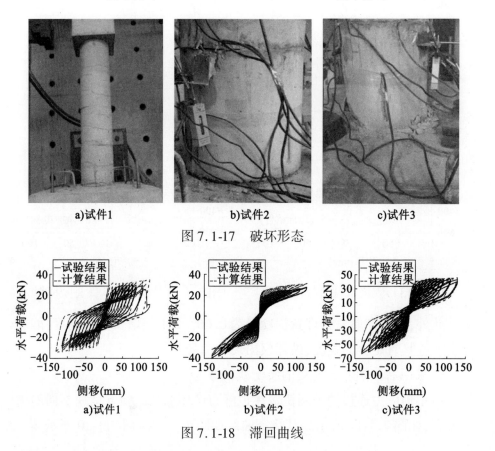

图 7.1-17 破坏形态

图 7.1-18 滞回曲线

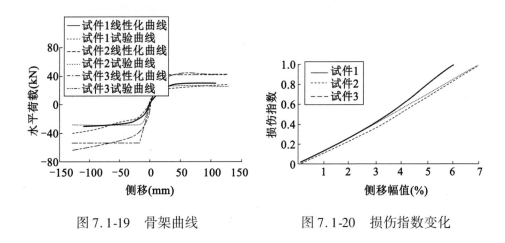

图7.1-19　骨架曲线　　　　　图7.1-20　损伤指数变化

图7.1-19、图7.1-20中,试件1为钢筋混凝土现浇桥墩,试件2为无黏结预应力钢绞线预制拼装桥墩,试件3为无黏结预应力钢绞线带耗能钢筋预制拼装桥墩。

结果表明:①钢筋混凝土整体现浇桥墩破坏形式为裂缝较分散,从墩底至墩顶每隔一定间距出现1道环状裂缝,墩底形成集中塑性铰,刚度小,耗能能力强,残余变形大,损伤严重。破坏原因是受拉主筋断裂而不能继续承载。②无黏结预应力预制拼装混凝土桥墩的破坏主要集中在墩底节段接缝和相邻节段接缝,混凝土压碎程度较轻,耗能能力较弱,残余变形小,损伤较轻。破坏原因是变形过大,无明显的预应力筋或混凝土损伤。③无黏结预应力带耗能钢筋预制拼装混凝土桥墩破坏集中在墩底节段接缝,墩底混凝土有明显的压碎,耗能钢筋提供了额外的耗能能力,刚度大,耗能能力强,残余变形较小,损伤较轻。破坏原因是耗能钢筋断裂,墩底混凝土压碎范围较大,墩顶变形过大而不能继续承载。

总体而言,无黏结预应力预制节段拼装桥墩耗能能力低,位移需求较大,适合抗震设防烈度较低的地区;无黏结预应力筋带耗能钢筋预制节段拼装桥墩具有与现浇桥墩类似的耗能能力,适合中高烈度地区。

7.1.2 装配式桥墩的抗震性能

为评估装配式结构不同连接方式的抗震性能,对采用钢筋灌浆套筒和钢筋灌浆波纹管连接的 20 个预制试件和 10 个整体现浇试件的位移延性系数、墩柱变形(含塑性铰长度、塑性铰容许转角和墩顶容许位移)及塑性铰区域斜截面抗剪能力进行了计算和汇总。

1)位移延性系数

采用钢筋灌浆套筒、钢筋灌浆波纹管连接的预制试件的拟静力试验实测骨架曲线特征点汇总见表 7.1-1。由汇总结果可知,现浇试件的位移延性系数为 4.8~9.41,预制试件的位移延性系数为 3.28~9.14,实测 μ_D(现浇)/μ_D(预制)的范围为 0.79~1.48,平均值为 1.09,预制试件的位移延性略弱于现浇试件,但无明显不足。因此,在合理的设计下,采用钢筋灌浆套筒、钢筋灌浆波纹管连接的预制桥墩可以用于地震区域。

2)墩柱变形验算

(1)塑性铰长度

采用钢筋灌浆套筒、钢筋灌浆波纹管连接的预制试件的等效塑性铰长度计算结果见表 7.1-2。根据表中计算结果可知,现浇试件的实测塑性铰长度与规范计算值较为接近,实测值与规范值之比的范围为 0.9~1.2。预制桥墩按照现有规范中现浇桥墩进行延性设计时进行 E2 地震作用下变形验算,等效塑性铰长度计算结果偏大,当套筒/波纹管预埋在承台中时实测值与规范值之比的范围为 0.45~1.01,实测值与规范值之比的平均值为 0.64,当套筒/波纹管预埋在墩身中时实测值与规范值之比的范围为 0.6~0.91,实测值与规范值之比的平均值为 0.76。这与各试验观察到的现象吻合,即预制试件的破坏主要集中在接缝附近。各试验中现浇试件与对应预制试件的实测等效塑性铰长度结果对比见表 7.1-3,频次分布规律如图 7.1-21 所示。

各试件骨架曲线特征点汇总表

表 7.1-1

试件编号	连接形式	套筒、波纹管预埋位置	桥墩形式	Δ_y (mm)	P_y (kN)	P_{max} (kN)	Δ_u (mm)	P_u (kN)	位移延性系数 μ_D	μ_D(现浇)/μ_D(预制)	对应文献
1	现浇	—	单柱墩	31	145	150	160	127	5.16		文献 3
2	钢筋灌浆套筒	承台	单柱墩	22	153	158	128	134	5.82	0.89	
3	钢筋灌浆套筒	墩身	单柱墩	26	161	163	133	139	5.12	1.01	
B1	现浇	—	单柱墩	22.7	216.1	247.1	128	210.04	5.64		
B2	现浇	—	单柱墩	19.6	212.5	237.9	120	202.22	6.12		
B3	现浇	—	单柱墩	18.8	224.8	250.3	120	212.76	6.38		
B 组平均值				20.4	217.8	245.1	122.7	208.34	6.05		文献 4
C1	钢筋灌浆套筒	承台	单柱墩	17.5	214.4	239.9	108	203.92	6.17		
C2	钢筋灌浆套筒	承台	单柱墩	19.1	215.9	243.8	96	207.23	5.03	1.20	
C3	钢筋灌浆套筒	承台	单柱墩	18.6	217	244	120	207.4	6.45	0.94	
C 组平均值				18.4	215.8	242.6	108	206.18	5.87		
D1	钢筋灌浆波纹管	承台	单柱墩	18.1	214.6	240.1	96	204.09	5.3	1.14	
D2	钢筋灌浆波纹管	承台	单柱墩	18.4	211	235.5	96	200.18	5.22	1.16	
D3	钢筋灌浆波纹管	承台	单柱墩	19.5	215.8	237	120	201.45	6.15	0.98	
D 组平均值				18.7	213.8	237.5	104	201.9	5.56		
1	现浇	—	单柱墩	30	129.1	150.7	171.5	128.1	5.72		文献 8
2	钢筋灌浆套筒	承台	单柱墩	20.6	140.3	159.4	122.2	135.507	5.93	0.96	
3	钢筋灌浆波纹管	承台	单柱墩	27.2	118.4	145.9	152.6	124	5.61	1.02	

续上表

试件编号	连接形式	套筒、波纹管预埋位置	桥墩形式	Δ_y (mm)	P_y (kN)	P_{max} (kN)	Δ_u (mm)	P_u (kN)	位移延性系数 μ_D	μ_D(现浇)/μ_D(预制)	对应文献
RC-1	现浇	—	单柱墩	20.7	126.1	144.3	99.4	122.7	4.8		文献9
BBPC-1	钢筋灌浆波纹管	承台	单柱墩	15.8	123	143.7	96.3	122.1	6.1	0.79	
RC-2(X)	现浇	—	单柱墩	14	108	128.8	81.5	109.5	5.9		
RC-2(Y)	现浇	—	单柱墩	15.8	69.5	83.6	86.7	71.1	5.5		
BBPC-2(X)	钢筋灌浆波纹管	承台	单柱墩	16.6	111.1	127.3	81.4	108.2	4.9	1.20	
BBPC-2(Y)	钢筋灌浆波纹管	承台	单柱墩	23.3	72.4	85.7	83.6	72.8	3.9	1.41	
CIP-H14(现浇)	现浇	—	单柱墩	30.98	245.85	277.64	150.8	260.34	4.87		文献11
PRC-H14	钢筋灌浆波纹管	承台	单柱墩	34.2	223.8	254.91	112.2	190.23	3.28	1.48	
PRC-L14	钢筋灌浆波纹管	承台	单柱墩	21.7	184.99	210.12	92.1	157.24	4.24		
CIP	现浇	—	单柱墩	19.4	106.3	117.7	103.9	100	5.35		文献13
GCP	钢筋灌浆波纹管	承台	单柱墩	25.9	101.6	117.1	124.6	99.6	4.81	1.11	
1	现浇	—	双柱墩	9	271.59	481.91	84.67	409.75	9.41		文献14
2	钢筋灌浆波纹管	承台	双柱墩	9	258.72	449.74	82.23	375.27	9.14	1.03	
1	波纹管(盖梁-墩)、套筒(承台-墩)	盖梁、承台	双柱墩	16.11	553.15	651.37	118.16	436.43	7.33		文献13
2	钢筋灌浆套筒	盖梁、承台	双柱墩	16.5	429.38	581.1	117.56	493.93	7.12		
3	钢筋灌浆套筒	墩身	双柱墩	17.01	362.07	431.86	116.18	367.08	6.83		

第7章 抗震设计与计算

表7.1-2 各试件等效塑性铰长度计算结果汇总表

试件编号	连接形式	套筒、波纹管预埋位置	桥墩形式	b (mm)	d_s (mm)	f_y (MPa)	L_{p1} (cm)	$0.044f_y d_s$	L_{p2} (cm)	L_p (cm) 实测值	L_p (cm) 规范值	实测值/规范值	对应文献
1	现浇	—	单柱墩	500	20	400	44.8	35.2	33.33	30*	33.33	0.90	文献3
2	套筒	承台	单柱墩	500	20	400	44.8	35.2	33.33	15*	33.33	0.45	
3	套筒	墩身	单柱墩	500	20	400	44.8	35.2	33.33	20*	33.33	0.60	
B1	现浇	—	单柱墩	500	25	400	38	44	33.33	30*	33.33	0.90	文献4
B2	现浇	—	单柱墩	500	25	400	38	44	33.33	30*	33.33	0.90	
B3	现浇	—	单柱墩	500	25	400	38	44	33.33	30*	33.33	0.90	
C1	套筒	承台	单柱墩	500	25	400	38	44	33.33	20*	33.33	0.60	
C2	套筒	承台	单柱墩	500	25	400	38	44	33.33	20*	33.33	0.60	
C3	套筒	承台	单柱墩	500	25	400	38	44	33.33	20*	33.33	0.60	
D1	波纹管	承台	单柱墩	500	25	400	38	44	33.33	20*	33.33	0.60	
D2	波纹管	承台	单柱墩	500	25	400	38	44	33.33	20*	33.33	0.60	
D3	波纹管	承台	单柱墩	500	25	400	38	44	33.33	20*	33.33	0.60	
CIP	现浇	—	单柱墩	419	25	469	45.32	51.59	27.93	30.50△	27.93	1.09	文献8
预制试件1	套筒	承台	单柱墩	419	25	469	45.32	51.59	27.93	20.30△	27.93	0.73	
预制试件2	套筒	墩身	单柱墩	419	25	469	45.32	51.59	27.93	25.40△	27.93	0.91	

续上表

试件编号	连接形式	套筒、波纹管预埋位置	桥墩形式	b(mm)	d_s(mm)	f_y(MPa)	L_{p1}(cm)	$0.044f_y d_s$	L_{p2}(cm)	L_p(cm) 实测值	L_p(cm) 规范值	实测值/规范值	对应文献
1	现浇	—	单柱墩	500	20	400	44.8	35.2	33.33	40*	33.33	1.20	文献9
2	套筒	承台	单柱墩	500	20	400	44.8	35.2	33.33	15.00*	33.33	0.45	文献9
3	波纹管	承台	单柱墩	500	20	400	44.8	35.2	33.33	25.00*	33.33	0.75	
RC-1	现浇	—	单柱墩	340	18	400	35.04	31.68	22.67	26.08#	22.67	1.15	
BBPC-1	波纹管	承台	单柱墩	340	18	400	35.04	31.68	22.67	22.99#	22.67	1.01	
CIP-H14	现浇	—	单柱墩	600	20	600	47.6	52.8	40	45.62#	40.00	1.14	文献11
PRC-H14	波纹管	承台	单柱墩	600	20	600	47.6	52.8	40	31.06#	40.00	0.78	
1	波纹管(盖梁-墩)、套筒(承台-墩)	盖梁、承台	双柱墩	500	20	400	44.8	35.2	33.33	20*	33.33	0.60	文献16
2	套筒	盖梁、承台	双柱墩	500	20	400	44.8	35.2	33.33	20*	33.33	0.60	
3	套筒	墩身	双柱墩	500	20	400	44.8	35.2	33.33	20*	33.33	0.60	

注:表中实测等效塑性长度,"*"表示用试件最终破坏区域长度等代,"#"表示根据试件实测曲率变化规律按《抗规》公式反算求得,"△"表示文献中直接给出。

预制试件与现浇试件等效塑性铰长度实测结果对比 表 7.1-3

试件编号	连 接 形 式	套筒、波纹管预埋位置	L_p(实测)	L_p(现浇)/L_p(预制)
2	钢筋灌浆套筒	承台	15	2.00
3	钢筋灌浆套筒	墩身	20	1.50
C1	钢筋灌浆套筒	承台	20	1.50
C2	钢筋灌浆套筒	承台	20	1.50
C3	钢筋灌浆套筒	承台	20	1.50
D1	钢筋灌浆波纹管	承台	20	1.50
D2	钢筋灌浆波纹管	承台	20	1.50
D3	钢筋灌浆波纹管	承台	20	1.50
预制试件1	钢筋灌浆套筒	承台	20.3	1.50
预制试件2	钢筋灌浆套筒	墩身	25.4	1.20
2	钢筋灌浆套筒	承台	15	2.67
3	钢筋灌浆波纹管	承台	25	1.60
BBPC-1	钢筋灌浆波纹管	承台	23.0	1.13
PRC-H14	钢筋灌浆波纹管	承台	31.1	1.47

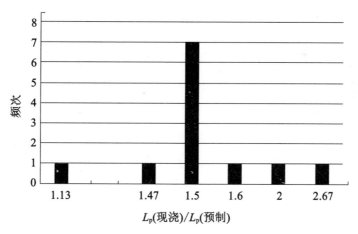

图 7.1-21 L_p(现浇)/L_p(预制)频次分布规律

由于套筒预埋于墩身中塑性铰的形成机理与传统现浇桥墩有较大区别,套筒位置刚度大,套筒范围内裂缝很少,破坏区域集中在墩底接缝以及套筒顶部,套筒顶部可能形成第二塑性铰,且相应的试验数据较少,以下仅针对套筒/波纹管预埋于承台中的情况进行统计分析。如表7.1-3所示,各试验中现浇试件与对应预制试件的实测等效塑性铰长度之比为1.13~2.0,中值为1.5,L_p(现浇)/L_p(预制) = 2 时满足93%的实测数据。采用钢筋灌浆套筒、钢筋灌浆波纹管连接的预制桥墩,按《抗规》第7.4.4条计算等效塑性铰长度,建议在式(7.4.4-4)引入折减系数ϕ_p,即:

$$L_p = \min(L_{p1}; L_{p2})/\phi_p$$

当取实测数据的中值时,$\phi_p = 1.5$,当保证率为93%时,$\phi_p = 2.0$。

(2)塑性铰容许转角

采用钢筋灌浆套筒、钢筋灌浆波纹管连接的预制试件的塑性铰区域转角计算结果见表7.1-4。各现浇试件塑性铰区域转角的安全系数为1.77~2.78,现浇试件基本满足《抗规》对延性安全系数的要求($K_{ds} = 2$)。各预制试件塑性铰区域转角的安全系数为1.19~7.60,部分预制试件的安全系数不满足《抗规》对延性安全系数的要求。由于大部分试验通过在距墩底一定范围设置3~4层位移传感器来测定横向位移,再通过层间位移差计算每层高度范围内的平均曲率,实测曲率的精度有限,因此根据墩底实测曲率分布图积分求得的塑性铰转角安全系数离散型较大,但安全系数均大于1。并且,预制试件的实测位移包括墩身弯曲引起的横向位移,也包括由于墩底接缝张开、墩底主筋黏结滑移引起的位移,部分出现了墩底主筋黏结滑移的试件实测塑性铰区域转角较大,导致安全系数较大。

各试验中现浇试件与对应预制试件的实测等效塑性铰长度结果对比见表7.1-5。

各试件塑性铰区域转角计算结果汇总表　　表7.1-4

试件编号	连接形式	套筒、波纹管预埋位置	桥墩形式	θ_u(rad) 实测值	θ_u(rad) 规范值	θ_u(rad) 安全系数	对应文献
2	钢筋灌浆套筒	承台	单柱墩	0.175 3*	0.038 0	4.61	
3	钢筋灌浆套筒	墩身	单柱墩	0.179 8*	0.038 0	4.73	
B1	现浇	—	单柱墩	0.102 5*	0.036 8	2.78	
B2	现浇	—	单柱墩	0.101 9*	0.036 8	2.77	
B3	现浇	—	单柱墩	0.068 0*	0.036 8	1.85	
C1	钢筋灌浆套筒	承台	单柱墩	0.091 0*	0.036 8	2.47	
C2	钢筋灌浆套筒	承台	单柱墩	0.072 2*	0.036 8	1.96	文献4
C3	钢筋灌浆套筒	承台	单柱墩	0.087 5*	0.036 8	2.38	
D1	钢筋灌浆波纹管	承台	单柱墩	0.059 7*	0.036 8	1.62	
D2	钢筋灌浆波纹管	承台	单柱墩	0.049 7*	0.036 8	1.35	
D3	钢筋灌浆波纹管	承台	单柱墩	0.043 8*	0.036 8	1.19	
CIP	现浇	—	单柱墩	0.062 9#	0.035 5	1.77	
预制试件1	钢筋灌浆套筒	承台	单柱墩	0.052 8#	0.034 2	1.54	
预制试件2	钢筋灌浆套筒	墩身	单柱墩	0.056 8#	0.035 1	1.61	文献7
2	钢筋灌浆套筒	承台	单柱墩	0.154 1*	0.038 0	4.05	
3	钢筋灌浆波纹管	承台	单柱墩	0.288 9*	0.038 0	7.60	
RC-1	现浇	—	单柱墩	0.056 3*	0.029 0	1.95	文献9
BBPC-1	钢筋灌浆波纹管	承台	单柱墩	0.051 3*	0.029 0	1.77	
CIP-H14	现浇	承台	单柱墩	0.053 4#	0.029 1	1.84	文献11
PRC-H14	钢筋灌浆波纹管	承台	单柱墩	0.036 3#	0.029 1	1.25	
1	波纹管(盖梁-墩)、套筒(承台-墩)	盖梁、承台	双柱墩	0.083 3*	0.038 0	2.19	文献16
2	套筒	盖梁、承台	双柱墩	0.074 5*	0.038 0	1.96	
3	套筒	墩身	双柱墩	0.066 4*	0.038 0	1.75	

注：表中实测等效塑性长度，"*"表示根据试件墩底实测曲率分布积分求得，"#"表示根据试件实测曲率变化规律按《抗规》公式反算求得。

预制试件与现浇试件塑性铰区域转角实测结果对比表　　表 7.1-5

试件编号	连接形式	套筒、波纹管预埋位置	桥墩形式	θ_u 实测值（rad）	θ_u（现浇）/θ_u（预制）
C1	钢筋灌浆套筒	承台	单柱墩	0.091 0	1.00
C2	钢筋灌浆套筒	承台	单柱墩	0.072 2	1.26
C3	钢筋灌浆套筒	承台	单柱墩	0.087 5	1.04
D1	钢筋灌浆波纹管	承台	单柱墩	0.059 7	1.52
D2	钢筋灌浆波纹管	承台	单柱墩	0.049 7	1.83
D3	钢筋灌浆波纹管	承台	单柱墩	0.043 8	2.08
预制试件 1	钢筋灌浆套筒	承台	单柱墩	0.052 8	1.19
预制试件 2	钢筋灌浆套筒	墩身	单柱墩	0.056 8	1.11
BBPC-1	钢筋灌浆波纹管	承台	单柱墩	0.051 3	1.10
PRC-H14	钢筋灌浆波纹管	承台	单柱墩	0.036 3	1.47

由表 7.1-5 可知,各试验中现浇试件与对应预制试件的实测塑性铰区域转角之比为 1.0~2.08,平均值为 1.36。预制试件等效塑性铰长度除以 $\phi_p = 1.5$ 和 $\phi_p = 2.0$ 进行折减后,采用钢筋灌浆套筒、钢筋灌浆波纹管连接的预制试件(套筒/波纹管预埋于承台中)的塑性铰区域转角的安全系数增大到 1.78~15.20,基本满足《抗规》的要求。

(3)墩顶容许位移

采用钢筋灌浆套筒、钢筋灌浆波纹管连接的预制试件的墩顶位移计算结果见表 7.1-6。现浇试件墩顶位移的安全系数为 1.06~1.83,平均值为 1.44;当套筒/波纹管预埋于承台内,预制试件墩顶位移的安全系数为 0.81~1.71,平均值为 1.24;当套筒/波纹管预埋于墩身内,预制试件墩顶位移的安全系数为 0.88~1.59,平均值为 1.24。相较于现浇试件,预制试件墩顶位移安全系数偏小。

各单柱墩试件墩顶位移计算结果汇总表　　　表 7.1-6

试件编号	连接形式	套筒、波纹管预埋位置	桥墩形式	Δ_u(cm) 实测值	Δ_u(cm) 规范值	Δ_u(cm) 安全系数	对应文献
1	现浇	—	单柱墩	16.00	15.14	1.06	文献 3
2	钢筋灌浆套筒	承台	单柱墩	12.80	15.14	0.85	文献 3
3	钢筋灌浆套筒	墩身	单柱墩	13.30	15.14	0.88	文献 3
B1	现浇	—	单柱墩	12.80	7.79	1.64	文献 4
B2	现浇	—	单柱墩	12.00	7.79	1.54	文献 4
B3	现浇	—	单柱墩	12.00	7.79	1.54	文献 4
C1	钢筋灌浆套筒	承台	单柱墩	10.80	7.79	1.39	文献 4
C2	钢筋灌浆套筒	承台	单柱墩	9.60	7.79	1.23	文献 4
C3	钢筋灌浆套筒	承台	单柱墩	12.00	7.79	1.54	文献 4
D1	钢筋灌浆波纹管	承台	单柱墩	9.60	7.79	1.23	文献 4
D2	钢筋灌浆波纹管	承台	单柱墩	9.60	7.79	1.23	文献 4
D3	钢筋灌浆波纹管	承台	单柱墩	12.00	7.79	1.54	文献 4
CIP	现浇	—	单柱墩	18.49	10.09	1.83	文献 7
预制试件 1	钢筋灌浆套筒	承台	单柱墩	14.57	9.79	1.49	文献 7
预制试件 2	钢筋灌浆套筒	墩身	单柱墩	15.89	10.02	1.59	文献 7
1	现浇	—	单柱墩	17.15	15.14	1.13	文献 8
2	钢筋灌浆套筒	承台	单柱墩	12.22	15.14	0.81	文献 8
3	钢筋灌浆波纹管	承台	单柱墩	15.26	15.14	1.01	文献 8
RC-1	现浇	—	单柱墩	9.94	8.12	1.22	文献 9
BBPC-1	钢筋灌浆波纹管	承台	单柱墩	9.63	8.12	1.19	文献 9
CIP-H14	现浇	承台	单柱墩	15.0803	9.71	1.55	文献 11
PRC-H14	钢筋灌浆波纹管	承台	单柱墩	11.22	9.71	1.15	文献 11
PRC-L14	钢筋灌浆波纹管	承台	单柱墩	9.21	8.83	1.04	文献 11
CIP	现浇	—	单柱墩	10.39	7.27	1.43	文献 13
GCP	钢筋灌浆波纹管	承台	单柱墩	12.46	7.27	1.71	文献 13

各试验中现浇试件与对应预制试件的实测墩顶位移之比见表7.1-7。当套筒/波纹管预埋于承台中,各试件实测Δ_u(现浇)/Δ_u(预制)的范围为0.83~1.40,平均值为1.16,即采用相同的结构尺寸、截面形式、材料强度、配筋形式时,现浇试件的实测最大墩顶位移约比预制试件大17%,按照《抗规》验算墩柱变形,预制墩柱的安全系数小于现浇试件。预制试件等效塑性铰长度除以$\phi_P=1.5$进行折减后,各预制试件墩顶位移的安全系数增大到1.09~2.35,平均值增加到1.69,即预制试件墩顶极限位移的安全系数基本达到相应现浇试件的水平(表7.1-8);预制试件等效塑性铰长度除以$\phi_P=2.0$进行折减后,各预制试件墩顶位移的安全系数增大到1.34~2.93,平均值增加到2.08,即预制试件墩顶极限位移的安全系数大于相应现浇试件的水平(表7.1-9)。

预制试件与现浇试件墩顶位移实测结果汇总表　　表7.1-7

试件编号	连接形式	套筒、波纹管预埋位置	Δ_u(实测值)	Δ_u(现浇)/Δ_u(预制)	对应文献
2	钢筋灌浆套筒	承台	12.80	1.25	文献3
3	钢筋灌浆套筒	墩身	13.30	1.20	文献3
C1	钢筋灌浆套筒	承台	10.80	1.11	文献4
C2	钢筋灌浆套筒	承台	9.60	1.25	文献4
C3	钢筋灌浆套筒	承台	12.00	1.00	文献4
D1	钢筋灌浆波纹管	承台	9.60	1.25	文献4
D2	钢筋灌浆波纹管	承台	9.60	1.25	文献4
D3	钢筋灌浆波纹管	承台	12.00	1.00	文献4
预制试件1	钢筋灌浆套筒	承台	14.57	1.27	文献7
预制试件2	钢筋灌浆套筒	墩身	15.89	1.16	文献7
2	钢筋灌浆套筒	承台	12.22	1.40	文献8
3	钢筋灌浆波纹管	承台	15.26	1.12	文献8
BBPC-1	钢筋灌浆波纹管	承台	9.63	1.03	文献9
PRC-H14	钢筋灌浆波纹管	承台	11.22	1.34	文献11
GCP	钢筋灌浆波纹管	承台	12.46	0.83	文献13

各试件墩顶位移计算结果汇总表（$\phi_P = 1.5$） 表 7.1-8

试件编号	连接形式	套筒、波纹管预埋位置	桥墩形式	Δ_u (cm) 实测值	Δ_u (cm) 规范值	Δ_u (cm) 安全系数	对应文献
1	现浇	—	单柱墩	16.00	15.14	1.06	文献 3
2	钢筋灌浆套筒	承台	单柱墩	12.80	11.18	1.14	文献 3
B1	现浇	—	单柱墩	12.80	7.79	1.64	文献 4
B2	现浇	—	单柱墩	12.00	7.79	1.54	文献 4
B3	现浇	—	单柱墩	12.00	7.79	1.54	文献 4
C1	钢筋灌浆套筒	承台	单柱墩	10.80	5.68	1.90	文献 4
C2	钢筋灌浆套筒	承台	单柱墩	9.60	5.68	1.69	文献 4
C3	钢筋灌浆套筒	承台	单柱墩	12.00	5.68	2.11	文献 4
D1	钢筋灌浆波纹管	承台	单柱墩	9.60	5.68	1.69	文献 4
D2	钢筋灌浆波纹管	承台	单柱墩	9.60	5.68	1.69	文献 4
D3	钢筋灌浆波纹管	承台	单柱墩	12.00	5.68	2.11	文献 4
CIP	现浇	—	单柱墩	18.49	10.09	1.83	文献 7
预制试件 1	钢筋灌浆套筒	承台	单柱墩	14.57	7.28	2.00	文献 7
1	现浇	—	单柱墩	17.15	15.14	1.13	文献 8
2	钢筋灌浆套筒	承台	单柱墩	12.22	11.18	1.09	文献 8
3	钢筋灌浆波纹管	承台	单柱墩	15.26	11.18	1.36	文献 8
RC-1	现浇	—	单柱墩	9.94	8.12	1.22	文献 9
BBPC-1	钢筋灌浆波纹管	承台	单柱墩	9.63	5.99	1.61	文献 9
CIP-H14	现浇	承台	单柱墩	15.08	9.71	1.55	文献 11
PRC-H14	钢筋灌浆波纹管	承台	单柱墩	11.22	7.47	1.50	文献 11
PRC-L14	钢筋灌浆波纹管	承台	单柱墩	9.21	6.59	1.40	文献 11
CIP	现浇	—	单柱墩	10.39	7.27	1.43	文献 13
GCP	钢筋灌浆波纹管	承台	单柱墩	12.46	5.29	2.35	文献 13

各试件墩顶位移计算结果汇总表($\phi_P = 2.0$)　　表 7.1-9

试件编号	连接形式	套筒、波纹管预埋位置	桥墩形式	Δ_u (cm) 实测值	Δ_u (cm) 规范值	安全系数	对应文献
1	现浇	—	单柱墩	16.00	15.14	1.06	文献 3
2	钢筋灌浆套筒	承台	单柱墩	12.80	9.15	1.40	
B1	现浇	—	单柱墩	12.80	7.79	1.64	文献 4
B2	现浇	—	单柱墩	12.00	7.79	1.54	
B3	现浇	—	单柱墩	12.00	7.79	1.54	
C1	钢筋灌浆套筒	承台	单柱墩	10.80	4.57	2.36	
C2	钢筋灌浆套筒	承台	单柱墩	9.60	4.57	2.10	
C3	钢筋灌浆套筒	承台	单柱墩	12.00	4.57	2.62	
D1	钢筋灌浆波纹管	承台	单柱墩	9.60	4.57	2.10	
D2	钢筋灌浆波纹管	承台	单柱墩	9.60	4.57	2.10	
D3	钢筋灌浆波纹管	承台	单柱墩	12.00	4.57	2.62	
CIP	现浇	—	单柱墩	18.49	10.09	1.83	文献 7
预制试件 1	钢筋灌浆套筒	承台	单柱墩	14.57	5.98	2.44	
1	现浇	—	单柱墩	17.15	15.14	1.13	文献 8
2	钢筋灌浆套筒	承台	单柱墩	12.22	9.15	1.34	
3	钢筋灌浆波纹管	承台	单柱墩	15.26	9.15	1.67	
RC-1	现浇	—	单柱墩	9.94	8.12	1.22	文献 9
BBPC-1	钢筋灌浆波纹管	承台	单柱墩	9.63	4.90	1.97	
CIP-H14	现浇	承台	单柱墩	15.08	9.71	1.55	文献 11
PRC-H14	钢筋灌浆波纹管	承台	单柱墩	11.22	6.30	1.78	
PRC-L14	钢筋灌浆波纹管	承台	单柱墩	9.21	5.42	1.70	
CIP	现浇	—	单柱墩	10.39	7.27	1.43	文献 13
GCP	钢筋灌浆波纹管	承台	单柱墩	12.46	4.25	2.93	

3）塑性铰区域斜截面抗剪验算

试验结果表明,当剪跨比为 4~6.42 时,采用钢筋灌浆套筒或钢筋灌浆波纹管连接的预制试件进行拟静力试验,最终均出现核心混凝土压溃、受拉主筋断裂或者主筋受压屈曲,均为弯曲破坏,未出现接缝截面的剪切滑移破坏。因此当剪跨比较大时,采用钢筋灌浆套筒或钢筋灌浆波纹管连接的预制桥墩在往复荷载作用下的强度由抗弯能力控制,可参照现行《抗规》中的方法进行 E2 地震作用下的变形验算。

当剪跨比小于 2 时,采用钢筋灌浆套筒连接且套筒预埋于承台的预制试件进行拟静力试验最终破坏模式为弯剪破坏,且实测抗剪承台能力与现浇试件较为接近,可参照现行《抗规》中的方法进行 E2 地震作用下预制桥墩墩身斜截面抗剪承载能力计算。

目前预制桥墩接缝截面的抗剪承载力研究较少,尚无成熟的计算公式,规范可通过避免矮墩采用装配式的形式来避免出现接缝截面剪切破坏的情况。

4）其他连接形式抗震性能

（1）构件承插式连接的抗震性能

图 7.1-22 给出典型承插式连接预制桥墩的拟静力往复加载试验力-位移曲线,从图中可以看出,采用承插式连接的预制拼装桥墩-承台结构,在设计满足承插式连接构造要求的情况下,其一方面能够满足结构在正常使用荷载条件下对竖向承载力的要求,而另一方面也具备与传统现浇钢筋混凝土桥墩相近的抗震性能,属于等同现浇混凝土桥墩的连接类型。

（2）钢筋插槽式连接的抗震性能

图 7.1-23 给出典型插槽式连接预制桥墩的拟静力往复加载试验力-位移曲线,从图中可以看出,采用插槽式连接的预制拼装桥墩,在合理设计且满足插槽式连接构造要求的前提下,可以获得与传统现浇钢筋混凝土桥墩相近的抗震性能,属于等同现浇混凝土桥墩的连接类型。

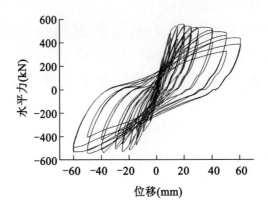

图7.1-22 构件承插式连接预制桥墩拟静力往复加载试验力-位移曲线

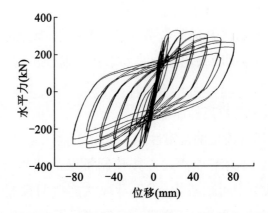

图7.1-23 钢筋插槽式连接预制桥墩拟静力往复加载试验力-位移曲线

(3)预应力钢筋连接的抗震性能

图7.1-24给出典型有黏结预应力钢绞线连接预制桥墩的拟静力往复加载试验力-位移曲线。从图中可以看出,与现浇混凝土桥墩滞回环比较,有黏结预应力钢绞线连接桥墩具有相近的位移变形能力和较弱的耗能能力,残余变形也较小,属于不等同现浇混凝土桥墩的连接类型。

(4)UHPC湿接缝连接的抗震性能

图7.1-25给出了UHPC湿接缝连接预制墩柱的拟静力往复加载试验力-位移曲线。该构件的破坏表现为:在预制桥墩墩身范围内出现主裂

缝,并以主裂缝为中心形成塑性铰,保护层混凝土剥落并露出箍筋和纵筋。从力-位移曲线可以看出,该构件的滞回环比较饱满,滞回耗能和延性变形同现浇混凝土桥墩基本相近。但同时通过试验也发现,UHPC 湿接缝中钢筋的搭接长度对其抗震性能影响较大,结合钢筋在 UHPC 中的锚固试验,《规范》给出了搭接长度应大于 12 倍纵向主筋直径的要求。

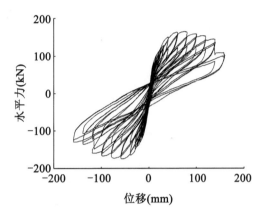

图 7.1-24　预应力钢筋连接预制桥墩拟静力往复加载试验力-位移曲线

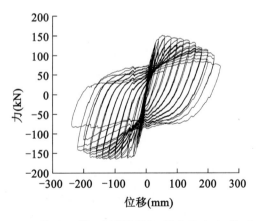

图 7.1-25　UHPC 湿接缝连接预制桥墩拟静力往复加载试验力-位移曲线

（5）普通混凝土湿接缝采用机械套筒连接的抗震性能

图 7.1-26 给出了普通混凝土湿接缝采用机械套筒连接预制墩柱的拟静力往复加载试验力-位移曲线。该构件的破坏表现为:主裂缝逐渐出

现在底部截面处,外围保护层整体剥落,内部混凝土逐渐疏松,渐渐见到箍筋和套筒,主要破坏呈现在底部,并在底部形成塑性铰。从力-位移曲线可以看出,该构件的滞回环趋于丰满,随着位移的增大出现一定程度的捏缩现象。试验结果表明,普通混凝土湿接缝采用机械套筒连接的连接方式与现浇混凝土桥墩的耗能能力和延性变形能力相近。

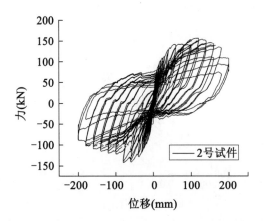

图 7.1-26 普通混凝土湿接缝采用机械套筒连接预制桥墩拟静力往复加载试验力-位移曲线

7.2 计算内容

7.2.1 装配式桥墩计算流程

研究表明,不同连接方式的装配式桥墩与现浇整体式桥墩在抗震性能上主要有以下特征:

(1)采用钢筋灌浆套筒(或波纹管)连接且套筒(或波纹管)预埋于承台的预制试件,以及采用承插式连接的预制桥墩试件,最终破坏模式和实测抗剪承载能力与现浇试件较为接近,可以参照《抗规》中的方法进行 E2 地震作用下预制墩柱斜截面抗剪承载能力计算。

(2)采用灌浆套筒、灌浆波纹钢管(套筒预埋于承台或盖梁内)、承插式、插槽式和湿接缝连接时,由于套筒预埋于墩柱中塑性铰的形成机理与

第7章 抗震设计与计算

传统现浇桥墩有较大区别,套筒位置刚度大,套筒范围内裂缝很少,破坏区域集中在墩底接缝以及套筒顶部,套筒顶部可能形成第二塑性铰。根据试验统计,目前各试验中现浇试件与对应预制试件的实测等效塑性铰长度之比为 1.13~2.0,中值为 1.5。因此,采用钢筋灌浆套筒、钢筋灌浆波纹管连接的预制桥墩,在等效塑性铰长度计算公式中引入了折减系数 1.5。

《规范》条文结合了目前装配式构件方向和抗震的研究成果,相对于《抗规》的主要差异在于构件塑性铰区的相关计算。根据《规范》,装配式桥墩验算流程如图 7.2-1 所示。

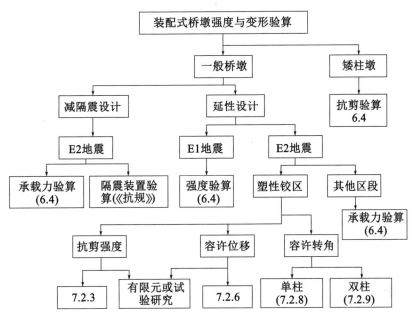

图 7.2-1 装配式桥墩计算流程

关于计算流程的说明:

按照桥墩高宽比划分一般桥墩和矮柱墩,矮柱墩仅需按照《规范》第 6.4 节验算抗剪强度。对于一般桥墩,可采用减隔震设计或延性设计。减隔震设计时仅需进行 E2 地震作用下的结构承载力验算(按《规范》第 6.4 节)和隔振装置验算(按《抗规》)。延性设计时需进行构件在 E1 地震下的强度验算(按《规范》第 6.4 节)和 E2 地震作用下塑性铰区和其他区域的验算。其中,E2 地震作用下的其他区域需按《规范》第 6.4 节进行承载力验算。

塑性铰区的验算分为抗剪强度验算、容许位移验算和容许转角验算。抗剪强度验算包含预制墩柱节段自身和拼接缝的验算。采用钢筋灌浆套筒(或波纹管)连接且套筒(或波纹管)预埋于承台的预制试件,以及采用承插式连接的预制桥墩试件可根据《规范》第 7.2.3 条进行,其他连接形式和塑性铰区接缝宜通过有限元模拟或试验研究确定。

采用灌浆套筒、灌浆波纹钢管(套筒预埋于承台或盖梁内)、承插式、插槽式和湿接缝连接的单柱墩,以及双柱式、排架式装配式桥墩的顺桥向的容许位移可按《规范》第 7.2.7 条计算;采用预应力钢筋连接的装配式桥墩,以及双柱式、排架式装配式桥墩的横桥向的容许位移按《规范》第 7.2.9 条计算。

塑性铰区的容许转角按《规范》第 7.2.8 条计算。

7.2.2 抗震措施

(1)鉴于目前灌浆套筒预埋在墩柱内的装配式混凝土桥墩试件样本数较少,其变形能力、破坏机制尚无深入的研究,因此,建议将灌浆套筒设置在承台或者盖梁中。若将套筒设置在墩柱中,考虑到对墩柱自身局部刚度的影响,为确保预制墩柱具有足够的延性变形能力和抗剪能力,避免塑性铰区域套筒处箍筋配筋率的突变,箍筋减少需缓慢变化,故将箍筋加密区的长度延长至连接套筒的高度加 $5d$(连接套筒外径)范围。

(2)多项研究提出,为了防止墩底接缝处有黏结预应力钢筋和耗能钢筋在地震作用下因接缝反复开合而发生低周疲劳破坏,过早拉断,建议在墩底接缝附近设置无黏结段。无黏结段长度可以根据抗震需求确定,必要时也可以开展装配式桥梁下部结构的接缝连接构造低周疲劳性能的试验研究。

(3)对于采用预应力钢筋连接的节段预制拼装桥墩,若不设置剪力键或抗剪销,节段接缝面的抗剪承载力较低,为避免因底节段损伤造成桥墩在地震作用下发生难以修复的剪切破坏,建议在接缝处增设剪力键。剪力键的设置可以参考节段预制箱梁剪力键的构造要求。

(4)研究结果表明,预应力钢筋初张力为0.4~0.6倍屈服应力,总轴压比(结构自重和预应力共同作用下)在0.2左右时,无黏结预应力节段拼装桥墩抗震性能最优。此时,预制拼装桥墩具有良好的自复位能力,在地震作用下预应力钢束处于弹性阶段。

7.3 计 算 示 例

7.3.1 算例一:采用灌浆套筒连接的矩形截面预制墩柱-延性设计

1)构造形式及典型尺寸

某一级公路桥跨径布置为3×30m,上部结构为箱梁结构,下部结构为单柱式桥墩,桥跨布置如图7.3-1所示。

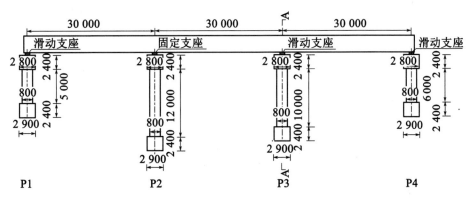

图7.3-1 总体布置图(尺寸单位:mm)

采用预制装配法施工,墩柱与承台采用灌浆套筒连接,其中P1和P4墩柱高6m,截面尺寸为1.8m×1.8m,柱内配置56根直径32mm纵向钢筋,纵向钢筋配筋率$\rho_1 = 1.39\%$;外围箍筋为直径16mm钢筋,内部箍筋为直径12mm钢筋。箍筋加密区间距100mm,非加密区间距150mm,体积配箍率0.76%。墩身连接钢筋长600mm,套筒长1 200mm,直径77mm,壁厚6mm,墩柱钢筋布置如图7.3-2所示。P2和P3墩配筋参考P1墩。

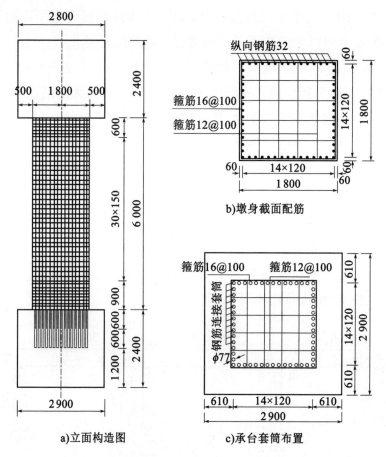

图 7.3-2 墩柱钢筋布置图(尺寸单位:mm)

2) 设计资料

(1) 材料参数

墩柱采用 C40 混凝土,主要力学性能见表 7.3-1。

C40 混凝土材料参数　　　　表 7.3-1

强度等级	f_{ck}(MPa)	f_{tk}(MPa)	f_{cd}(MPa)	f_{td}(MPa)	E_c(MPa)
C40	26.8	2.40	18.4	1.65	3.25×10^4

普通钢筋采用 HRB400 热轧带肋钢筋,抗拉、抗压强度设计值为 330MPa,弹性模量取 200GPa。

(2) 荷载

①恒载:钢筋混凝土重度取 26kN/m³,沥青混凝土重度取 24kN/m³。

②地震荷载:该桥抗震设防烈度为Ⅶ度地区,地震峰值加速度 0.1g, B 类桥梁,场地类别为Ⅱ类,特征周期为 0.4s,按《抗规》中反应谱方法进行 E1 和 E2 地震作用下结构效应计算。

(3) 边界

P1 桥墩上设置 1 个固定支座,其余桥墩均为滑动支座。

3) 桥梁抗震性能验算准则

根据《规范》7.2.1 第 1 条,采用延性设计时装配式桥墩的抗震性能验算准则见表 7.3-2。

采用延性设计时装配式混凝土桥墩的抗震性能验算准则   表 7.3-2

验算内容	抗震设防水准	
	E1 地震作用	E2 地震作用
强度	按《规范》6.4 节进行装配式桥墩的承载力计算	按《规范》第 7.2.4、7.2.5 条进行装配式桥墩抗剪承载能力验算
变形	—	按《规范》第 7.2.6~7.2.9 条进行装配式桥墩抗剪承载能力验算

4) 地震效应计算

(1) 分析模型

采用有限元分析软件建立分析计算模型,如图 7.3-3 所示。主梁和桥墩均采用梁单元模拟。

图 7.3-3 有限元分析模型

(2) 边界条件

桥墩承台底部固结,支座刚度按实际情况模拟。

根据《公路桥梁板式橡胶支座》(JT/T 4—2019)可知,盆式支座采用弹性连接模拟,竖向刚度 10^6kN/m,固定方向刚度 10^7kN/m;滑动支座滑动方向刚度为 0,固定方向刚度为 10^7kN/m。

(3)地震荷载

根据《抗规》,E1 和 E2 地震作用设计加速度反应谱最大值 S_{max} 计算如下:

E1 地震作用:

$$S_{max} = 2.5 C_i C_s C_d A = 2.5 \times 0.43 \times 1.0 \times 1.0 \times 0.1 = 0.107\,5g$$

E2 地震作用:

$$S_{max} = 2.5 C_i C_s C_d A = 2.5 \times 1.3 \times 1.0 \times 1.0 \times 0.1 = 0.325g$$

反应谱如图 7.3-4 所示。

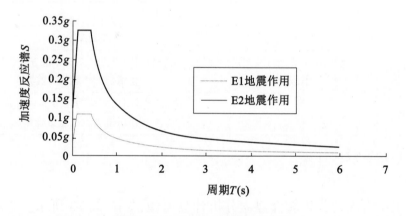

图 7.3-4　地震加速度反应谱

5)结构验算

桥墩高宽比 $H/B = 6/1.8 = 3.33 > 2.5$,按一般桥墩延性设计进行抗震验算。

(1)E1 地震验算

根据《抗规》,E1 地震作用效应和永久作用效应组合后,参考《规范》6.4 节进行抗压弯承载力和抗弯剪承载力验算。

第7章 抗震设计与计算

①接缝位置抗压弯承载力验算。

根据《规范》第6.4.4条,结合本指南第五章,接缝位置抗压弯承载力验算结果见表7.3-3、表7.3-4。

顺桥向接缝位置抗压弯承载力验算　　　　表7.3-3

截面	桥墩号	$\gamma_0 N_d$ (kN)	$\Phi_c N_{ud}$ (kN)	$\gamma_0 N_d e$ (kN·m)	$\Phi_c M_{ud}$ (kN·m)	安全系数
墩底	P1	2 789	21 033.25	4 564	34 425.85	7.5
	P2	5 659	14 001.2	10 785	26 687.45	2.5
	P3	5 614	64 386	5 036	56 807	11.3
	P4	2 698	14 024.15	5 116	26 593.95	5.2

横桥向接缝位置抗压弯承载力验算　　　　表7.3-4

截面	桥墩号	$\gamma_0 N_d$ (kN)	$\Phi_c N_{ud}$ (kN)	$\gamma_0 N_d e$ (kN·m)	$\Phi_c M_{ud}$ (kN·m)	安全系数
墩底	P1	2 789	16 212.9	4 897	28 469.05	5.8
	P2	5 659	63 169	8 257	55 926	6.8
	P3	5 614	22 553.05	8 763	35 202.75	4.0
	P4	2 698	19 577.2	4 435	32 184.4	7.3

根据表7.3-3、表7.3-4,接缝位置抗压弯承载力满足要求。

②接缝位置抗剪弯承载力验算。

根据《规范》第6.4.7条,结合本指南第五章,接缝位置抗压弯承载力验算结果见表7.3-5、表7.3-6。

顺桥向接缝位置抗剪弯承载力验算　　　　表7.3-5

截面	桥墩号	$\gamma_0 V_d$ (kN)	V_{ud} (kN)	$\gamma_0 N_d e$ (kN·m)	$\Phi_c M_{ud}$ (kN·m)	安全系数
墩底	P1	62	964	4 564	45 396	9.9
	P2	836	2 713	10 785	35 114	3.2
	P3	100	832	5 036	46 659	8.3
	P4	61	1 057	5 116	46 541	9.1

横桥向接缝位置抗剪弯承载力验算 表7.3-6

截面	桥墩号	$\gamma_0 V_d$ (kN)	V_{ud} (kN)	$\gamma_0 N_d e$ (kN·m)	$\Phi_c M_{ud}$ (kN·m)	安全系数
墩底	P1	244	452	4 897	6 245	1.3
	P2	278	953	8 257	37 231	3.4
	P3	396	1 132	8 763	35 923	2.9
	P4	181	378	4 435	6 388	1.4

根据表7.3-5、表7.3-6,接缝位置抗剪弯承载力满足要求。

③非接缝区验算。

以墩顶截面为例,根据《桥规》进行截面偏心受压承载力验算。墩顶截面轴压最小时截面受压承载力验算见表7.3-7、表7.3-8,同理可验算其他截面。

顺桥向墩顶位置受压承载力验算 表7.3-7

截面	桥墩号	$\gamma_0 N_d$ (kN)	$\Phi_c N_{ud}$ (kN)	$\gamma_0 N_d e$ (kN·m)	$\Phi_c M_{ud}$ (kN·m)	安全系数
墩底	P1	2 283	18 138	4 189	33 282	7.9
	P2	4 647	16 829	8 791	31 838	3.6
	P3	4 771	64 386	4 209	56 807	13.5
	P4	2 192	12 213	4 610	25 687	5.6

横桥向墩顶位置受压承载力验算 表7.3-8

截面	桥墩号	$\gamma_0 N_d$ (kN)	$\Phi_c N_{ud}$ (kN)	$\gamma_0 N_d e$ (kN·m)	$\Phi_c M_{ud}$ (kN·m)	安全系数
墩底	P1	2 283	35 389	3 078	47 725	15.5
	P2	4 647	63 169	4 114	55 926	13.6
	P3	4 771	63 394	4 209	55 921	13.3
	P4	2 192	33 946	3 029	46 912	15.5

根据表7.3-7、表7.3-8,桥墩截面受压承载力满足要求。

(2)E2 地震作用弹性验算

根据《规范》第6.4节进行桥墩等效线弹性验算,验算方法参考前述 E1 地震验算。

通过计算,P1 和 P4 墩满足弹性要求,P2 墩和 P3 墩截面承载力不满足要求(表7.3-9),说明 P2 墩和 P3 墩已进入塑性,需验算其延性是否满足要求。

承载力不满足要求工况 表7.3-9

桥墩	工况	$\gamma_0 N_d$ (kN)	N_{ud} (kN)	e (m)	e' (m)	安全系数
P2	F_x-最小(m_y)	4 748	4 015	3.755	2.019	0.8
	F_x-最大(F_x)	4 445	3 824	3.855	2.120	0.9
	F_x-最小(F_x)	4 748	4 015	3.755	2.019	0.8
P3	M_z-最大(F_x)	4 943	4 673	3.222	1.504	0.9

(3)E2 地震作用弹塑性验算。

①桥墩刚度折减。

由前述验算,P2 和 P3 墩已进入塑性,根据《规范》第7.2.2条,对 P2 墩和 P3 截面刚度进行折减。墩身截面采用有效截面,计算公式如下。

$$E_c \times I_{\text{eff}} = \frac{M_y}{\phi_y}$$

其中,M_y 和 Φ_y 可以通过 M-Φ 曲线得到,如图7.3-5所示。

调整系数计算见表7.3-10。

承载力不满足要求工况 表7.3-10

计算方向	桥墩编号	恒载轴力 (kN)	M_y (kN·m)	Φ_y (m^{-1})	E_c (kPa)	I_{eff} (m^4)	I (m^4)	调整系数
顺/横桥向	P2	5 174	18 796	0.002 19	3.25E+07	0.264 1	0.874 8	0.302
顺/横桥向	P3	5 174	18 796	0.002 19	3.25E+07	0.264 1	0.874 8	0.302

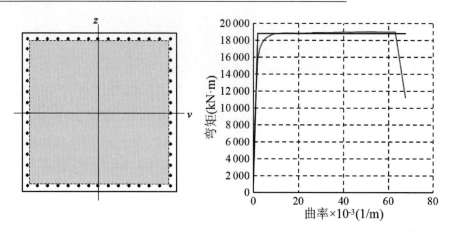

图 7.3-5 M-Φ 曲线

刚度折减后,桥墩内力重分布,P1 和 P4 墩需重新根据《规范》第 6.4 节进行强度验算,P2 和 P3 墩需验算塑性铰区抗剪强度、延性位移和转角。

②塑性铰区抗剪强度验算。

以最不利 P2 墩墩顶截面为例。

结构在 E2 地震及恒载组合作用下截面剪力设计值为 1 580.2kN。

计算方向箍筋面积总和:

$$A_v = \frac{\pi}{4} \times (1.6^2 \times 2 + 1.2^2 \times 4) = 8.545 \text{cm}^2$$

横向钢筋的抗剪能力贡献:

$$V_s = \frac{0.1 \times 8.545 \times 400 \times (180-6)}{10} = 5\ 947\text{kN} < 0.08 \times 0.8 \times 180 \times 180 \times \sqrt{18.4} = 8\ 895\text{kN}$$

$$\rho_s f_{kh} = \frac{2 \times 8.545}{180 \times 10} \times 400 = 3.798 > 2.4, 取 \rho_s f_{kh} = 2.4。$$

取墩柱位移延性系数 $\mu_\Delta = 6$,

混凝土抗剪强度修正系数 $\lambda = \frac{2.4}{10} + 0.38 - 0.1 \times 6 = 0.02 < 0.03$,取

$\lambda = 0.03$

墩柱截面最小轴力 $P_c = 5\ 000\text{kN} > 0$，

塑性铰区混凝土抗剪强度：

$$v_c = 0.03 \times \left(1 + \frac{5\ 000}{13.8 \times 180 \times 180}\right) \times \sqrt{18.4} = 0.13\text{MPa} < 1.47 \times$$

$$0.03 \times \sqrt{18.4} = 0.19\text{MPa} \text{ 且 } < 0.355 \times \sqrt{18.4} = 1.52\text{MPa}$$

塑性铰区混凝土的抗剪能力贡献：$V_c = 0.1 \times 0.13 \times 0.8 \times 180 \times 180 = 336.96\text{kN}$

截面抗剪承载力 $0.85 \times (336.96 + 5\ 947) = 5\ 341.4\text{kN} > V_{c0} = 360.8\text{kN}$，结构抗剪强度验算满足要求。

③容许转角验算。

结构在 E2 地震作用下最大转角为 0.001 6rad。

根据纵向钢筋确定的等效塑性铰长度：

$L_{pt} = 0.08 \times 1\ 200 + 0.022 \times 400 \times 3.2 = 124.16\text{cm} > 0.044 \times 400 \times 3.2 = 56.32\text{cm}$

根据截面尺寸确定的等效塑性铰长度：$L_{p2} = \frac{2}{3} \times 180 = 120\text{cm}$

等效塑性铰长度 $L_p = \min(124.16, 120)/1.5 = 63.57\text{cm}$

根据《抗规》，截面等效屈服曲率为：

$\varphi_y = 1.957 \times 0.002/180 = 2.17 \times 10^{-5}\text{cm}^{-1}$

约束钢筋的体积含筋率为：

$$\rho_s = \frac{2 \times 201.06 + 4 \times 113.1}{1\ 734 \times 100} \times 2 = 9.86 \times 10^{-3}$$

约束混凝土的极限压应变 $\varepsilon_{cu} = 0.004 + \frac{1.4 \times 9.86 \times 10^{-3} \times 400 \times 0.09}{1.25 \times 26.8} = 0.018\ 8$

截面极限曲率：

$$\phi_{u1} = \frac{(4.999 \times 10^{-3} + 11.825 \times 0.018\ 8) - (7.004 \times 10^{-3} + 44.486 \times 0.018\ 8) \times \left(\dfrac{5\ 000}{26\ 800 \times 1.8 \times 1.8}\right)}{180}$$

$$= 9.95 \times 10^{-4} \text{cm}^{-1}$$

$$\phi_{u2} = \frac{(5.387 \times 10^{-4} + 1.097 \times 0.09) - (37.722 \times 0.09^2 + 0.039 \times 0.09 + 0.015) \times \left(\dfrac{5\ 000}{26\ 800 \times 1.8 \times 1.8}\right)}{180}$$

$$= 6.55 \times 10^{-4} \text{cm}^{-1}$$

$$\phi_u = \min(\phi_{u1}, \phi_{u2}) = 6.55 \times 10^{-4} \text{cm}^{-1}$$

塑性铰区最大容许转角验算：

$\theta_u = 80 \times (6.55 \times 10^{-4} - 2.17 \times 10^{-5})/2 = 0.025 \text{rad} > 0.001 \text{rad}$，验算满足要求。

④容许位移验算。

结构在 E2 地震作用下墩顶最大位移为 4.4cm。

桥墩容许位移为：

$\Delta_u = 1\ 200^2 \times 2.17 \times 10^{-5}/3 + (1\ 200 - 80/2) \times 0.025 = 39.8 \text{cm} > 4.4 \text{cm}$

验算满足要求。

7.3.2 算例二：采用灌浆套筒连接的矩形截面预制墩柱-减隔震设计

1）构造形式

桥梁设计同算例1，各桥墩设置摩擦摆式减隔震支座。参考《公路桥梁摩擦摆式减隔震支座》(JT/T 852—2013)，其中 P2 采用 JZQZ6000-GD-100，P4 墩采用 JZQZ6000-DX-100，P1、P2 墩采用 JZQZ3000-DX-100。

2）抗震设防目标

根据《规范》，采用减隔震设计时，装配式混凝土桥墩可只进行 E2 地震作用下的抗震分析和抗震验算，按照按《规范》第6.4节进行装配式混凝土桥墩的承载力计算，并按照《抗规》进行隔震装置的验算。

根据《抗规》第3.1.2条,采用减隔震设计的桥梁,其抗震设防目标应按A类桥梁要求执行,即在E2地震作用后,结构可发生局部轻微损伤,不经修复或经简单修复可正常使用。

3)分析方法

根据《抗规》第6.1.4条,E2作用下非规则桥梁抗震分析方法可以采用时程计算方法或多振型反应谱法。采用多振型反应谱法计算,其迭代流程如下:

(1)建立结构初始计算模型,初始计算模型各支座刚度取屈服前初始刚度,全桥等效阻尼比取0.05。

(2)按多振型反应谱法进行抗震计算,得到各支座位移,根据各支座位移,计算各支座等效刚度和等效单自由度系统的全桥等效阻尼比。

(3)按各支座等效刚度修正计算模型,并按全桥等效阻尼比修正0.8倍一阶振型周期及以上周期的反应谱值,得到修正的设计加速度反应谱,减隔震桥梁设计加速度反应谱修正示意图如图7.3-6所示。

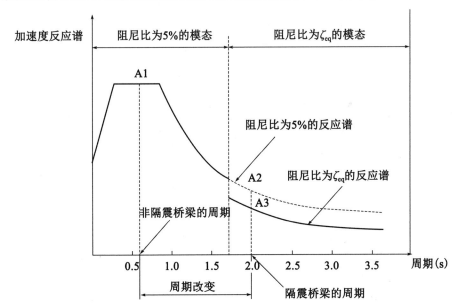

图7.3-6 减隔震桥梁设计加速度反应谱修正示意图

(4)重新进行抗震计算,得到新的各支座位移。

(5)比较新的各支座位移和上一次计算结果的差异,如两者相差大于3%,则用新的支座位移替代上一次的值,重新计算各支座等效刚度和全桥等效阻尼比,返回第(3)步并进行迭代计算,直至计算出的位移结果和上一次的计算值之间的误差在3%以内时,迭代结束。

4)结构验算

按照上述分析方法建立有限元模型,各墩支座屈服前刚度和等效刚度见表7.3-11。

支 座 参 数　　　　　　　　　　　表7.3-11

项 目	P1/P4 墩	P2/P3 墩
支座屈服前刚度(kN/m)	13 520	34 400
等效刚度(kN/m)	1 934	4 921
等效阻尼比	0.278	0.278

全桥等效阻尼和反应谱在纵桥向和横桥向修正后,各桥墩效应见表7.3-12。

墩底截面作用效应　　　　　　　　　表7.3-12

地震方向	桥墩号	恒载轴力(kN)	地震效应			组合轴力(kN)
			轴力(kN)	剪力(kN)	弯矩(kN·m)	
纵向	P2	-6 312	20	561	7 714	-6 292
	P3	-6 153	19	422	4 820	-6 134
	P1	-2 759	10	473	3 777	-2 748
	P4	-2 755	9	473	3 779	-2 747
横向	P2	-6 312	0	707	9 593	-6 312
	P3	-6 153	0	952	11 424	-6 153
	P1	-2 759	0	696	5 685	-2 759
	P4	-2 755	0	574	4 644	-2 755

接缝抗弯压承载力验算结果见表7.3-13。

接缝抗弯压承载力　　　　　　　　表 7.3-13

方向	桥墩号	$\gamma_0 N_d$ (kN)	$\Phi_c N_{ud}$ (kN)	$\gamma_0 N_d e$ (kN·m)	$\Phi_c M_{ud}$ (kN·m)	安全系数
纵向	P1	2 748	9 374	5 975	22 130	3.4
	P2	6 292	11 052	12 778	24 778	1.8
	P3	6 134	27 559	9 712	48 311	4.5
	P4	2 747	10 005	5 836	23 078	3.6
横向	P1	2 759	4 247	7 810	13 108	1.5
	P2	6 312	6 627	14 694	17 088	1.0
	P3	6 153	6 507	16 291	19 130	1.1
	P4	2 755	5 926	6 769	15 857	2.2

非接缝区验算结果见表 7.3-14。

非接缝抗弯压承载力　　　　　　　表 7.3-14

方向	桥墩号	rN_d (kN)	N_n (kN)	e (m)	e' (m)	安全系数
纵向	P1	2 447	13 178	2.219	0.539	5.4
	P2	5 638	14 694	2.152	0.416	2.6
	P3	5 423	32 026	1.665	−0.053	5.9
	P4	2 463	13 359	2.208	0.528	5.4
横向	P1	2 447	5 854	2.880	1.200	2.4
	P2	5 638	8 966	2.447	0.712	1.6
	P3	5 423	6 661	2.740	1.022	1.2
	P4	2 446	8 263	2.505	0.825	3.4

说明：本节省略了支座和减隔震装置的相关验算，具体参考《抗规》。

本章参考文献

[1] 郭广才.厦门高架 BRT 预制桥墩设计[J].铁道勘测与设计，2009(6)：34-40.

[2] 黄国斌，查义强.上海公路桥梁桥墩预制拼装建造技术[J].上海公

路,2014(4):1-5.

[3] 魏红一,肖纬,王志强,等.采用套筒连接的预制桥墩抗震性能试验研究[J].同济大学学报(自然科学版),2016,44(7):1010-1016.

[4] 黄宜.装配式钢筋混凝土桥墩抗震性能研究[D].大连:大连理工大学,2016.

[5] 黄宜,邱文亮,黄才良,等.单节段装配式桥墩抗震性能试验研究[J].大连理工大学学报,2016,56(5):481-487.

[6] Park R. Evaluation of Ductility of Structure and Structural Assemblages from Laboratory Testing [J]. Bulletin of the New Zealand National Society for Earthquake Engineering,1989,22(3):155-166.

[7] AMELI M J, PANTELIDES C P. Seismic Analysis of Precast Concrete Bridge Columns Connected with Grouted Splice Sleeve Connectors[J]. Journal of Structural Engineering, 2016, 143(2):04016176.1-04016176.13.

[8] 王志强,卫张震,魏红一,等.预制拼装联接件形式对桥墩抗震性能的影响[J].中国公路学报,2017,30(5):74-80.

[9] 江恒.灌浆波纹管连接节段拼装桥墩双向拟静力试验研究[D].福州:福州大学,2017.

[10] 葛继平,夏樟华,江恒.灌浆波纹管装配式桥墩双向拟静力试验[J].中国公路学报,2018,31(12):221-230,266.

[11] 刘钊,卓为顶,张建东,等.配置高强钢筋与普通钢筋的预制桥墩滞回性能试验[J].中国公路学报,2018,31(12):204-210.

[12] ZHUO W D, LIU Z, ZHANG J D, et al. Comparison study on hystereticenergy dissipation and displacement components between cast-in-place and precast piers with high-strength bars[J]. Structural Concrete. 2018,19:747-757.

[13] 贾俊峰,郭扬,宋年华,等.基于灌浆波纹管锚固连接的预制拼装

RC 墩柱抗震试验[J]. 中国公路学报, 2018, 31(12): 211-220.

[14] 包龙生, 张远宝, 桑中伟, 等. 波纹管连接装配式桥墩抗震性能拟静力试验与数值模拟[J]. 中国公路学报, 2018, 31(12): 242-249.

[15] 桑中伟. 灌浆波纹管连接装配式桥墩拟静力试验及数值分析[D]. 沈阳: 沈阳建筑大学, 2018.

[16] QU H, LI T, WANG Z, et al. Investigation and verification on seismic behavior of precast concrete frame piers used in real bridge structures: Experimental and numerical study[J]. Engineering Structures, 2018, 154(jan.1): 1-9.

[17] 王志强, 张杨宾, 蒋仕持, 等. 套筒连接的预制拼装桥墩抗剪性能试验[J]. 同济大学学报: 自然科学版, 2018, 46(06).

[18] 刘丰. 节段拼装预应力混凝土桥墩拟静力试验和分析研究[D]. 上海: 同济大学, 2008.

[19] HARALDSSON O S, JANES T M, EBERHARD M O, et al. Seismic Resistance of Socket Connection between Footing and Precast Column[J]. Journal of Bridge Engineering, 2013, 18(9): 910-919.

[20] OLAFUR S H, TODD M J, MARC O E, et al. Precast Bent System for High Seismic Regions-Laboratory Tests of Column-to-Footing Socket connections[R]. Seattle: University of Washington, 2013.

[21] MASHAL M, PALERMO A. Emulative seismic resistant technology for Accelerated Bridge Construction[J]. Soil Dynamics and Earthquake Engineering, 2019, 119(SEP.): 197-211.

[22] WANG J C, OU Y C, CHANG K C, et al. Large-scale seismic tests of tall concrete bridge columns with precast segmental construction[J]. Earthquake Engineering & Structural Dynamics, 2010, 37(12): 1449-1465.

[23] OU Y C, WANG P H, TSAI M S, et al. Large-Scale Experimental Study of Precast Segmental Unbonded Posttensioned Concrete Bridge Columns for Seismic Regions[J]. Journal of Structural Engineering, 2010, 136(3):255-264.

[24] 郑罡.节段拼装桥墩抗震性能地震台试验研究[R].重庆:招商局重庆交通科研设计院有限公司,2013.

[25] 张伟光.后张预应力预制拼装式空心桥墩抗震性能研究[D].石家庄:石家庄铁道大学,2014.

[26] 布占宇,吴威业.预制拼装混凝土桥墩抗震性能拟静力循环加载试验[J].建筑科学与工程学报,2015,(1):42-50.

[27] GU C P, YE G, SUN W. Ultrahigh performance concrete-properties, applications and perspectives [J]. Science China Technological Sciences, 2015, 58(4): 587-599.

[28] BINARD J P. UHPC: A game-changing material for PCI bridge producers [J]. PCI Journal, 2017, 62(2): 34-46.

[29] TAZARV M, SAIIDI M S. Design and construction of UHPC-filled duct connections for precast bridge columns in high seismic zones [J]. Structure and Infrastructure Engineering, 2017, 13(6): 743-753.

[30] YAMANOBE S, SAITO K, ICHINOMIYA T, et al. Bilateral loading experiment on and analysis of concrete piers using mortar-jointed ultra-high-strength fibre-reinforced concrete precast formwork [J]. Structural Concrete, 2013, 14(3): 278-290.

[31] TAZARV M, SAIIDI M S. UHPC-filled duct connections for accelerated bridge construction of RC columns in high seismic zones [J]. Engineering Structures, 2015, 99:413-422.

[32] SHAFIEIFAR M, AZIZINAMINI A. Alternative ABC connections utilizing UHPC [R]. Miami: Florida International University, 2016.

[33] ICHIKAWA S, MATSUZAKI H, MOUSTAFA A, et al. Seismic-resistant bridge columns with ultrahigh-performance concrete segments [J]. Journal of Bridge Engineering, 2016, 21(9): 04016049.

[34] MOHEBBI A, SAIIDI M S, ITANI A M. Shake table studies and analysis of a precast two-column bent with advanced materials and pocket connections [J]. Journal of Bridge Engineering, 2018, 23(7): 04018046.

[35] YANG C, OKUMUS P. Ultrahigh-performance concrete for posttensioned precast bridge piers for seismic resilience [J]. Journal of Structural Engineering, 2017, 143(12): 04017161.

[36] MOHEBBI A, SAIIDI M S, ITANI A M. Shake table studies and analysis of a PT-UHPC bridge column with pocket connection [J]. Journal of Structural Engineering, 2018, 144(4): 04018021.

[37] WANG J Q, WANG Z, ZHANG J, et al. Cyclic loading test of self-centering precast segmental unbonded posttensioned UHPFRC bridge columns [J]. Bulletin of Earthquake Engineering, 2018, 16(11): 5227-5255.

[38] ZHU Z, AHMAD I, MIRMIRAN A. Seismic performance of concrete-filled FRP tube columns for bridge substructure [J]. Journal of Bridge Engineering, 2006, 11(3): 359-370.

[39] ELGAWADY M, BOOKER A J, DAWOOD H M. Seismic behavior of posttensioned concrete-filled fiber tubes [J]. Journal of Composites for Construction, 2010, 14(5): 616-628.

[40] ELGAWADY M A, SHA'LAN A. Seismic behavior of self-centering precast segmental bridge bents [J]. Journal of Bridge Engineering, 2010, 16(3): 328-339.

[41] MOUSTAFA A, ELGAWADY M A. Shaking table testing of segmental

hollow-core FRP-concrete-steel bridge columns [J]. Journal of Bridge Engineering, 2018, 23(5): 04018020.

[42] MOTAREF S, SAIIDI M S, SANDERS D. Shake table studies of energy-dissipating segmental bridge columns [J]. Journal of Bridge Engineering, 2013, 19(2): 186-199.

[43] VARELA S, SAIIDI M S. A bridge column with superelastic NiTi SMA and replaceable rubber hinge for earthquake damage mitigation [J]. Smart Materials and Structures, 2016, 25(7): 075012.

[44] SAIIDI M S, WANG H. Exploratory study of seismic response of concrete columns with shape memory alloys reinforcement [J]. ACI Structural Journal, 2006, 103(3): 436-443.

[45] TAZARV M, SAIIDI M S. Low-damage precast columns for accelerated bridge construction in high seismic zones [J]. Journal of Bridge Engineering, 2015, 21(3):04015056.

[46] ROH H, REINHORN A M. Hysteretic behavior of precast segmental bridge piers with superelastic shape memory alloy bars [J]. Engineering Structures, 2010, 32(10): 3394-3403.

[47] MOON D Y, ROH H, CIMELLARO G P. Seismic performance of segmental rocking columns connected with NiTi martensitic SMA bars [J]. Advances in Structural Engineering, 2015, 18(4): 571-584.

[48] NIKBAKHT E, RASHID K, HEJAZI F, et al. Application of shape memory alloy bars in self-centring precast segmental columns as seismic resistance [J]. Structure & Infrastructure Engineering, 2015, 11(3): 297-309.